AUTOMAÇÃO & SOCIEDADE

Coordenadores
Elcio B. Silva • Maria L. R. P. D. Scoton • Sergio L. Pereira • Eduardo M. Dias

AUTOMAÇÃO & SOCIEDADE

QUARTA REVOLUÇÃO INDUSTRIAL, UM OLHAR PARA O BRASIL

Prefácio
Pedro L. Passos

Posfácio
Octavio de Barros

Autores
Adalberto S. Filho • Aguinaldo A. Fernandes • Alex M. Barbosa • Alexandre A. Massote • Alfredo Ferraz • Ana P. D. Massera • Anna M. Morais • Antonio C. D. Cabral • Antonio C. Rocca • Antônio C. Lot • Ari N. R. Costa • Beatriz Perondi • Bruno J. Soares • Celso Placeres • Cely Ades • Conceição A. P. Barbosa • Daniel Bio • Daniel O. Mota • Daniela E. Souza • Denis R. Pineda • Elcio B. Silva • Eduardo M. Dias • Fabio Lima • Felipe Madeira • Fernanda G. Azevedo • Fernando M. R. Marques • Gabriela Ribeiro-dos-Santos • Gabriela Scur • Gracie C. O. M. Giacon • Jilmar A. Tatto • João A. Seixas • João E. P. Gonçalves • João Roncati • José B. Frias Jr. • José L. Diniz • Juliano M. Lopes • Júlio T. Cavata • Leandro T. Franz • Leila S. H. Letaif • Luca Gabrielli • Lucas B. Guimarães • Lucas Soares • Lucimara D'Ávila • Luiz R. Egreja • Marcel F. Dallaqua • Marco Bego • Marcos Baisso • Marcos T. Almeida • Marcos T. J. Barbosa • Maria L. R. P. D. Scoton • Mateus Grou • Matheus Vieira • Maurício F. Casotti • Mauro Mariano • Mhileizer T. A. Silva • Patrícia V. Marrone • Paulo Machado • Rafael S. de Campos • Renato S. Meirelles • Ricardo K. Hanada • Ricardo M. Hochheim • Ricardo Pelegrini • Rodrigo Damiano • Rodrigo F. Maia • Ronaldo B. Silva • Rosangela F. P. Marquesone • Sérgio D'Avila • Sérgio L. Pereira • Tadeu D. Vianna • Vidal A. Z. C. Melo • Vladimir F. Abreu

Revisores Técnicos
Constantino Seixas Filho • Carlos Augusto de Azevedo

Copyright© 2018 por Brasport Livros e Multimídia Ltda.

Todos os direitos reservados. Nenhuma parte deste livro poderá ser reproduzida, sob qualquer meio, especialmente em fotocópia (xerox), sem a permissão, por escrito, da Editora.

Editor: Sergio Martins de Oliveira
Diretora: Rosa Maria Oliveira de Queiroz
Gerente de Produção Editorial: Marina dos Anjos Martins de Oliveira
Editoração Eletrônica: Abreu's System
Capa: Luis Dourado
Arte final: Trama Criações

Técnica e muita atenção foram empregadas na produção deste livro. Porém, erros de digitação e/ou impressão podem ocorrer. Qualquer dúvida, inclusive de conceito, solicitamos enviar mensagem para **editorial@brasport.com.br**, para que nossa equipe, juntamente com o autor, possa esclarecer. A Brasport e o(s) autor(es) não assumem qualquer responsabilidade por eventuais danos ou perdas a pessoas ou bens, originados do uso deste livro.

A939	Automação e sociedade: quarta revolução industrial, um olhar para o Brasil / coord., Elcio B. Silva, Maria L. R. P. D. Scoton, Eduardo M. Dias, Sérgio L. Pereira – Rio de Janeiro: Brasport, 2018.
	ISBN: 978-85-7452-876-2
	1. Inovações tecnológicas – Aspectos econômicos 2. Inovações tecnológicas – Aspectos sociais I. Silva, Elcio B. II. Scoton, Maria L. R. P.D III. Dias, Eduardo M. IV. Pereira, Sérgio L. V. Título.
	CDD: 338.06

Ficha Catalográfica elaborada por bibliotecário – CRB7 6355

BRASPORT Livros e Multimídia Ltda.
Rua Teodoro da Silva, 536 A – Vila Isabel
20560-001 Rio de Janeiro-RJ
Tels. Fax: (21)2568.1415/3497.2162
e-mails: marketing@brasport.com.br
vendas@brasport.com.br
editorial@brasport.com.br
www.brasport.com.br

Filial SP
Av. Paulista, 807 — conj. 915
01311-100 São Paulo-SP

A familiares, instituições de ensino, entidades e organizações que apoiaram integralmente nosso trabalho, e sem os quais este livro não teria sido possível.

Agradecimentos

Alberto Paradisi
Alcebíabes de Mendonça
Athayde Júnior
Alexandro Souza
Aline Carvalho
Amarildo M. Oliveira
Ana P. Negretto
Antônio C. Valente
Antonio J. R. Pereira
Antonio Massola
Arnaldo Jardim
Brian Subirana
Bruno Duarte
Carlos A. de Azevedo
Carlos E. Reis
Carlos Sakuramoto
Charles S. Silva
Claudio A. Cavol
Claudio Lottenberg
Cybelle Esteves
Daniel Moczydlower
Edi Cláudio Fiori
Edison Monteiro
Eduardo Gouvêa
Eliane Kihara
Evelinda Trindade

Fabio Katayama
Fernando A. B. Siqueira
Fernando Sampaio
Flávio Scorza
Flávio Vormittag
Francisco G. P. Netto
Gileno Barreto
Giovanni Guido Cerri
Gitanjali Swamy
Guilherme A. Plonski
Guilherme N. P. de Araújo
Henrique Holzhausen
Ivo Bucarescky
Jarbas B. da S. Júnior
Jhonatan Almada
João Rabello
João Zerbini
José A. F. Filho
José E. Krieger
José G. W. Ribeiro
Júlio Resende
Kleber S. Fernandes
Laura Testa
Leandro Lopes
Leandro Oliveira
Leandro Roldão

Lilian Orofino
Luciano Canezim
Luiz De Luca
Marcelo C. Pedroso
Marcelo Murad
Marcelo O. Sá
Marcia Bueno
Marco A. Gutierrez
Marco A. Haupp
Margarete Mattar
Martin Hittmair
Mathieu Aman
Michel Alaby
Nilson Malta
Péricles P. Salazar
Rander Avelar
Renato Buselli
Ricardo Miranda
Robert V. Arnhem
Roberto Badaro
Rodrigo Franco
Rodrigo G. M. Silvestre
Ronaldo Farias
Sanjay Sarma
Sérgio O. Jacobsen
Vinicius C. de B. Fornari

Sobre os Participantes

Coordenadores

Dr. Elcio Brito da Silva
Pós-doutorando na Escola Politécnica da USP. Doutor em Ciências pela Escola Politécnica da USP. Pesquisador no GAESI/USP. Sócio-Diretor da SPI Integração de Sistemas Ltda. Membro do Conselho Superior de Inovação e Competividade (CONIC) da Federação das Indústrias do Estado de São Paulo (FIESP).

Dra. Maria Lídia Rebello Pinho Dias Scoton
Mestra e Doutora em Ciências pela Escola Politécnica da USP. Pesquisadora no GAESI/USP.

Dr. Eduardo Mario Dias
Professor titular na Escola Politécnica da USP. Professor do programa de pós-graduação do Instituto de Radiologia (INRAD) da Faculdade de Medicina da USP (FMUSP). Livre docente, Doutor e Mestre em Engenharia Elétrica pela Escola Politécnica da USP. Coordenador do GAESI/USP. Membro do Conselho Superior de Inovação e Competividade (CONIC) da Federação das Indústrias do Estado de São Paulo (FIESP). Membro da Comissão de Inovação do Hospital das Clínicas da Faculdade de Medicina da USP.

Dr. Sergio Luiz Pereira
Professor Livre Docente da Escola Politécnica da USP. MSc in Robotics Systems and Applications pela Coventry University. Doutor em Engenharia Elétrica pela Escola Politécnica da USP. Membro do GAESI/USP. Professor da FEA da PUC/SP. Membro do GENE (Grupo de Excelência de Negócios em Energia) do Conselho Regional de Administração São Paulo (CRA-SP).

Prefácio
Quarta Revolução Industrial, Oportunidade para o Brasil

Pedro Luiz Passos
Cofundador da Natura e membro do Conselho de Orientação do Instituto de Pesquisas Tecnológicas (IPT) e do Conselho Superior da Fundação de Amparo à Pesquisa do Estado de São Paulo (Fapesp).

Autores

Apresentação: Evolução e Oportunidades

Dr. Elcio Brito da Silva
Pós-doutorando na Escola Politécnica da USP. Doutor em Ciências pela Escola Politécnica da USP. Pesquisador no GAESI/USP. Sócio-Diretor da SPI Integração de Sistemas Ltda. Membro do Conselho Superior de Inovação e Competividade (CONIC) da Federação das Indústrias do Estado de São Paulo (FIESP).

Dra. Maria Lídia Rebello Pinho Dias Scoton
Mestra e Doutora em Ciências pela Escola Politécnica da USP. Pesquisadora no GAESI/USP.

Dr. Eduardo Mario Dias
Professor titular na Escola Politécnica da USP. Professor do programa de pós-graduação do Instituto de Radiologia (INRAD) da Faculdade de Medicina da USP (FMUSP). Livre docente, Doutor e Mestre em Engenharia Elétrica pela Escola Politécnica da USP. Coordenador do GAESI/USP. Membro do Conselho Superior de Inovação e Competividade (CONIC) da Federação das Indústrias do Estado de São Paulo (FIESP). Membro da Comissão de Inovação do Hospital das Clínicas da Faculdade de Medicina da USP.

Dr. Sergio Luiz Pereira
Professor Livre Docente da Escola Politécnica da USP. MSc in Robotics Systems and Applications pela Coventry University. Membro do GAESI/USP. Professor da FEA da PUC/SP. Membro do GENE (Grupo de Excelência de Negócios em Energia) do Conselho Regional de Administração São Paulo (CRA-SP).

Capítulo 1. Surge uma Nova Sociedade

Marcos T. J. Barbosa
Candidato a mestrado na Escola Politécnica da USP e Sócio-Diretor da SPI Integração de Sistemas Ltda.

Marcos Baisso
Gerente Regional de Indústria para a América Latina na Rockwell Automation.

Marcos T. Almeida
Sócio-diretor da Quantum4 Ltda.

Capítulo 2. Panorama do Contexto do Início da Jornada na Quarta Revolução Industrial

Mateus Grou
Gerente de consultoria em cadeia de suprimentos na Ernst & Young (EY).

Leandro Telles Franz
Gerente de consultoria na People & Strategy Ltda.

Tadeu Diego Vianna
Sócio-Diretor da SPI Integração de Sistemas Ltda.

Dra. Gabriela Scur
Professora no Centro Universitário FEI.

Dr. Alexandre Augusto Massote
Professor no Centro Universitário FEI.

Capítulo 3. Ecoeconomia e a Sociedade da Informação com a Quarta Revolução Industrial

Dr. Sergio Luiz Pereira
Professor Livre Docente da Escola Politécnica da USP. Professor da FEA da PUC/SP e membro do GAESI e do GENE (Grupo de Excelência de Negócios em Energia do Conselho Regional de Administração São Paulo).

Dr. Adalberto Simão Filho
Pós Doutor pela Universidade de Coimbra. Professor titular emérito da FMU/SP. Professor da UNAERP/SP, bolsista do CNPQ/SEBRAE no projeto ALI e membro do GENE.

Dr. Fernando Mario Rodrigues Marques
Pós Doutor pela FEA USP. Professor dos programas de Pós-Graduação e MBA da FGV SP, FIA e USCS, membro do NPA-PLP da FEA/USP e coordenador do GENE.

Capítulo 4. Mundo Digital 1: Internet das Coisas (IoT)

João Alberto de Seixas
Sócio-Diretor da Nlight Ltda.

Maurício F. Casotti
Gerente de negócios e soluções no CPqD.

Dr. Rodrigo Filev Maia
Professor no Centro Universitário da FEI e Sócio-diretor da Routz Ltda.

Capítulo 5. Mundo Digital 2: *Blockchain*

Ricardo Kazuo Hanada
Executivo de Gestão de Risco de Crédito, Fraude e Operacional.

Paulo Machado
Executivo de vendas.

Daniel Bio
Especialista em soluções para manufatura discreta na SAP.

Rosangela de Fátima Pereira Marquesone
Pesquisadora do Laboratório de Arquitetura e Redes de Computadores (LARC-USP).

Daniela Emiliano de Souza
Candidato a mestrado na Escola Politécnica da USP e consultora em transformação digital na SPI Integração de Sistemas Ltda.

Capítulo 6. Mundo Digital 3: Inteligência Artificial (IA)

Luca Gabrielli
Candidato a doutorado na Escola Politécnica da USP e Sócio-diretor da Yasnitech Ltda.

Ronaldo Brito da Silva
Candidato a mestrado no Centro Universitário da FEI e Sócio-diretor da SPI Integração de Sistemas Ltda.

Rosangela de Fátima Pereira Marquesone
Pesquisadora do Laboratório de Arquitetura e Redes de Computadores (LARC-USP).

Capítulo 7. Mundo Físico

Fernanda Gomes de Azevedo
Consultora em transformação digital na SPI Integração de Sistemas Ltda.

Alex Martins Barbosa
Engenheiro de desenvolvimento de manufatura na Embraer.

Denis R. Pineda
Gerente de desenvolvimento de Negócios na Universal Robots A/S.

Júlio Takashi Cavata
Candidato a doutorado na Universidade Federal do ABC e Sócio-diretor da SPI Integração de Sistemas Ltda.

Dr. Antonio Carlos Dantas Cabral
Professor no Instituto Mauá de Tecnologia.

Capítulo 8. Mundo Biológico

Alfredo Ferraz
Candidato a doutorado na Escola Politécnica da USP e Sócio-diretor da Valuechain Ltda.

Lucas Soares
Analista de Importação e Exportação na Roche Diagnostics Brazil.

Dra. Gabriela Ribeiro-dos-Santos
Coordenadora de Apoio à Pesquisa e Inovação no InRad/HC-FMUSP.

Capítulo 9. A Quarta Revolução Industrial e a Indústria 4.0

José Borges Frias Jr.
Diretor de estratégia, inteligência de mercado e excelência em negócios na Siemens.

Gracie Cristina Oliveira Machado Giacon
Sócia-diretora da GC Assessoria Comercial e Empresarial Ltda.

Mauro Mariano
Candidato a mestrado na Escola Politécnica da USP e Diretor executivo da ID2 Tecnologia.

Renato de Souza Meirelles
Presidente da CAF Brasil Ind. e Com S.A.

Antônio Claudio Lot
Consultor Sênior em agronegócios na LOT & Associados Ltda.

Dr. Fabio Lima
Professor no Centro Universitário da FEI.

Box 1. Governança da TI e TA na Indústria 4.0

Dr. Aguinaldo Aragon Fernandes
Presidente do Instituto de Tecnologia Aragon & Costa.

José Luiz Diniz
Sócio-diretor da Conceptus.

Vladimir Ferraz de Abreu
Sócio-diretor da Conceptus.

Box 2. Caso Volkswagen

Celso Placeres
Diretor da Volkswagen do Brasil e Vice-Presidente VDI.

Ricardo Mattos Hochheim
Sócio-diretor da RMH Gestão e Apoio em Administração e Tecnologia Ltda.

Capítulo 10. A Quarta Revolução Industrial e a Cadeia de Suprimentos 4.0

Rodrigo Damiano
Candidato a mestrado na Escola Politécnica da USP e Diretor na PwC.

Rafael Schirmer de Campos
Sócio-diretor da SPI Integração de Sistemas Ltda.

Rosangela de Fátima Pereira Marquesone
Pesquisadora do Laboratório de Arquitetura e Redes de Computadores (LARC-USP).

Ari Nelson Rodrigues Costa
Professor no Instituto Mauá de Tecnologia.

Dr. Daniel de Oliveira Mota
Professor no Instituto Mauá de Tecnologia.

Box 1. Canal Azul

Mhileizer Toledo Arenas Silva
Candidata a doutorado na Escola Politécnica da USP.

Dr. Vidal A. Z. C. Melo
Coordenador Técnico do GAESI/USP e Sócio-diretor da Pirus Tecnologia Ltda.

Box 2. Rastreabilidade de Medicamentos

Mhileizer Toledo Arenas Silva
Candidata a doutorado na Escola Politécnica da USP.

Dr. Vidal A. Z. C. Melo
Coordenador Técnico do GAESI/USP e Sócio-diretor da Pirus Tecnologia Ltda.

Capítulo 11. A Quarta Revolução Industrial e a Saúde 4.0

Patrícia Véras Marrone
Candidata a doutorado na Escola Politécnica da USP e Sócia-diretora da Websetorial Ltda.

Marco Bego
Candidato a doutorado na Faculdade de Medicina da USP e Diretor no Hospital das Clínicas da Faculdade de Medicina da USP.

Matheus Vieira
Diretor de informações moleculares para a América Latina na Roche Pharma (Foundation Medicine).

Lucas Soares
Analista de Importação e Exportação na Roche Diagnostics Brazil.

Dra. Anna Miethke Morais
Médica no Hospital das Clínicas da Faculdade de Medicina da USP.

Dra. Beatriz Perondi
Médica no Hospital das Clínicas da Faculdade de Medicina da USP.

Dra. Leila Suemi Harima Letaif
Médica no Hospital das Clínicas da Faculdade de Medicina da USP.

Capítulo 12. A Quarta Revolução Industrial e as Cidades 4.0

Jilmar Augustinho Tatto
Candidato a doutorado na Escola Politécnica da USP.

Marcel Fernandes Dallaqua
Candidato a mestrado na Escola Politécnica da USP.

Luiz Roberto Egreja
Líder de transformação de negócios em manufatura na Dassault Systems.

Lucas Batista Guimarães
Candidato a mestrado na Escola Politécnica da USP e Dono de produto na CITTATI TECNOLOGIA.

Rosangela de Fátima Pereira Marquesone
Pesquisadora do Laboratório de Arquitetura e Redes de Computadores (LARC-USP).

Capítulo 13. O Desafio dos Empregos na Quarta Revolução Industrial

João Roncati
Professor na Fundação Getúlio Vargas, Insper e Sócio-diretor da People & Strategy Ltda.

Mhileizer Toledo Arenas Silva
Candidata a doutorado na Escola Politécnica da USP.

Felipe Madeira
Diretor na SPI Integração de Sistema Ltda.

Capítulo 14: O Desafio da Educação na Quarta Revolução Industrial

Dra. Cely Ades
Professora na FIA – Fundação Instituto de Administração.

Dra. Conceição A. P. Barbosa
Professora e pesquisadora na Universidade Presbiteriana Mackenzie.

Capítulo 15: Proposta de Sustentação da Inovação Por Meio do Fortalecimento do Campo da Ciência, Tecnologia, Engenharia e Matemática

Juliano Marçal Lopes
Candidato a doutorado na Escola Politécnica da USP.

Antonio Carlos Rocca
Diretor da área de Incentivos Tributários na PwC.

Ana Paula Dutra Massera
Candidata a doutorado na Escola Politécnica da USP.

Dra. Lucimara D'Ávila
Pós-doutoranda no Largo São Francisco de Direito da USP e Sócia-diretora da Quantum4 Ltda.

Conclusão

Sérgio D'Ávila
Candidato a doutorado na Escola Politécnica da USP e Sócio-diretor da Insights4 Ltda.

Ricardo Pelegrini
Professor na Dom Cabral e Sócio-diretor da Quantum4 Ltda.

Bruno Jorge Soares
Gerente de planejamento e arquitetura de política pública na Agência Brasileira de Desenvolvimento Industrial – ABDI.

Dr. João Emilio Padovani Gonçalves
Gerente Executivo de Política Industrial na Confederação Nacional da Indústria (CNI).

Posfácio
Um Pensamento Sistêmico para o Brasil

Dr. Octavio Manoel Rodrigues de Barros
Cofundador da Quantum4 Soluções de Inovação, presidente do conselho do Instituto República e membro do conselho de empresas e instituições.

Revisores Técnicos

Constantino Seixas Filho
Líder para a América Latina de Industry X.0 na Accenture.

Dr. Carlos Augusto Azevedo
Presidente do Instituto Nacional de Metrologia, Qualidade e Tecnologia (INMETRO).

Supervisão de Redação

Dra. Ana Helena Barbosa Bezerra de Souza
Sócia-diretora da Ever Better Language Services.

Desenvolvimento Gráfico

Luis Dourado
Diretor de arte na O2 Filmes.

Prefácio

Quarta Revolução Industrial, Oportunidade para o Brasil

Pedro L. Passos

Engessado pelas demandas de curto prazo (e, de fato, elas são muitas e urgentes), o Brasil acompanha à distância o processo de evolução tecnológica que muitos classificam como um dos mais velozes e intensos da história: a Indústria 4.0 ou manufatura inteligente, que se traduz em um modelo de produção muito mais avançado do que a mera automatização de funções.

Não é possível analisar esse movimento dissociado da ampla revolução digital em curso na sociedade, já que ele tem seu berço na integração de tecnologias já conhecidas, como Inteligência Artificial (IA), impressão 3D, *big data*, computação em nuvem, internet das coisas ou *Internet of Things* (IoT), realidade ampliada, entre outras. A interação entre elas dotará a operação fabril de um grau inédito de autonomia e eficiência, com reflexos nas relações comerciais e trabalhistas e na cadeia produtiva em geral.

Por isso, este livro, "Automação & Sociedade: Quarta Revolução Industrial, um olhar para o Brasil", acerta ao apresentar uma visão multidisciplinar do assunto. Os textos são escritos por profissionais dos mais variados campos de conhecimento, da engenharia à biologia; da pedagogia à medicina. Entre os autores, há pesquisadores acadêmicos, consultores, dirigentes de associações empresariais e executivos de companhias que já aplicam em suas linhas os conceitos da Indústria 4.0.

A pluralidade de pensamento vem da própria filosofia do GAESI/USP, criado pelo Professor Dr. Eduardo M. Dias e sua equipe de pesquisadores. Eles inovaram ao criar uma disciplina na Escola Politécnica da USP, chamada PEA5733: Automação e Sociedade, que contou a colaboração de pesquisadores de outras instituições e de especialistas do mercado. O resultado prático dessa iniciativa está materializado nesta obra que sintetiza o conhecimento técnico-científico de diferentes áreas, com foco na discussão de oportunidades para o Brasil nessa nova revolução industrial.

Assim, a diversidade garante uma abordagem ampla do tema, seguindo a tendência global. Nas economias desenvolvidas, como Estados Unidos, Alemanha, França, Inglaterra e Japão, e em países emergentes mais dinâmicos (leia-se China e Coreia do Sul), ele está presente na agenda de empresas, universidades e governos não só como item de estudo, mas também na formulação de políticas públicas que lhes tragam posição de destaque nesse cenário.

Não pode ser diferente no Brasil. Aqui todos os setores da economia também serão, de uma forma ou de outra, mais intensamente ou não, afetados pela nova realidade. Os organizadores deste livro parecem conscientes da amplitude da transformação, já que diversos capítulos abordam os eventuais impactos em áreas específicas, a exemplo do agronegócio, da indústria automobilística e do ramo farmacêutico.

Estamos atrasados nesse debate, com honrosas exceções – como é o caso deste livro. Aqui sequer atingimos a maturidade na chamada Terceira Revolução Industrial, caracterizada pela informatização das atividades, e já deparamos com um novo estágio de desenvolvimento tecnológico. Se o Brasil não encontrar seu espaço no ambiente que se configura atualmente, corre o risco de se tornar vítima do que poderíamos batizar de colonialismo tecnológico, ou seja, uma situação em que gigantes empresariais inovadores e com escala global tomam a dianteira no processo de transformação, sobrando para nós lugares apenas nos vagões traseiros.

Estamos, então, condenados ao atraso? Não. Tudo dependerá das respostas que o Brasil der a tais desafios. O país conta com uma base industrial diversificada, em condições de se adaptar para aproveitar as oportunidades geradas por essa revolução. Nossa sociedade aceita e se adequa com rapidez às inovações. Mais: grupos empresariais dos mais diversos portes e setores já começam (timidamente, é verdade) a desenhar modelos de negócios que atendam às demandas decorrentes da indústria 4.0.

Isso é importante, mas não suficiente. O país precisa traçar estratégias envolvendo toda a sociedade. Afinal, as ondas da transformação tecnológica se propagam para muito além das fábricas e escritórios e chegam ao nosso dia a dia – por isso, aliás, este livro dedica um de seus capítulos ao que chama de Cidade 4.0, discutindo o potencial de melhoria no nível municipal.

As políticas industriais devem ter como principal objetivo fomentar a inovação e avançar na direção das atuais fronteiras tecnológicas. Nesses casos, seria aceitável que fossem concedidos benefícios, desde que com prazos definidos de começo e fim e avaliações periódicas para acompanhamentos dos resultados que geram para a sociedade, além de permitir eventuais correções de rumo.

É necessário ainda um apoio firme e contínuo à pesquisa pura e aplicada, item historicamente relegado a segundo plano no rol das prioridades do país. Há iniciativas que poderiam ser aprimoradas, como a chamada Lei do Bem – a legislação que permite compensar parte do investimento em pesquisa e desenvolvimento. Uma das grandes vantagens de suas regras é abrangência: os incentivos valem para todos os setores e envolvem renúncia fiscal baixa se cotejada com outros programas de resultados discutíveis.

Ao mesmo tempo, a educação deve ocupar um lugar prioritário nessa caminhada. Já não basta promover um salto de qualidade, demanda tão antiga quanto ignorada pelas autoridades. É necessária também uma reformulação no conteúdo daquilo que é ensinado às crianças e aos jovens brasileiros. A grade curricular deveria dar mais ênfase às matérias que educadores resumem no acrônimo STEM (*Science, Technology, Engineering, and Mathematics*) e na proficiência em outros idiomas, sobretudo o inglês.

Os desafios, enfim, são imensos. Por outro lado, como lembra um dos capítulos deste livro, "é um privilégio podermos antecipar os efeitos de uma revolução. De fato, todas as outras revoluções foram identificadas por seus efeitos na sociedade humana, mas isso ocorreu após sua passagem". É realmente uma grande vantagem, que só será aproveitada se o país atender a duas condições mandatórias.

A primeira reside em estabelecer um ambiente macroeconômico mais estável com o conserto das contas públicas e a retomada do fôlego nos investimentos públicos e privados. A segunda é a abertura da economia com o objetivo de criar mais conexões com a economia global, da qual nos distanciamos dramaticamente nas últimas décadas.

Seria um erro e um atraso irrecuperável buscar algum protagonismo no universo digital e na indústria 4.0 sem que essas coisas ocorram simultaneamente, uma alimentando a outra, principalmente no que se refere à recuperação dos níveis de investimento perdidos na recessão iniciada em 2014.

O Brasil não pode assistir a essa mudança com uma atitude olímpica. Tampouco pode cair na tentação de adotar velhas fórmulas para competir com os polos dinâmicos desse processo – seria uma iniciativa destinada ao fracasso. Integrar nossas empresas à economia internacional, preparar nossos jovens e abrir nossas fronteiras comerciais são elementos determinantes para o país embarcar em direção ao futuro. Por isso, vêm em muito boa hora as reflexões propostas por este livro "Automação & Sociedade: Quarta Revolução Industrial, um olhar para o Brasil".

Apresentação

Evolução e Oportunidades

Elcio B. Silva, Maria L. R. P. D. Scoton, Eduardo M. Dias, Sergio L. Pereira

Imagine que você é um executivo à frente de uma tecelagem no início da segunda revolução industrial e a eletrificação está começando, e os motores elétricos passam a substituir as caldeiras a vapor. Imagine que, na sua tecelagem, você realiza uma análise SWOT (Forças – *Strengths*, Fraquezas – *Weaknesses*, Oportunidades – *Opportunities* e Ameaças – *Threats*) com o objetivo de avaliar a competitividade de sua empresa (PORTER, 1979). Como produto desse exercício, você identifica que suas vendas estão caindo, devido a atrasos na entrega dos produtos no ponto de venda. O que você vai fazer?

Confrontado com uma falha operacional, você provavelmente faria uma revisão profunda em seus processos. Vamos supor que você identifique que a falha está na fábrica. Na sua fábrica, como em várias outras tecelagens que se desenvolveram utilizando a tecnologia da caldeira a vapor da primeira revolução industrial, existe uma grande caldeira que movimenta todos os teares da tecelagem. Percebendo que a caldeira é uma fonte de problemas, você vai ao mercado e identifica que o motor elétrico é uma tecnologia promissora, que pode substituir a caldeira, garantindo operação contínua livre de falhas por muito mais tempo, com um custo operacional muito menor e poupando alguns dos postos de trabalho necessários para manter a caldeira funcionando. Enfim, um investimento que contribui para a entrega dos produtos no ponto de venda na data, além de oferecer uma taxa de retorno adequada ao investimento. Perfeito! Você, que é um pioneiro, decide que o motor elétrico é o remédio para a sua dor. Mas é esse o modelo mental para a continuidade da sua empresa em um momento no qual os limites que restringiam uma maior velocidade dos negócios estão desaparecendo?

Imagine que, ao mesmo tempo em que você está desenvolvendo seu projeto de modernização, com foco em evoluções incrementais na eficiência operacional, o seu concorrente está avaliando possibilidades de utilização dessa nova tecnologia para a criação de novas vantagens competitivas. Partindo desse modelo, talvez o seu concorrente conclua que, em vez de simplesmente substituir a antiga caldeira a vapor por um motor elétrico, a nova tecnologia permite que cada tear tenha seu próprio motor elétrico. Decidindo adotar essa proposta desconcertante e exagerada para os padrões da época, de colocar um motor para cada tear, talvez seu concorrente descubra que dessa forma a empresa terá uma operação mais flexível e será mais ágil para responder e explorar as oportunidades do mercado. Talvez ele consiga convencer a diretoria de que essa independência operacional nos teares permite que cada tear possa ser configurado para um produto específico, com tamanho de lote específico, viabilizando uma maior variedade de produtos. Talvez seu concorrente conclua que a nova tecnologia não é apenas um remédio para uma dor, mas sim uma poderosa ferramenta que cria oportunidades para empresas, que podem mudar a dinâmica do negócio. Talvez seu concorrente sonhador não tenha sucesso na sua estratégia e seja chamado de louco. Ou talvez tenha razão e se torne um visionário.

De fato, mais do que apenas prover mudanças incrementais para a organização, a tecnologia é o principal fator responsável pelo desenvolvimento humano, como apontado por Brynjolfsson e Mcafee (2014, p. 6-8). A tecnologia da caldeira a vapor foi o fator responsável por eliminar o limite da energia animal, viabilizando a primeira revolução industrial e acelerando a urbanização, com a migração em massa do campo para as cidades. Depois, a eletrificação e a linha de montagem foram responsáveis por reduzir a limitação que o trabalho individual impunha à produtividade, dando origem à segunda revolução industrial e ao surgimento da classe média. A digitalização e a evolução das telecomunicações foram responsáveis por ampliar muito a produtividade individual e eliminar grandes gargalos e entraves da comunicação.

No início do ano de 2016, quando os participantes começavam a chegar a Davos, na Suíça, para a reunião anual do *World Economic Forum* (WEF), começou-se a questionar se a organização não tinha errado ao escolher a Quarta Revolução Industrial como tema para o encontro. Tendo em vista que o mundo estava diante de uma crise de refugiados, de um aumento do terrorismo e de uma desaceleração da economia da China, parecia haver outros temas mais proeminentes do que a Quarta Revolução Industrial. Segundo Schwab (2017, p. 23), essa nova revolução industrial que começamos a conhecer, semelhante às anteriores, também está eliminando limites. Os limites que agora estão sendo eliminados são os limites entre os mundos físico, digital e biológico. Essa revolução é fruto do desenvolvimento de várias tecnologias, como a IA, a IoT, a biotecnologia, etc. Os impactos que as eliminações desses limites trarão para a sociedade demandarão muitas reflexões por parte das instituições governamentais, empresas, academia e indivíduos. Negligenciar esse debate pode significar viver permanentemente à margem desse novo mundo em construção.

Com o propósito de discutir os impactos da quarta revolução nos serviços, agronegócios, saúde e indústria, a Pró-reitora de pesquisa da Universidade de São Paulo organizou o *Workshop* Estratégico: Serviços, Agro, Saúde e Indústria 4.0 em outubro de 2016. Um dos principais encaminhamentos desse encontro foi a criação da disciplina PEA5733: Automação & Sociedade, na Escola Politécnica da USP. A disciplina reuniu mais de cinquenta pesquisadores, entre alunos regulares, ouvintes, especialistas de mercado e professores do Centro Universitário da FEI, Instituto Tecnológico Mauá, Fundação Getúlio Vargas, INSPER, Universidade Presbiteriana Mackenzie e Pontifícia Universidade Católica de São Paulo. O objetivo da disciplina foi pesquisar e discutir o estágio de desenvolvimento das principais tecnologias que estão por trás da Quarta Revolução Industrial, com vistas à formulação de propostas de estudos e projetos que possam contribuir de forma significativa para melhorar o bem-estar geral da nossa população. Para que o resultado do trabalho fosse divulgado, este "Automação & Sociedade: Quarta Revolução Industrial, um olhar para o Brasil" foi concebido. Neste livro estão incluídos muitos dos temas e propostas discutidos na disciplina, além de valiosas contribuições de profissionais de destaque em áreas de atuação, onde os impactos e o alcance das mudanças tecnológicas são mais prevalentes. Ao intuito de divulgação soma-se a aspiração mais ampla de colocar as propostas discutidas neste livro na lista de prioridade dos líderes de nossa sociedade.

O livro foi organizado em quatro blocos. O primeiro bloco apresenta os conceitos básicos sobre a Quarta Revolução Industrial, uma macrovisão sobre importantes desafios do Brasil no presente e no futuro e uma proposta de modelo socioeconômico, para embasar as discussões sobre essa jornada da nossa população na Quarta Revolução Industrial. O segundo bloco apresenta as principais tecnologias que dão suporte ao desenvolvimento tecnológico da Quarta Revolução Industrial. No terceiro bloco são discutidos os impactos esperados em diferentes setores da sociedade. Por fim, no quarto bloco são discutidos os impactos para os indivíduos e apresentadas as conclusões.

Este livro pretende capturar as visões do grupo de cientistas e especialistas que se dedicaram a este trabalho sobre as tecnologias da Quarta Revolução Industrial, bem como as oportunidades de utilização dessas tecnologias para não apenas melhorar as condições para nossa sociedade, mas sim para realmente transformar o país. Esperamos com este livro conectar essa nossa comunidade a outras pessoas que compartilhem do mesmo propósito e contribuir de forma exponencial para um Brasil melhor.

Boa leitura!!!

Referências:

BRYNJOLFSSON, E.; MCAFEE, A. **The second machine age:** work, progress, and prosperity in a time of brilliant technologies. New York: WW Norton & Company, 2014.

PORTER, M. E. How Competitive Forces Shape Strategy. **Harvard Business Review**, mar.-abr. 1979, vol. 57, n. 2, p. 137-145.

SCHWAB, K. **A Quarta Revolução Industrial**. São Paulo: Edipro, 2017.

Sumário

PARTE I: A QUARTA REVOLUÇÃO INDUSTRIAL E SUAS BASES TECNOLÓGICAS E SOCIOECONÔMICAS

1. Surge uma Nova Sociedade 3
    1.1. Quarta Revolução Industrial: contexto histórico 3
    1.2. Quarta Revolução Industrial: mundos digital, físico e biológico 5
        1.2.1. Mundo digital 5
        1.2.2. Mundo físico 5
        1.2.3. Mundo biológico 6
        1.2.4. Convergência dos mundos digital, físico e biológico 6
    1.3. Principais impactos da Quarta Revolução Industrial 7
        1.3.1. Crescimento econômico 8
        1.3.2. Produtividades das empresas 8
        1.3.3. Empregos 9
    1.4. Conclusão 10

2. Panorama do Contexto do Início da Jornada na Quarta Revolução Industrial 13
    2.1. Megatendências: definição e estado atual 13
    2.2. Quarta Revolução Industrial: o desafio da melhoria da produtividade e da competitividade 15
    2.3. Quarta Revolução Industrial: o desafio para as nações em desenvolvimento 18
    2.4. Velocidade: o fator ubíquo 19
    2.5. Conclusão 22

3. Ecoeconomia e a Sociedade da Informação com a Quarta Revolução Industrial 25
    3.1. Processos produtivos, automação e variáveis de sustentabilidade 25
    3.2. Energia, matriz energética e a Indústria 4.0 30
        3.2.1. Conceito e tipos de energia 30
        3.2.2. Energias renováveis e matriz energética 34
        3.2.3. Eficiência energética e Indústria 4.0 37
    3.3. Ecoeconomia, sustentabilidade e a automação 40
    3.4. A sociedade da informação e a Internet das Coisas 49
    3.5. Conclusão 53

PARTE II: TECNOLOGIAS EMERGENTES ASSOCIADAS À QUARTA REVOLUÇÃO INDUSTRIAL

4. Mundo Digital 1: Internet das Coisas (IoT) **59**
    4.1. IoT: contexto histórico 59
    4.2. IoT: potenciais evoluções na utilização da tecnologia 61
    4.3. IoT: segurança da tecnologia 62
    4.4. IoT: um plano de ação para o Brasil 63
        4.4.1. Oportunidades para a criação de produtos utilizando a tecnologia IoT 63
        4.4.2. Ambientes de aplicação a serem incentivados no Brasil 64
    4.5. Conclusão 66

5. Mundo Digital 2: *Blockchain* **69**
    5.1. *Blockchain*: definições 69
    5.2. Análise bibliométrica sobre *blockchain* 71
    5.3. Exemplos de aplicação do *blockchain* 74
    5.4. Desafios 75
    5.5. Potencial do ponto de interseção do *blockchain* e da inteligência artificial 75
    5.6. Conclusão 76

6. Mundo Digital 3: Inteligência Artificial (IA) **81**
    6.1. Principais conceitos e definições da IA 81
    6.2. Exemplos dos principais avanços de IA 83
    6.3. Exemplo dos possíveis impactos da IA nos produtos e serviços 85
    6.4. Inquietações: Inteligência Artificial no controle 86
    6.5. Desafios para a evolução da tecnologia 88
        6.5.1. Custo 88
        6.5.2. Mão de obra especializada 88
        6.5.3. Desafios legais e éticos 88
        6.5.4. Futuro das profissões 89
    6.6. Conclusão 90

7. Mundo Físico **93**
    7.1. Novos materiais 93
    7.2. Baterias 94
    7.3. Impressão 3D 96
    7.4. Robótica 99
        7.4.1. Robôs no ambiente industrial 99
        7.4.2. Robôs no ambiente de serviços 99
        7.4.3. Robôs colaborativos 100
        7.4.4. Robôs humanoides e ciborgues 100
    7.5. Drones 102
    7.6. Conclusão 105

8. Mundo Biológico **111**
    8.1. Uma das maiores revoluções da história da humanidade 111
    8.2. O desenvolvimento e a evolução da biologia sintética 111
    8.3. Organismos geneticamente modificados e transgênicos 112
    8.4. CRISPR-Cas9: uma biotecnologia disruptiva 113
    8.5. O poder da tecnologia CRISPR-Cas9 116
    8.6. Controle de vetores de doenças 116
    8.7. Terapia gênica 117
    8.8. Riscos 118
    8.9. CRISPR-Cas9 e a competitividade no agronegócio 119
    8.10. A biotecnologia e a revolução 4.0 120
    8.11. Reflexões sobre o Brasil 121

PARTE III: IMPACTOS DA QUARTA REVOLUÇÃO INDUSTRIAL NA INDÚSTRIA, CADEIA DE FORNECIMENTO, SAÚDE E CIDADES

9. **A Quarta Revolução Industrial e a Indústria 4.0** **129**
   9.1. A evolução do conceito Indústria 4.0 129
      9.1.1. Objetos e ambientes ciberfísicos 131
      9.1.2. Eixos de integração da Indústria 4.0 133
   9.2. Régua da ACATECH de avaliação de maturidade de desenvolvimento tecnológico 135
   9.3. A Agricultura 4.0 142
      9.3.1. A agricultura de precisão 142
      9.3.2. Fundamentos e necessidades da implantação da Agricultura 4.0 143
   9.4. Desafios para a adoção da Indústria 4.0 no Brasil 145
   9.5. Conclusão 151

10. **A Quarta Revolução Industrial e a Cadeia de Suprimentos 4.0** **155**
    10.1. Desenvolvimento do conceito de Cadeia de Suprimentos 4.0 155
    10.2. Análise das cadeias de suprimentos segundo a ACATECH 156
       10.2.1. Bloco Digitalização: estágio computadorização 156
       10.2.2. Bloco Digitalização: conectividade 160
       10.2.3. Bloco Indústria 4.0: visibilidade 162
       10.2.4. Bloco Indústria 4.0: transparência 164
       10.2.5. Bloco Indústria 4.0: capacidade preditiva 167
       10.2.6. Bloco Indústria 4.0: adaptabilidade 168
    10.3. Possíveis impactos da convergência das tecnologias emergentes, associadas à Quarta Revolução Industrial, dos mundos físico, biológico e digital nos processos do modelo SCOR 168
       10.3.1. Possíveis mudanças no planejamento dentro de uma Cadeia de Suprimentos 4.0 169
       10.3.2. Possíveis mudanças no abastecimento dentro de uma Cadeia de Suprimentos 4.0 170
       10.3.3. Possíveis mudanças na produção dentro de uma Cadeia de Suprimentos 4.0 171
       10.3.4. Possíveis mudanças na entrega dentro de uma Cadeia de Suprimentos 4.0 172
       10.3.5. Possíveis mudanças no retorno dentro de uma Cadeia de Suprimentos 4.0 173
       10.3.6. Possíveis mudanças na implantação dos processos e atividades dentro de uma Cadeia de Suprimentos 4.0 174
    10.4. Conclusão 174

11. **A Quarta Revolução Industrial e a Saúde 4.0** **177**
    11.1. Evolução dos conceitos Saúde 4.0 177
    11.2. Exemplos de adoção das tecnologias emergentes associadas à Quarta Revolução Industrial no setor da saúde 179
    11.3. Desafios mundiais da Saúde 4.0 181
    11.4. Hospital 4.0: um *moonshot* para o Brasil 182
       11.4.1. Transporte no Hospital 4.0: planejamento 185
       11.4.2. Transporte no Hospital 4.0: mobilização 186
       11.4.3. Transporte no Hospital 4.0: execução 186
       11.4.4. Transporte no Hospital 4.0: encerramento 188
    11.5. Iniciativas de implantação do Hospital 4.0 no Brasil 189
    11.6. Conclusão 189

12. **A Quarta Revolução Industrial e as Cidades 4.0** **193**
    12.1. Definição de cidade 193
       12.1.1. Principais sistemas e elementos que formam uma cidade 194
       12.1.2. Principais desafios e problemas que as cidades tradicionais enfrentam 197
    12.2. Cidades inteligentes 198
    12.3. Cidades Inteligentes, Indústria 4.0 e Cidades 4.0 203
    12.4. Conclusão 204

PARTE IV: IMPACTOS DA QUARTA REVOLUÇÃO INDUSTRIAL NA INDÚSTRIA, NOS EMPREGOS, NA EDUCAÇÃO E NA INOVAÇÃO

13. **O Desafio dos Empregos na Quarta Revolução Industrial** **211**
    13.1. Breve histórico das quatro revoluções industriais 211
    13.2. Panorama do crescimento econômico e dos empregos nas principais potências econômicas do mundo 212
    13.3. Empregos 4.0 e realidade brasileira 215
    13.4. Contribuição dos estudos realizados no Fórum Econômico Mundial 216
    13.5. A equidade de gênero no mundo STEM (*Science, Technology, Engineering, Mathematics*) 218
    13.6. Renda em um mundo sem empregos 219
    13.7. Como o Brasil pode se preparar para a economia do futuro 220
    13.8. Conclusão 222

14. **O Desafio da Educação na Quarta Revolução Industrial** **227**
    14.1. Educação, justiça e inclusão social 227
    14.2. Modelos tradicionais de educação 229
        14.2.1. Antecedentes 230
        14.2.2. Formação do conhecimento 231
        14.2.3. Transmissão do conhecimento 231
        14.2.4. Agente responsável 232
        14.2.5. Adequação dos modelos às necessidades 233
    14.3. Conhecimentos e competências necessárias dos profissionais da Indústria 4.0 234
    14.4. Como deve ser estruturada a educação para a Indústria 4.0 237
        14.4.1. Novos métodos de aprendizagem 239
        14.4.2. O papel dos professores na Sociedade 4.0 242
        14.4.3. Equipamentos e tecnologia destinados à educação 243
    14.5. Conclusão 244

15. **Proposta de Sustentação da Inovação Por Meio do Fortalecimento do Campo da Ciência, Tecnologia, Engenharia e Matemática** **249**
    15.1. Panorama dos mecanismos de fomento ao investimento no Brasil 249
    15.2. O campo da ciência, tecnologia, engenharia e matemática como fator determinante para o contínuo desenvolvimento tecnológico 251
    15.3. Um exemplo de proposta de um modelo de desenvolvimento tecnológico contínuo 252
        15.3.1. Proposta de eliminação de barreiras para as PMEs de engenharia e software na criação de máquinas mais inteligentes 252
        15.3.2. Proposta de eliminação de barreiras para as PMEs de engenharia e software no desenvolvimento de um uso mais eficiente da mão de obra 253
        15.3.3. Proposta de eliminação de barreiras para as PMEs de engenharia e software no desenvolvimento de matérias-primas mais baratas e melhores 253
        15.3.4. Proposta de eliminação de barreiras para as PMEs de engenharia e software na criação de métodos melhores 254
        15.3.5. Proposta de eliminação de barreiras para as PMEs de engenharia e software no desenvolvimento de um uso mais sustentável do meio ambiente 255
    15.4. Possibilidades de mercado global para as PMEs brasileiras 255
    15.5. Conclusão 256

Conclusão **261**

Posfácio: Um Pensamento Sistêmico Para o Brasil **265**

PARTE I

A QUARTA REVOLUÇÃO INDUSTRIAL E SUAS BASES TECNOLÓGICAS E SOCIOECONÔMICAS

Capítulo 1

Surge uma Nova Sociedade

Marcos T. J. Barbosa, Marcos Baisso, Marcos T. Almeida

Em seu livro "A Quarta Revolução Industrial", Klaus Schwab, fundador e presidente executivo do Fórum Econômico Mundial, afirma: "estamos no início de uma revolução que alterará profundamente a maneira como vivemos, trabalhamos e nos relacionamos. Em sua escala, escopo e complexidade, a Quarta Revolução Industrial é algo que considero diferente de tudo aquilo que já foi experimentado pela humanidade" (SCHWAB, 2017, p. 11).

A obra de Schwab provoca reflexões profundas sobre essa nova etapa do desenvolvimento humano que começamos a experimentar. Neste capítulo apresentamos os principais pontos do livro de Schwab, que se impôs como norteador do olhar que agora lançamos sobre o Brasil, devido à sua abrangência e visão sobre as oportunidades e ameaças que a quarta revolução traz para a sociedade.

Portanto, este "Automação & Sociedade: Quarta Revolução Industrial, um olhar para o Brasil" utiliza o livro de Schwab como ponto de partida para apresentar exemplos de como a Quarta Revolução Industrial tem sido experimentada no nosso país. Ao longo deste livro, são discutidos também os desafios para nos adaptarmos a essa nova revolução e as ações que podemos realizar tanto coletiva como individualmente, com vistas a encontrar um caminho a seguir para nos beneficiarmos desse momento magnífico que vivemos.

1.1. Quarta Revolução Industrial: contexto histórico

A questão da demarcação das revoluções industriais ao longo da história humana é um ponto de discussão na literatura acadêmica. Para Simão Filho e Pereira (2014, p. 45), as revoluções industriais são definidas em função da evolução e transformação de dois vetores: tecnologia e organização social. Com base nesses dois vetores, a primeira revolução, iniciada em 1760, foi provocada pelo surgimento da máquina a vapor e pelo início do desenvolvimento do pensamento econômico liberal, com a publicação, por Adam Smith, da obra "An Inquiry into the Nature and Cause of the Wealth of Nations" (Uma investigação sobre a natureza e a causa da riqueza das nações) (SIMÃO FILHO; PEREIRA, 2014, p. 47-48). A segunda revolução se iniciou no início do século XX, impulsionada pela criação da linha de montagem e pela proposta de Frederick Winslow Taylor de utilização de métodos cartesianos na administração das empresas (idem, p. 49-52). A terceira revolução começou na década de 60 do século XX, com a robotização e a automação, tendo, do ponto de vista de organização social, suas bases estabelecidas na década anterior, com o plano Marshall, que gerou o fluxo de investimentos que impulsionou a inovação nesta revolução (idem, p. 49-52).

A revolução que vivemos agora foi denominada por Schwab como a Quarta Revolução Industrial. Do ponto de vista tecnológico, é o da convergência das tecnologias dos mundos digital, físico e biológico (SCHWAB, 2017, p. 23).

Ele defende que são três os fatores que nos levam a concluir que estamos experimentando a Quarta Revolução Industrial (idem, p. 13). O primeiro deles diz respeito à velocidade com que as mudanças se produzem. Como vivemos em um mundo extremamente interconectado, ao mesmo tempo que as novas tecnologias de uma área avançam, tecnologias de outras áreas são viabilizadas e beneficiadas, criando um círculo virtuoso e acelerado de progresso tecnológico, visto por muitos como exponencial, tanto na literatura técnica como científica. O segundo fator engloba a amplitude e a profundidade das mudanças. Diversos paradigmas estão sendo quebrados devido à tecnologia na economia, nos negócios, na sociedade e no dia a dia das pessoas. Ela modifica o que fazemos e como fazemos, sendo capaz de produzir inovações surpreendentes numa alta frequência. Por fim, o terceiro fator mencionado nos faz ter uma visão holística dessa revolução. Trata-se do impacto sistêmico, percebido quando há a transformação de sistemas inteiros entre países e dentro deles, na sociedade, nas organizações e na população. Apesar de estarmos vivenciando enormes transformações, deve-se destacar que, considerando os dois vetores de uma revolução industrial, a tecnologia e a organização social, ainda não existe uma clara visão sobre em qual direção, em termos de organização social, estamos caminhando.

Cabe ressaltar ainda que, segundo Simão Filho e Pereira (2014, p. 55-59), a evolução observada com o surgimento da internet, do desenvolvimento da computação, do software e das comunicações, em conjunto com os avanços na organização social, catalisados com o fim da Guerra Fria, possuem a relevância para serem também entendidos como uma revolução industrial. Assim, fica a cargo dos pesquisadores do futuro, que refletirão sobre esta fase do desenvolvimento da humanidade, distanciados da influência direta de analisar a própria época que vivenciam, a demarcação final, em termos de revolução industrial, deste período entre a última década do século XX e a segunda década do século XXI.

1.2. Quarta Revolução Industrial: mundos digital, físico e biológico

1.2.1. Mundo digital

As principais tecnologias do mundo digital associadas à quarta revolução, de acordo com Schwab (2017, p. 23), são:

a) **Internet das coisas:** conforme Atzori, Iera e Morabito (2010), trata-se de um novo paradigma na comunicação eletrônica de dados sem fio, no qual objetos de nosso dia a dia passam a ter capacidade de se conectarem através da internet de modo a poderem colaborar entre si, com o objetivo de executarem uma determinada função. Segundo Evans (2011, p. 3), a segunda década do século XXI começou com 12,5 bilhões de dispositivos conectados à internet e deve terminar com 50 bilhões de dispositivos conectados. Entre as possibilidades de ganhos econômicos que esta tecnologia traz estão a viabilização da rastreabilidade de produtos, que contribui para o aumento de visibilidade e consequentemente para uma melhora na gestão em toda a cadeia de fornecimento.

b) *Blockchain*: o *blockchain* foi criado inicialmente com a proposta de ser um banco de dados capaz de viabilizar a implantação de um livro contábil, para possibilitar que transações financeiras fossem realizadas diretamente entre os interessados sem a necessidade de intermediários (TAPSCOTT; TAPSCOTT, 2016, p. 1). Hoje o *blockchain* é visto como uma solução para diversas aplicações, como, por exemplo, de registro de movimentações, em que se busca não só a eliminação de intermediários, mas também outros benefícios, como, por exemplo, a desburocratização.

c) **Plataformas digitais:** plataformas digitais são ambientes digitais com capacidade de oferecer serviços a um custo marginal de acesso, reprodução e distribuição muito baixos. A internet é a principal representante desta tecnologia. As plataformas digitais tornam possível a economia sob demanda. O Uber simboliza o poder de ruptura dessas plataformas, que permitem a localização de ativos e serviços de terceiros antes desconhecidos, tornando-os disponíveis para uso por uma grande parcela de potenciais consumidores (BRYNJOLFSSON; MCAFEE, 2017, p. 127-176).

1.2.2. Mundo físico

As principais tecnologias do mundo físico associadas à quarta revolução, ainda em conformidade com Schwab (2017, p. 23), são:

a) **Veículos autônomos**[1]**:** são veículos que se movimentam sem a ação humana. A autonomia dos veículos alterará o modelo de comercialização destes bens porque é muito

---
1 Veja Capítulo 6, Mundo Digital 3: Inteligência Artificial (IA), para maiores detalhes.

provável que grande parte da população opte por ser um usuário colaborativo, e não mais um proprietário.

b) **Impressão 3D:** na impressão 3D o processo de fabricação, mais conhecido, é baseado na adição de camadas de materiais, com base no desenho digital 3D do objeto que se deseja. O processo de impressão 3D permite um alto grau de personalização. Essa tecnologia já tem sido empregada na produção de turbinas eólicas e implantes ósseos.

c) **Robótica avançada:** com o desenvolvimento da robótica, os robôs responderão e compreenderão melhor o seu ambiente e poderão se empenhar em tarefas variadas, como as domésticas. De maneira que, em um futuro muito próximo, robôs colaborativos estarão em praticamente todos os lugares fazendo tarefas cotidianas.

d) **Novos materiais:** materiais mais leves, mais fortes, recicláveis e adaptáveis têm surgido no mercado em alta frequência. Esses novos materiais abrem um largo espectro de possibilidades de criação de novos produtos.

1.2.3. Mundo biológico

Schwab (2017, p. 29-32) aponta que as principais tecnologias do mundo biológico associadas à quarta revolução estão ligadas à manipulação genética. Essas manipulações só se tornaram possíveis devido às reduções dos custos das tecnologias digitais que contribuíram imensamente para os avanços no desenvolvimento do mundo biológico. Hoje o tempo necessário para processamento de um sequenciamento genético é de poucas horas e o custo do sequenciamento genético caiu de 2,7 bilhões para menos de mil dólares num período de 10 anos (WETTERSTRAND, 2016). Entre as tecnologias de manipulação genética de maior destaque no mundo biológico está a biologia sintética, que em nível de pesquisa tem demonstrado um potencial transformador surpreendente, cujas limitações hoje são mais jurídicas e éticas do que técnicas.

1.2.4. Convergência dos mundos digital, físico e biológico

O fim dos limites entre os mundos digital, físico e biológico é o que impulsiona a Quarta Revolução Industrial (SCHWAB, 2017, p. 23). O aplicativo Waze é um exemplo do que acontece quando as tecnologias do mundo digital ganham acesso às tecnologias do mundo físico. Transformando cada veículo de seus usuários em sensores, o Waze consegue as informações necessárias para recomendar a melhor rota de deslocamento de um ponto A para um ponto B.

A capacidade preditiva das turbinas da gigante industrial americana General Electric (GE), aptas a identificar uma futura falha, por sua vez, ilustra as possibilidades que surgem quando as tecnologias do mundo físico encontram as tecnologias do mundo digital.

Um exemplo do que é possível quando ocorre a convergência dos mundos digital, físico e biológico deu-se em novembro de 2016, quando Gregoire Courtine, professor do Instituto Federal

Suíço de Tecnologia em Lausanne, apresentou ao mundo os primeiros resultados de sua pesquisa sobre recuperação de movimentos em primatas lesionados. Em sua demonstração de resultados, Courtine apresentou um primata com uma lesão parcial na espinha, responsável pela paralisia dos movimentos da perna direta. No cérebro deste primata foi implantado um neurotransmissor, um gerador de pulso e um implante multieletrodo junto à espinha. As informações capturadas pelo neurotransmissor foram transmitidas por meio digital sem fio para um computador. O computador interpretou as atividades neurais do primata e as converteu em comandos. Esses comandos foram transmitidos também digitalmente por uma comunicação sem fio para o gerador de pulso instalado no primata. Os comandos recebidos foram decodificados e transformados em sinais elétricos que foram aplicados em grupos musculares específicos, por meio do implante junto à espinha, viabilizando o retorno dos movimentos da perna direita de forma a permitir ao primata andar normalmente outra vez (FERNANDEZ, 2016).

A figura 1.1 ilustra a convergência dos três mundos: o digital, o físico e o biológico. Essa convergência tem uma abrangência com um impacto tão significativo que é normalmente, na leitura técnico-científica, referenciada como uma convergência maior do que apenas aquela das tecnologias: é uma convergência capaz de gerar uma nova organização social. Essa Sociedade 4.0 é formada pela Indústria 4.0, a Saúde 4.0, o Hospital 4.0, a Cidade 4.0, enfim, todos os setores e agentes do mundo que conhecemos, numa versão transformada pelo fim dos limites entre esses mundos.

Nos capítulos 4, 5, 6, 7 e 8 são explorados em maiores detalhes os estágios correntes das tecnologias de cada um desses mundos e são fornecidos exemplos de suas utilizações no Brasil.

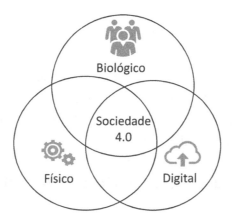

Figura 1.1. Convergência dos mundos digital, físico e biológico.
Fonte: autores.

1.3. Principais impactos da Quarta Revolução Industrial

Neste livro discutimos, sob a ótica brasileira, três dos principais impactos da Quarta Revolução Industrial, apontados por Schwab (2017, p. 35-37): crescimento econômico, produtividade e empregos.

1.3.1. Crescimento econômico

Do ponto de vista econômico, para Schwab (2017, p. 35), os impactos da quarta revolução serão sentidos em várias dimensões, sem, contudo, que exista um consenso entre os economistas sobre quais serão esses impactos. Nos extremos da discussão sobre o tema, para o autor, estão os tecnopessimistas e os tecno-otimistas.

Na visão dos tecnopessimistas as contribuições da revolução digital para a produtividade já estão acabando (SCHWAB, 2017, p. 36), tendo em vista que a taxa de crescimento do Produto Interno Bruto (PIB) mundial está se mantendo, nos últimos anos, ao redor dos 3% ou 3,5%, o que fica abaixo da taxa de 5% esperada pelos economistas. Diz o autor que o atual baixo crescimento no PIB pode ser explicado por múltiplos fatores, incluindo até um questionamento com relação à capacidade dos indicadores econômicos atuais de apurar o crescimento. Na visão de Delong (2015), professor de economia da Universidade da Califórnia, em Berkeley, as novas formas de produção e consumo, viabilizadas pelas tecnologias emergentes da Quarta Revolução Industrial, são mais eficientes na entrega de bens e serviços à população e são realizadas sobre uma nova plataforma de negócios, não percebida pelos indicadores econômicos atuais.

Nos capítulos 2 e 3 deste livro são apresentadas as megatendências mundiais que nos desafiam, as principais tecnologias associadas à Quarta Revolução Industrial, bem como as oportunidades de utilização dessas tecnologias para construir respostas aos desafios que tais megatendências representam e contribuir com o crescimento econômico nas esferas mundial e nacionais, focando nas empresas.

1.3.2. Produtividades das empresas

De acordo com Schwab (2017, p. 56), as tecnologias associadas à quarta revolução estão aumentando a escala das mudanças nas empresas. Isso pode ser exemplificado pela redução na média da sua expectativa de vida, que passou de 60 para 18 anos, conforme listado pela Standard & Poor's na bolsa americana de ações (KNIGHT, 2014).

Os grandes impactos no mundo dos negócios serão (SCHWAB, 2017, p. 58-66):

a) Na redefinição da forma de entendimento das expectativas dos consumidores por meio de experiências.
b) Nos produtos que serão mais inteligentes, capazes de evoluírem, mesmo depois de terem deixado as fábricas.
c) Na forma como o processo de inovação ocorre, tornando-se cada vez mais colaborativo e aberto à participação de pessoas de fora da empresa.
d) No processo de criação de novos modelos operacionais, baseados progressivamente em plataformas ciberfísicas, capazes de dominar os objetos do mundo físico, em substituição aos processos atuais, estruturados e ancorados apenas em objetos físicos.

Bernardi, Sarma e Traub (2017, p. 42-45) ilustram essa transformação nas empresas por meio de um cenário hipotético de mudança de negócios de uma fabricante de colchões. No modelo corrente o fabricante de colchões define seus produtos em conformidade com especificações técnicas e custos, visando atender à expectativa do cliente de encontrar o melhor produto possível dentro de um limite de orçamento. Nesta nova revolução, o cliente não busca um produto, mas sim a experiência de um sono perfeito, cabendo ao produtor de colchões inverter o propósito de seu negócio, de fabricante de colchões para viabilizador da experiência de um sono perfeito. Para tanto, a empresa pode contar com a tecnologia para instrumentar seus colchões, monitorar o sono do usuário e sugerir ações de formar a atender às expectativas de viabilizar tal experiência.

Nos capítulos 9, 10, 11 e 12 deste livro são discutidas as transformações possíveis em termos de produtividade, dentre outros aspectos, para as indústrias, para a cadeia de suprimentos, para o sistema de saúde e para as cidades.

1.3.3. Empregos

Schwab (2017, p. 41) defende que, apesar de existir uma expectativa positiva com relação à capacidade de as tecnologias da Quarta Revolução Industrial contribuírem para o desenvolvimento econômico, deve-se gerenciar os possíveis impactos negativos da perda líquida de empregos no curto prazo, de forma a mitigar a possibilidade de que os progressos da economia e das empresas sejam desfrutados apenas por uma pequena parcela da sociedade.

Ele apresenta duas tabelas com conjuntos de profissões impactadas pelo desenvolvimento das tecnologias associadas com a quarta revolução (SCHWAB, 2017, p. 45). Na tabela 1.1, são apresentadas as profissões com alta probabilidade de desaparecerem, devido à tecnologia; na tabela 1.2, outras profissões menos propensas a se extinguirem.

Tabela 1.1. Probabilidade maior de extinção das profissões com o avanço da automação

Mais propensas	
Probabilidade	Profissão
0,99	Operadores de Telemarketing
0,99	Responsável por Cálculos Fiscais
0,98	Avaliadores de Seguros, Danos Automobilísticos
0,98	Árbitros, juízes e outros profissionais desportivos
0,98	Secretários Jurídicos
0,97	Hosts e hostesses de Restaurantes, lounges e cafés
0,97	Corretores de Imóveis
0,97	Mão de Obra Agrícola
0,96	Secretários e Assistentes administrativos, exceto os jurídicos, médicos e executivos
0,94	Entregadores e mensageiros

Fonte: Benedikt; Osborne, 2013 apud Schwab (2017, p. 45).

Tabela 1.2. Probabilidade menor de extinção das profissões com o avanço da automação.

Menos propensas	
Probabilidade	Profissão
0,0031	Assistentes sociais de abuso de substâncias e saúde mental
0,004	Coreógrafos
0,0042	Médicos e cirurgiões
0,0043	Psicólogos
0,0055	Gerentes de recursos humanos
0,0065	Analistas de sistemas de computador
0,0077	Antropólogos e arqueólogos
0,01	Engenheiros marinhos e arquitetos navais
0,013	Gerente de vendas
0,015	Diretores

Fonte: Benedikt; Osborne, 2013 *apud* Schwab (2017, p. 45).

Além das mudanças nas demandas pelas profissões, uma outra grande transformação está relacionada à localização da força de trabalho. Schwab (2017, p. 53) observa que a Quarta Revolução Industrial está levando ao surgimento de uma "nuvem humana", que se constituiria a partir da seguinte conjunção de fatores: as atividades separadas em atribuições e projetos; e os trabalhadores localizados em qualquer lugar do mundo.

Nos capítulos 13, 14 e 15 deste livro são tratados os desafios que representam a questão dos empregos, da educação e da geração de empregos para dar apoio à inovação nesta Quarta Revolução Industrial, na perspectiva do Brasil.

1.4. Conclusão

Moisés Naím afirma: "no século XXI, será mais fácil chegar ao poder, mais difícil usá-lo e mais fácil perdê-lo" (MOISÉS, 2013, *apud* SCHWAB, 2017, p. 72). Este capítulo apresentou o que consideramos os principais pontos discutidos no livro "A Quarta Revolução Industrial", de Klaus Schwab, e estabeleceu a relação entre essa obra e os capítulos deste livro. Essa visão deve nos motivar a capturar este novo mundo que se abre perante aqueles que, com otimismo, buscam uma sociedade melhor. Nesta etapa de profundas mudanças, precisaremos de líderes para nos apoiar nessa jornada.

É possível dizer que é um privilégio podermos antecipar os efeitos de uma revolução. De fato, todas as outras revoluções foram identificadas por seus efeitos na sociedade humana, mas isso ocorreu após sua passagem. Agora temos a oportunidade de, uma vez convencidos do momento em que estamos, tirar proveito dessa revolução.

Referências:

ATSORI, L.; IERA, A.; MORABITO, G. The Internet of Things: a survey. **Computer Networks**, 31 maio 2010. Disponível em: <http://www.cs.mun.ca/courses/cs6908/IoT-Survey-Atzori-2010.pdf>. Acesso em: 05 jan. 2018.

BERNARDI, L.; SARMA, S.; TRAUB, K. **The Inversion Factor:** how to thrive in the IoT economy. Cambridge, MA: MIT Press, 2017.

BRYNJOLFSSON, E.; MCAFEE, A. **Machine, Platform, Crowd:** harnessing our digital future. New York: W. W. Norton & Company; June 27, 2017.

DELONG, J. B. Making do with more. **Project Syndicate**, 26 fev. 2015. Disponível em: <https://www.project-syndicate.org/commentary/abundance-without-living-standards-growth-by-j--bradford-delong-2015-02?barrier=accessreg>. Acesso em: 05 jan. 2018.

EVANS, D. The Internet of Things: how the next evolution of the Internet is changing everything. White Paper, **Cisco**, Apr. 2011. Disponível em: <https://www.cisco.com/c/dam/en_us/about/ac79/docs/innov/IoT_IBSG_0411FINAL.pdf>. Acesso em:05 jan. 2018.

FERNANDEZ, C. Watch the incredible moment paralyzed monkeys WALK again using brain implants – and the treatment could be used in humans by 2020. **Daily Mail**, Science, 10 nov. 2016. Disponível em: <http://www.dailymail.co.uk/sciencetech/article-3920332/Watch-incredible-moment-paralysed-monkeys-WALK-using-mind-reading-brain-implants-treatment-used-humans-three-years.html>. Acesso em: 05 jan. 2018.

KNIGHT, E. The art of corporate endurance. **Harvard Business Review**, Strategy Execution, 02 abr. 2014. Disponível em: <https://hbr.org/2014/04/the-art-of-corporate-endurance>. Acesso em: 05 jan. 2018.

SCHWAB, K. **A Quarta Revolução Industrial**. São Paulo: Edipro, 2017.

SIMÃO FILHO, A.; PEREIRA, S. L. **A Empresa Ética em Ambiente Ecoeconômico:** a contribuição da empresa e da tecnologia da automação para um desenvolvimento sustentável inclusivo. São Paulo: Quartier Latin do Brasil, 2014.

TAPSCOTT, D.; TAPSCOTT, A. **Blockchain Revolution**. São Paulo: Senai, 2016.

WETTERSTRAND, K. DNA Sequencing Cost: Data from the NHGRI Genome Sequencing Program (GSP). **National Human Genome Research Institute**, 24 maio 2016. Disponível em: <https://www.genome.gov/27541954/dna-sequencing-costs-data/>. Acesso em: 08 jan. 2018.

Capítulo 2

Panorama do Contexto do Início da Jornada na Quarta Revolução Industrial

Mateus Grou, Leandro T. Franz, Tadeu D. Vianna, Gabriela Scur, Alexandre A. Massote

Este capítulo apresenta as principais megatendências mundiais, mencionadas no relatório "Science, Technology and Innovation Outlook 2016" (ORGANIZATION FOR ECONOMIC COOPERATION AND DEVELOPMENT – OECD, 2016). Neste capítulo também são expostos os aspectos fundamentais do relatório "The Future of Productivity 2015" (OECD, 2015), tendo em vista a relevância desse tema para o Brasil. Aborda-se ainda o alerta para as economias em desenvolvimento, contido no documento "The Global Risks Report 2017" (WORLD ECONOMIC FORUM – WEF, 2017a). Por fim, discute-se a importância dos fatores velocidade e ubiquidade nas agendas dos líderes de nossa sociedade.

2.1. Megatendências: definição e estado atual

De acordo com a Organização para a Cooperação e Desenvolvimento Econômico (OECD), megatendências são:

> "... um conjunto de forças socioeconômicas, ambientais, tecnológicas e políticas, com capacidade de transformar o mundo como o conhecemos. Elas são o insumo para o constante remodelamento dos mercados, na forma de comportamentos da sociedade, modelos político-econômicos ou mesmo no direcionamento das descobertas tecnológicas" (OECD, 2016, p. 17).

Na figura 2.1 são apontadas as oito megatendências identificadas pela OECD:

   a) **Crescimento demográfico** – Segundo a OECD (2016, p. 28-29), a população global alcançará, na metade do século XXI, a marca de 10 bilhões. A maior parcela desse crescimento demográfico virá do continente africano. Nesta população de 10 bilhões de pessoas, 10% terão mais de 80 anos, um aumento de 6% da participação dos idosos na população mundial, em comparação com os números de 2010.

b) **Recursos naturais e energia** – Conforme a OECD (2016, p. 30-35), a pressão por consumo de recursos naturais e energia será crescente. Defende a instituição que atender a este crescimento da demanda será uma tarefa complexa. A água potável, por exemplo, poderá se tornar escassa para mais de 50% da população global em 2050. Em termos de demanda por geração de energia primária, a OECD destaca uma previsão de aumento da demanda em 37%, no período de 2012 a 2040.

c) **Mudanças climáticas e meio ambiente** – A OECD (2016, p. 36-41) considera que os cenários de degradação das condições climáticas e do meio ambiente são evidentes, de maneira que diz ser fundamental se buscar uma "economia circular" de baixo teor de carbono, para redução contínua de emissões de gases de efeito estufa, gases poluentes, poluição de mananciais e os impactos negativos para o clima e meio ambiente gerados pelo crescimento demográfico.

d) **Saúde, equidade e bem-estar** – Segundo a OECD (2016, p. 64-66), a renda *per capita* deverá crescer rapidamente. Países como a Índia e a China tendem a experimentar um melhor crescimento econômico, principalmente pelo fato de investirem em educação e Pesquisa e Desenvolvimento (P&D). Não obstante o cenário de projeção do crescimento da renda *per capita* global, também se tem a expectativa do aumento das desigualdades sociais e do abismo entre classes, sobretudo no que tange ao acesso à saúde.

e) **Sociedade** – Aponta a OECD (2016, p. 61-63) que a população global será cada vez mais urbana, com 90% desse crescimento ocorrendo na Ásia e na África. Quanto à estrutura familiar, devem continuar as alterações observadas ao longo das últimas décadas: filhos em situação de guarda compartilhada, casais em união estável ou casados, mas morando separadamente, pais e mães solteiros, casais de mesmo sexo, etc. O número de pessoas morando sozinhas pode atingir de 30% a 40% da maioria dos lares por volta de 2030. Além disso, a sociedade continuará a se tornar cada vez mais conectada.

f) **Economia, empregos e produtividade** – Segundo a OECD (2016, p. 57-69), a economia, os empregos e a produtividade continuarão sendo seriamente afetados pelas tecnologias digitais. Para a OECD, a maioria das empresas se tornará digitalizada até 2030. Em termos de empregos, entre os principais desafios que deverão se acentuar no futuro estão o número de profissões que serão substituídas pela automação e a redução dos valores dos salários. A instituição espera ainda uma mudança no centro de gravidade da economia mundial para o leste e sul, com as nações em desenvolvimento representando cerca de 70% do crescimento mundial em 2030, puxado principalmente pela China e pela Índia.

g) **Globalização** – Conclui a OECD (2016, p. 42-47) que a tendência de globalização econômica, social, cultural e política é, sem dúvida alguma, um caminho sem retorno e ocorre por meio de fluxos de bens, serviços, investimentos e ideias, também atingidas pela adoção generalizada de tecnologias digitais. Tal adoção propiciou a redução dos custos com meios de transporte e de comunicação, facilitando e acelerando as operações. Por outro lado, o processo de globalização, com a consequente competição acirrada que este processo imprime, enfrenta desafios como a instabilidade geopolítica, possíveis conflitos armados e barreiras de comércio entre os países

h) **Papel do governo** – Na visão da OECD (2016, p. 48-53), os governos serão obrigados a responder aos muitos desafios que serão direcionadores para o futuro. Desafios como a adaptação da sociedade às transformações tecnológicas, a busca de alternativas para a força de trabalho que seja menos preparada para o advento das tecnologias digitais, a crescente pressão fiscal, a manutenção da credibilidade pública no governo e a transição contínua para um mundo multipolar também se incluem nas responsabilidades dos governos. Além disso, é preciso mencionar que, em algumas configurações, as estatais são prestadoras de serviços para a sociedade e devem se atualizar constantemente para reduzir seus custos, diminuir a burocracia e melhorar o atendimento aos cidadãos. Isso posto, ainda vale destacar o papel de aumentar a credibilidade dos governos, pois apenas 48% dos cidadãos dos países da OECD confiam em seus governos.

Figura 2.1. Principais megatendências.
Fonte: adaptado de OECD (2016, p. 25).

2.2. Quarta Revolução Industrial: o desafio da melhoria da produtividade e da competitividade

A importância de recuperar a competitividade é uma prioridade extrema para o Brasil. Segundo Paul Krugman, "produtividade não é tudo, mas a longo prazo é quase tudo" (1997, p. 11). A OECD publicou em 2015 o documento intitulado "The Future of Productivity", O Futuro da Produtividade, como um marco do trabalho desenvolvido pela entidade, para a promoção de um crescimento econômico forte, inclusivo e sustentável em nível mundial (OECD, 2015).

Ao afirmar que a produtividade é o maior motor de crescimento da economia global, o relatório, em consonância com o afirmado por Paul Krugman em 1997, enfatiza que seu aumento é um desafio fundamental, principalmente diante do contexto da globalização e da automatização das relações econômicas na chamada Quarta Revolução Industrial. Aponta ainda que o crescimento das empresas mais produtivas do mundo tem permanecido robusto no século XXI. No entanto, destaca que a distância entre os líderes globais da indústria moderna e o resto do mundo aumentou ao longo do tempo, especialmente no que se refere ao setor de serviços. Assim, o crescimento dependeria, em grande parte, da capacidade de difundir conhecimentos e de reconhecer, valorizar e realocar o talento humano. Isso, entre outras medidas, impulsionaria a produtividade e reduziria a disparidade de desenvolvimento entre os países.

No intuito de entender o contexto e apontar suas conclusões, o documento da OECD (2015) analisa a evolução histórica da produtividade, seus conceitos e sua interseção com a globalização e o desenvolvimento tecnológico. Desse modo, destaca que houve um crescimento na produtividade global no período que antecedeu a crise de 2008 (1990-2007), e que esse crescimento foi especialmente significativo nos chamados países emergentes, devido ao grande emprego de mão de obra em funções com baixo nível de qualificação. Afirma também que em meados dos anos 90 houve uma aceleração da produtividade nos EUA, especialmente refletindo o uso e os avanços em TI e comunicação de dados, fatores estes que não são acompanhados por muitos países, nem mesmo os europeus.

No período pós-crise, no entanto, o documento da OECD (2015) observa que o crescimento dos fatores de produtividade fica lento, refletindo o grau de eficiência de seu uso. Cita que nos EUA, a partir de 2004, esses números começam a cair, enquanto na Europa o crescimento da produtividade do trabalho nesse mesmo período foi o mais fraco desde 1950. Ou seja, a produtividade do trabalho começou a declinar antes mesmo da crise. Uma das causas para esse enfraquecimento da melhoria dos fatores de produtividade apontada no relatório da OECD foi o decréscimo no investimento em conhecimento e em capital intelectual, bem como a diminuição do surgimento de empresas inovadoras, cujo declínio também foi observado no período anterior à crise.

Diante desse quadro, analisam-se as empresas que, apesar da crise, conseguiram se projetar "além das fronteiras" e crescer mundialmente, no relatório da OECD (2015). A capacidade para inovar e a capacidade para otimizar e combinar os recursos tecnológicos, organizacionais e o "capital humano", ou "capital intelectual", em seus processos de produção impactaram a Cadeia de Valor Global e são apontadas como diferenciais dessas empresas. Outro aspecto analisado foi a utilização dos recursos disponíveis e dos instrumentos da era digital para, imediatamente, difundir e replicar ideias e conhecimento.

Com relação ao setor de serviços, o relatório da OECD (2015) afirma que a produtividade é especialmente desafiadora nessa área, pois não há pressão para a adoção de regras de boas práticas, comuns em outros ramos. Assim, este é um setor que suscita preocupação, pois as suas regras tendem a se refletir em toda a cadeia de valor, fazendo com que os serviços fiquem cada vez mais caros. Isso ocorre porque, neste período da Quarta Revolução Industrial, setores como a logística, a comunicação e o financeiro são estratégicos para o adequado funcionamento do mundo globalizado.

Diante do fenômeno da globalização, o estudo da OECD (2015) aponta que a velocidade e a difusão de conhecimentos foram fundamentais para o crescimento da produtividade em empresas que vêm obtendo um bom desempenho mundial. No entanto, é ressaltado também que a presença dessas empresas, a depender do contexto econômico em que estão inseridas, nem sempre significa investimento de capital e aumento na demanda por capital intelectual nos países em que estão instaladas.

O estudo aponta ainda que há grande margem para que se possa aumentar a produtividade e reduzir a desigualdade na simples alocação inteligente de capital intelectual. Cita-se, por exemplo, que um quarto dos trabalhadores relatam uma incompatibilidade entre as suas competências e aquelas necessárias para a realização de seus trabalhos, concluindo que falta uma preocupação com a atualização dos recursos humanos das empresas, frente às inovações tecnológicas.

Considerando os argumentos apresentados no documento "The Future of Productivity", a OECD (2015) sugere a adoção de posturas econômicas e políticas para o crescimento da produtividade, dentre as quais se destacam as seguintes:

a) Incentivo fiscal e financeiro tanto para empresas bem-sucedidas e produtivas como também, e principalmente, para as novas e pequenas empresas, para o aprimoramento de ideias e pesquisas inovadoras.
b) Investimento permanente em capital humano, na adoção de políticas para a educação de adultos, propiciando uma evolução técnica e o seu aproveitamento na cadeia de produção.
c) Facilitação da saída do mercado daquelas empresas que falharam, para permitir que o espaço seja rapidamente ocupado por novas propostas de negócio e financiamento.
d) Incentivo a pesquisas de ponta em novas tecnologias, além-fronteiras, e em pesquisas básicas.
e) Alteração competitiva nos produtos disponíveis no mercado, em especial no setor de serviços, para forçar as empresas a adotarem melhores tecnologias e técnicas de negócio.
f) Incentivo à aproximação de empresas e universidades para facilitar a quebra de fronteiras, ao uso de laboratórios para experimentos, à difusão de conhecimento e de talento humano.

Conforme se observa, a OECD (2015) aponta múltiplos fatores a serem considerados, a fim de que se garanta o futuro da produtividade, com o envolvimento de diversos atores. As ações futuras dependem de uma série de decisões políticas e econômicas, bem como da formação de parcerias que devem ser constantemente incentivadas e renovadas, para que estejam sempre baseadas em evidências sem, no entanto, abandonar o capital humano.

2.3. Quarta Revolução Industrial: o desafio para as nações em desenvolvimento

Se por um lado as tecnologias emergentes são ferramentas-chave para a sociedade fazer frente tanto aos novos desafios que as megatendências representam quanto para superar desafios históricos, como a produtividade, no caso do Brasil, por outro lado, também são um grande risco para a integridade da sociedade. Segundo o World Economic Forum (WEF), as tecnologias emergentes são o terceiro maior risco que a sociedade enfrenta atualmente, perdendo apenas para riscos econômicos e político-sociais (WEF, 2017a). As razões pelas quais as tecnologias são apontadas como um risco se devem ao fato de não haver um modelo equilibrado para a governança das tecnologias emergentes, que possuem o potencial de dizimar setores inteiros da economia. Quando lidamos com novos modelos de gestão da cadeia de suprimentos, por exemplo, o compartilhamento de informações pode resultar no aumento de ganho de todos os envolvidos. Por outro lado, à medida que as cadeias de suprimentos se tornam mais digitais, também se observa que elos da estrutura conhecida, como o dos varejistas, estão apresentando acelerado declínio (THOMPSON, 2017).

Atualmente temos cenários bastante diferentes quanto à regulação. Por exemplo, o setor da saúde é extremamente regulado e burocrático, quando se trata da aplicação de novas tecnologias, enquanto o setor de robótica segue as normas criadas para maquinários simples, dispondo, portanto, de um cenário muito mais propício a criação e testes de novas tecnologias. A imposição de restrições na formulação de regras de uso e aplicação visa garantir a segurança dos usuários finais; entretanto, quando em excesso, pode resultar no atraso ou até mesmo na prevenção de potenciais benefícios que as novas tecnologias poderiam oferecer.

Diante desse cenário, o relatório de riscos globais do WEF (2017a) defende que a regulação e a criação de normas são importantes para ditar como a tecnologia se desenvolverá, devendo garantir que a governança seja equilibrada, e que o avanço da tecnologia se dê junto com a confiança da população e dos investidores. Uma governança cuidadosa pode permitir a melhor distribuição de benefícios e minimizar os riscos globais de uma tecnologia. Porém, atualmente a formulação de políticas legais e a definição de padrões acontecem de forma muito lenta. Como exemplo disso, temos as diversas discussões sobre a regulamentação do Uber, que surgem em vários países somente após o serviço já ter se estabelecido (VAIL, 2017).

Embora a discussão avance bastante quando se trata do desenvolvimento de tecnologias inovadoras, ainda há muita gente ficando para trás. Considerando que hoje em dia 1,2 bilhão de pessoas nem sequer possui energia elétrica (INTERNATIONAL ENERGY AGENCY – IEA; THE WORLD BANK, 2017), pode-se dizer que um dos grandes desafios da Quarta Revolução Industrial é fazer com que os benefícios das tecnologias emergentes alcancem a população de países menos desenvolvidos, permitindo que o avanço seja inclusivo. Ou seja, é preciso que não se crie um distanciamento ainda maior entre populações de diferentes países, por não se prover um nível de qualidade de serviços básicos a todos os cidadãos em escala global. Atualmente as discussões sobre como as tecnologias da quarta revolução afetarão os países em desenvolvimento revelam uma enorme preocupação, tendo em vista que nações como a nossa ainda se encontram atrasadas na adoção de tecnologias da terceira revolução, como, por exemplo, a robotização (UNITED NATIONS CONFERENCE ON TRADE AND DEVELOPMENT – UNCTAD, 2016).

2.4. Velocidade: o fator ubíquo

O relatório "Global Competitiveness Report 2017-2018", publicado pelo WEF, não traz notícias muito boas para o Brasil. Figurando na posição 80 do ranking, o Brasil recuperou uma posição em relação ao ano anterior, ficando atrás do Tajiquistão e à frente da Ucrânia (WEF, 2017b).

Em pesquisa realizada pela Confederação Nacional da Indústria (CNI) com 2.225 organizações de diferentes portes, no exercício de 2016, observou-se que apenas 4% das empresas utilizam uma das principias tecnologias por trás da Quarta Revolução Industrial, que é a IoT. Mais inquietante, porém, é o fato de que 86% das empresas nem sequer apontaram essa tecnologia como importante (CNI, 2016). É evidente que tal resultado se refere a uma pesquisa centrada em indústrias, não podendo ser generalizado para todos os demais setores da economia, mas nem por isso deixa de ser um indicador relevante de como o país está reagindo às transformações em curso. Assim, em um cenário no qual o Brasil apresenta um baixo nível de competitividade e, além disso, não demonstra estar percebendo a importância da tecnologia, cabe questionar qual o grau de urgência que devemos adotar quanto à necessidade de mudar o modelo mental de nossas organizações sobre a tecnologia.

Segundo Mcafee e Brynjolfsson (2017, p. 59-63), está ocorrendo uma transformação na atual relação homem e máquina. Estamos passando de uma relação em que os computadores processam os dados e as decisões cabem às pessoas para um ponto no qual as decisões serão muito importantes para serem confiadas a pessoas. A possibilidade real de a máquina suplantar a inteligência humana, neste século, é encarada como o estágio máximo do desenvolvimento tecnológico de nosso tempo. Contudo, muito antes que isso aconteça, vários outros avanços da tecnologia já serão suficientes para alterar profundamente o ambiente empresarial global.

A lei de Moore, desenvolvida por Gordon Moore, cofundador da Intel, diz que a capacidade dos circuitos dobra a cada 18 meses (MOORE, 1965, *apud* JOHANN, 2001). Ou seja, o poder de processamento da informática, em geral, teoricamente dobraria a cada 18 meses. Ele afirmou que o preço não iria ser alterado, nem mesmo com a quantidade de transístores por chip dobrando (MOORE, 1965, *apud* BRITO, s.d.). Essa projeção de Moore, que tem sido confirmada até o momento, tornou-se um símbolo da velocidade dos avanços tecnológicos que vivenciamos neste início de século.

As mudanças nas tecnologias ocorrem de forma tão rápida e profunda que acabam por gerar rupturas na forma como vivemos. Quando a tecnologia digital passa a ser a principal alavanca da proposta de valor de uma empresa, inicia-se um processo de seis passos, os 6Ds: digitalização, decepção, disrupção, desmonetização, desmaterialização e democratização (DIAMANDIS; KOTLER, 2015, p. 8):

a) **Digitalização** – Sempre que algo possa ser representado em 0 ou 1, da música à biotecnologia. Isso entra em crescimento exponencial. A informação digital é de fácil acesso, compartilhamento e distribuição, tudo na velocidade da internet.
b) **Decepção** – Após digitalizar algo, inicialmente não se vê o crescimento rápido. Só após algum tempo é que se começa a notar o crescimento significativo, característico de uma curva com comportamento exponencial.
c) **Disrupção** – O mercado/produto existente é interrompido por um novo mercado de uma tecnologia exponencial. Isso ocorre porque as tecnologias digitais superam as outras em efetividade e custo. Um exemplo disso é a indústria fonográfica; no momento em que há *streaming* de música no telefone, elimina-se a necessidade de comprar CDs.
d) **Desmonetização** – O dinheiro está cada vez mais sendo removido da equação, conforme a tecnologia vai ficando mais barata, muitas vezes até de graça. Atualmente produzir software é mais barato do que produzir hardware, e cópias são praticamente gratuitas.
e) **Desmaterialização** – Assim como o dinheiro, a parte física também está sendo separada da equação. Tecnologias antigamente contidas em aparelhos volumosos ou caros, como rádios, câmeras, GPS, telefones, estão sendo compactadas em um só aparelho, como hoje nos *smartphones*.
f) **Democratização da informação** – Uma vez que haja a digitalização, mais pessoas podem ter acesso a tudo o que for digitalizado. Tecnologias poderosas são cada vez mais exclusividade de governos ou de organizações grandes e ricas.

Diamandis usa, para exemplificar o poder dos 6Ds e do crescimento exponencial, o caso da Kodak e do Instagram. A Kodak, inventora da câmera digital nos anos 70, optou por não modificar seu mercado e não deu atenção ao seu próprio produto em potencial. A empresa não percebeu como a digitalização poderia mudar seus negócios, uma vez que as pessoas já não tiravam fotos da mesma maneira que antigamente e nem pelos mesmos motivos. O resultado dessa negligência foi o início do processo de falência da empresa em 2012. No mesmo ano, o Facebook comprou o Instagram, fundado 18 meses antes, por 1 bilhão de dólares. O Instagram, que é um aplicativo de compartilhamento de fotos digitais, tinha então apenas 13 funcionários. A Kodak, portanto, deixou que outros fizessem a revolução na indústria fotográfica (DIAMANDIS; KOTLER, 2015, p. 15-

17). A rapidez com que a tecnologia digital está mudando as empresas é a parcela mais facilmente percebida da velocidade do desenvolvimento tecnológico que experimentamos atualmente, uma megatendência ubíqua em todas as tecnologias. Neste cenário, convém abordar de que maneira nossas empresas devem reagir a esse processo acelerado de transformação.

Para Mintzberg, Ahlstrand e Lampel (2010, p. 24), estratégias empresariais podem ser caracterizadas como pretendidas e realizadas. Conforme os autores, as empresas, quando questionadas se as estratégias realizadas ao longo dos últimos cinco anos foram as estratégias pretendidas cinco anos antes, em sua maioria, respondem entre dois extremos, ou seja, não foram desviadas totalmente de suas intenções, nem as atingiram plenamente. Isso ocorre porque o mundo real obriga as empresas a pensar à frente e também a realizar adaptações ao longo do tempo. Nesse sentido, é possível afirmar que nem todas as estratégias são deliberadas, muitas delas são emergentes. A escola do design, atualmente, representa uma visão influente do processo de formulação da estratégia, justamente porque busca atingir uma adequação entre as capacidades internas e as possibilidades externas às organizações por meio da matriz SWOT. Ela resume em duas dimensões, a interna e a externa, os principais fatores que podem afetar o desempenho de uma empresa (ANDREWS, 1980). Na dimensão interna, evidenciam-se as forças e fraquezas (*strengths* e *weaknesses*) que uma empresa possui para buscar seus objetivos; na dimensão externa, quais as oportunidades (*opportunities*) que podem ser aproveitadas e as ameaças (*threats*) existentes no caminho. Já faz muito tempo que o processo tradicional de formulação de estratégia demanda longos ciclos de discussão de cenários e padrões de comportamento de forças de mercado, bem como o estabelecimento de diretrizes e a construção de planos de ação. Tudo isso tem sido questionado, em função da velocidade das mudanças de preferências dos clientes e das inovações tecnológicas (PORTER, 1980).

No cenário atual, os questionamentos com relação ao pensamento estratégico tendem a se acentuar, tendo em vista a dificuldade que ele apresenta em produzir vantagens competitivas que se sustentem pelo menos a médio prazo. Em um mundo onde as tecnologias digitais estão no centro e, além de oferecerem custo marginal zero, facilitam a imitação por engenharia reversa, existe uma necessidade de repensar a importância das variáveis que conferem as vantagens competitivas clássicas de Porter (1980): liderança em custo ou diferenciação.

A predominância de mercados baseados em plataformas digitais e a necessidade cada vez maior de reduzir o horizonte de tempo de reação às mudanças nas expectativas do consumidor conduzem a uma revisão dessas estratégias genéricas. É possível levantar a hipótese de que a diferenciação, por meio da liderança em termos de velocidade de adequação às demandas dos clientes, deixe de ser uma estratégia optativa para se tornar uma regra geral, à qual todas as empresas terão que se submeter.

Um bom exemplo dessa revolução é o setor da moda. Há uma década este segmento era dominado pela chamada *fast fashion,* que lançava e distribuía novas tendências em poucas semanas; no entanto, essa dinâmica já sofria a ameaça de uma lógica "*instant fashion*", ainda mais rápida, com produções menores e locais (THE ECONOMIST, 2005). Um exemplo disso é a experiência que a Nike está realizando em uma de suas lojas em Nova York, onde o cliente pode customizar um tênis e sair com o produto em 90 minutos (NUDD, 2017).

Para responder a essa velocidade do lado operacional, algumas empresas têm utilizado metodologias ágeis para lançar protótipos de produtos e testar o mercado imediatamente, banindo longos cronogramas. Já se observa o surgimento de *Just In Time Strategies*, com modelos de negócios sendo alterados, "pivotados", no curtíssimo prazo, à medida que produtos são testados e se descobrem novas preferências dos consumidores (BROWN, 2015).

Com toda essa aceleração nas tomadas de decisão, planos de ação com horizontes de médio e longo prazo (tipicamente horizontes de dois a cinco anos são entendidos como médio prazo e acima de cinco anos como longo prazo) se tornam inviáveis. Isso permite questionar se os planos com horizontes de algumas semanas a noventa dias seriam o novo curto prazo; um ano, o médio prazo; e acima de um ou dois anos, o longo prazo. Neste contexto de alta frequência de mudanças, a velocidade na tomada de decisão sai do escopo de decisão dos líderes corporativos e passa a ser um dado de entrada de qualquer processo de planejamento estratégico.

2.5. Conclusão

A análise das megatendências, associada ao exame das sugestões contidas no documento da OECD (2015) sobre o futuro global da produtividade, permite concluir que é vital que os gestores públicos e privados tomem decisões rápidas e assertivas em todos os níveis. Para tanto, as tecnologias associadas à Quarta Revolução Industrial constituem poderosas ferramentas de transformação das organizações públicas e privadas. Por meio da escolha e do emprego das tecnologias dos mundos digital, físico e biológico, apresentados no capítulo 1, conforme a área de atuação de cada empresa e setor da economia, viabiliza-se sua adaptação a este novo mundo.

À medida que governos e empresas se tornam capazes de responder prontamente às mudanças, abre-se a possibilidade de aumentar a participação do país na economia mundial. É urgente colocar esses temas na agenda dos líderes e gestores, tendo em vista a perda de competitividade de nossa economia. Os fatores velocidade e ubiquidade, comuns às alterações que as tecnologias da Quarta Revolução Industrial introduzem na sociedade, devem ser discutidos e encarados com muita seriedade, uma vez que ainda não se atentou para os riscos socioeconômicos que essa Quarta Revolução Industrial pode acarretar. Para o Brasil, a necessidade dessas discussões é ainda mais premente, dados os nossos desafios atuais, que são evidenciados quando observamos a nossa posição na escala mundial de competitividade.

Referências:

ANDREWS, K. **The concept of Corporate Strategy**. Homewood, IL: Richard D. Irwin, Inc., 1980.

BRITO, A. V. Introdução a Arquitetura de Computadores. **Portal Virtual UFPB**, Livros, (s.d.). Disponível em: <http://producao.virtual.ufpb.br/books/edusantana/introducao-a-arquitetura-de-computadores-livro/livro/livro.chunked/ch01s07.html>. Acesso em: 05 jan. 2018.

BROWN, D. Here's what 'fail fast' really means. **Venture Beat-VB**, Entrepreneur, 15 mar. 2015. Disponível em: <https://venturebeat.com/2015/03/15/heres-what-fail-fast-really-means/>. Acesso em: 05 jan. 2018.

BRYNJOLFSSON, E.; MCAFEE, A. **Machine, Platform, Crowd:** harnessing our digital future. New York: W. W. Norton & Company; June 27, 2017.

CNI – CONFEDERAÇÃO NACIONAL DA INDÚSTRIA. **Sondagem Especial 66**. Ano 17, v. 2, abr. 2016. Disponível em: <https://static-cms-si.s3.amazonaws.com/media/filer_public/e0/aa/e0aabd52-53ee-4fd8-82ba-9a0ffd192db8/sondespecial_industria40_abril2016.pdf>. Acesso em: 05 jan. 2018.

DIAMANDIS, P. H.; KOTLER, S. **Bold:** how to go big, create wealth, and impact the world. New York: Simon & Schuster Paperbacks, 2015.

INTERNATIONAL ENERGY AGENCY (IEA) AND THE WORLD BANK. **Sustainable Energy for All 2017 – Progress toward Sustainable Energy**. Washington, DC: World Bank, 2017. Disponível em: <http://gtf.esmap.org/data/files/download-documents/eegp17-01_gtf_full_report_for_web_0516.pdf>. Acesso em: 05 jan. 2018.

JOHANN, M. O. **Novos algoritmos para roteamento de circuitos VLSI**. 2001. Tese (Doutorado em Ciência da Computação) – Instituto de Informática, Universidade Federal do Rio Grande do Sul. Disponível em: <https://www.lume.ufrgs.br/bitstream/handle/10183/2177/000315466.pdf?sequence=1>. Acesso em: 05 jan. 2018.

KRUGMAN, P. **The Age of Diminished Expectations:** U.S. economic policy in the 1990s. Cambridge: The MIT Press, 1997.

MINTZBERG, H.; AHLSTRAND, B; LAMPEL, J. **Safári de estratégia:** um roteiro pela selva do planejamento estratégico. 2. ed. Porto Alegre: Bookman. 2010.

NUDD, T. Future of retail? Nike's cool new toy lets you design and print custom sneakers in an hour. **Adweek**, Emerging Tech, 06 set. 2017. Disponível em: <http://www.adweek.com/creativity/future-of-retail-nikes-cool-new-toy-lets-you-design-and-print-custom-sneakers-in-an-hour/>. Acesso em: 05 jan. 2018.

ORGANIZATION FOR ECONOMIC COOPERATION AND DEVELOPMENT – OECD. Enabling the Next Production Revolution, **Issues Paper**, OECD, Paris, 2015. Disponível em: <http://www.tacr.cz/dokums_raw/novinky/Next_Production_Revolution_CSTP_ICCP_2015_8_060315.pdf>. Acesso em: 05 jan. 2018.

_____. **Science, Technology and Innovation Outlook 2016**. Paris: OECD Publishing, 08 dez. 2016a. Disponível em: <http://dx.doi.org/10.1787/sti_in_outlook-2016-en>. Acesso em: 05 jan. 2018.

PORTER, Michael E. **Competitive Strategy**. New York: Free Press, 1980.

THE ECONOMIST. The future of fast fashion. **The Economist**, Business, La Coruña, Spain, 16 jun. 2005. Disponível em: <http://www.economist.com/node/4086117>. Acesso em: 05 jan. 2018.

THOMPSON, D. What in the World Is Causing the Retail Meltdown of 2017? **The Atlantic**, Business, 10 abr. 2017. Disponível em: <https://www.theatlantic.com/business/archive/2017/04/retail-meltdown-of-2017/522384/>. Acesso em: 05 jan. 2018.

UNITED NATIONS CONFERENCE ON TRADE AND DEVELOPMENT – UNCTAD. Robots and Industrialization in Developing Countries. **UNCTAD**, 2016. Disponível em: <http://unctad.org/en/PublicationsLibrary/presspb2016d6_en.pdf>. Acesso em: 05 jan. 2018.

VAIL, C. Uber, confronted by regulation, is hailed by European economists. **Chicago Booth Review**, Economics, 13 jun. 2017. Disponível em: <http://review.chicagobooth.edu/economics/2017/article/uber-confronted-regulation-hailed-european-economists>. Acesso em: 05 jan. 2018.

WORLD ECONOMIC FORUM – WEF. **The Global Risks Report 2017**. 12th. ed. Geneva: World Economic Forum, 2017a. Disponível em: <http://www3.weforum.org/docs/GRR17_Report_web.pdf>. Acesso em: 05 jan. 2018.

_____. **The global competitiveness report 2017-2018**. Geneva: World Economic Forum, 2017b. Disponível em: <http://www3.weforum.org/docs/GCR2017-2018/05FullReport/TheGlobalCompetitivenessReport2017%E2%80%932018.pdf>. Acesso em: 05 jan. 2018.

Capítulo 3

Ecoeconomia e a Sociedade da Informação com a Quarta Revolução Industrial

Sergio L. Pereira, Adalberto S. Filho, Fernando M. R. Marques

Este capítulo apresenta um resumo dos principais conceitos relativos a processos produtivos, energia limpa, energia renovável, automação, desenvolvimento sustentável, sociedade da informação e ecoeconomia. Ele apresenta também os fundamentos e reflexões de como a Quarta Revolução Industrial poderá contribuir para o desenvolvimento sustentável.

3.1. Processos produtivos, automação e variáveis de sustentabilidade

Segundo Marques e Pereira (2015), "a palavra "economia" é derivada da fusão dos termos gregos "oikos" (casa) e "nomos" (costume, lei). A ciência da economia abrange o conhecimento de como as sociedades empregam os recursos escassos para produção de bens e serviços e de que maneira é feita a distribuição desses bens entre os membros da própria sociedade".

Como o meio ambiente possui uma quantidade finita de recursos, desde o início dos tempos a humanidade teve que aprender a lidar com a escassez em seus processos produtivos ou processos de transformação na produção de produtos e serviços.

Um processo produtivo ou processo de transformação é constituído por uma infraestrutura formada por máquinas, equipamentos, sistemas de informação e recursos humanos que, operando de forma coordenada, executam as diversas etapas da transformação da matéria-prima em produto acabado. Os processos produtivos que prestam ou produzem serviços também demandam infraestruturas equivalentes adaptadas às suas necessidades específicas. Conforme pode ser observado neste livro, a Indústria 4.0 está alterando significativamente a constituição das infraestruturas dos processos produtivos. Entretanto, mesmo que modernizadas, sempre serão necessárias infraestruturas para a produção dos processos produtivos.

Slack, Johnston e Brandon-Jones (2015) apresentam um modelo conceitual para caracterizar os mais diversos processos produtivos. Segundo os autores, os processos produtivos são denominados processos de transformação e são constituídos por dois tipos de recursos:

a) **Recursos a serem transformados:** são os recursos que alimentam os processos, como energia, matéria-prima, informações, consumidores, etc. Os recursos a serem transformados são todos aqueles que são processados no processo de transformação. Observe-se que o termo "recurso" deve ser entendido como tudo aquilo que representa uma forma de riqueza ou mesmo um potencial de gerar riqueza. Assim, em uma produção de pneus, a borracha é parte de toda a matéria-prima empregada e, portanto, é um recurso a ser transformado pelo processo de transformação. Um usuário de um sistema metroviário também, nesta modelagem conceitual, é um recurso a ser transformado porque está dentro de um processo de transformação em serviços que é o de transportar pessoas.

b) **Recursos de transformação ou recursos transformadores:** são todos os equipamentos, instalações, sistemas de informação e recursos humanos que são empregados para executar o processo de transformação. Nos dois exemplos citados toda infraestrutura de máquinas, equipamentos e pessoas para a produção de pneus, ou mesmo toda infraestrutura metroviária, compõem o conjunto de recursos de transformação. A figura 3.1 ilustra o modelo apresentado por Slack, Johnston e Brandon-Jones (2015).

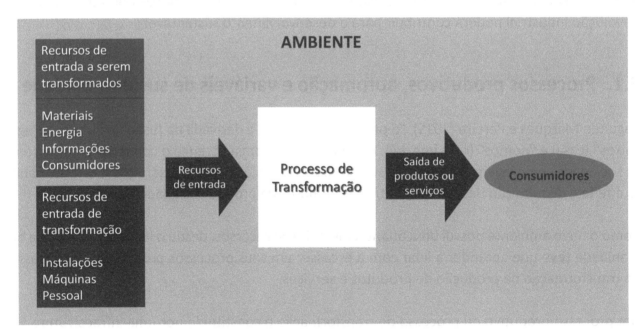

Figura 3.1. Modelo de processo de transformação.
Fonte: Slack, Johnston e Brandon-Jones (2015).

Para Pereira (2009) e Simão Filho e Pereira (2014), os processos de transformação, ou mesmo processos produtivos, podem ser modelados também em relação às principais características das suas variáveis de entrada. Deve-se entender como sendo variável de entrada os principais elementos que alimentam um determinado processo sem o qual ele não poderia ser executado.

Assim, qualquer processo produtivo para ser operacionalizado demanda seis categorias de macrovariáveis de entrada: energia, matérias-primas, recursos humanos, tecnologia, decisões e distúrbios. As macrovariáveis de entrada – energia, matérias-primas e recursos humanos – são classificadas como macrovariáveis físicas porque são objetivamente reconhecidas e mensuradas pelos métodos clássicos da engenharia e da administração. Já as macrovariáveis – tecnologia, decisões e distúrbios – são classificadas como macrovariáveis estratégicas, porque, embora também sejam determinantes nos índices de competitividade mercadológica e de performance do produto ou serviço, nem sempre são plenamente identificadas, classificadas, analisadas e mensuradas de forma clara e não ambígua pelos gestores ou técnicos responsáveis pelo processo.

Observe-se que a Quarta Revolução Industrial, explicada neste livro, é uma profunda e significativa transformação e evolução da macrovariável tecnologia. Observe-se também que as empresas que não acompanharem essa revolução em breve não terão mais competitividade, uma vez que seus processos produtivos não terão a mesma eficácia e eficiência dos novos processos produtivos.

A figura 3.2 ilustra o modelo relacional entre as macrovariáveis de entradas e saídas de um processo produtivo genérico.

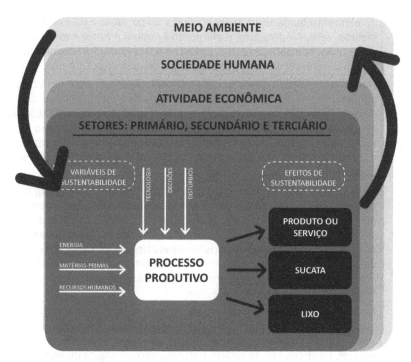

Figura 3.2. Modelo relacional entre as macrovariáveis de entradas e saídas de um processo produtivo genérico.
Fonte: Pereira (2009).

Observe-se que este modelo apresenta uma dependência hierárquica entre meio ambiente, sociedade humana, atividade econômica e diversos setores da economia, representada pelas macrovariáveis de sustentabilidade. Este modelo também ilustra conceitualmente os efeitos de sustentabilidade causados pelas saídas e operações de um processo produtivo no meio ambiente, na sociedade humana e na atividade econômica. Assim, neste modelo, o lixo e a sucata também estão representados. A tabela 3.1 apresenta um resumo conceitual das seis macrovariáveis definidas neste capítulo.

Tabela 3.1. Resumo conceitual das seis macrovariáveis

Nome		Definição e características
Macro variáveis físicas	Macro variável energia	A palavra energia deriva do grego "ergos" cujo significado era trabalho. Energia na Física está associada à capacidade de qualquer corpo produzir trabalho, ação ou movimento. Energia é o insumo básico de forma direta e indireta de qualquer processo natural ou artificial. Portanto, a utilização da energia, de forma consciente ou inconsciente, está presente em qualquer atividade da humanidade ou processo produtivo por ela desenvolvido. A energia pode se apresentar de diversas formas, como: energia de radiação, energia química, energia nuclear, energia térmica, energia mecânica, energia elétrica, energia magnética, energia elástica etc.
	Macro variável matéria-prima	No dicionário Aurélio (2007) o verbete matéria-prima é definido como sendo a substância bruta principal e essencial com que se faz alguma coisa. Na engenharia de processos e na engenharia de automação, o conceito de matéria-prima como substância bruta é expandido para toda substância ou entidade essencial que será transformada ou manipulada pelo processo produtivo.
	Macro variável recursos humanos	A macrovariável recursos humanos, hoje também denominada capital humano, está presente de forma direta ou indireta em praticamente todos os processos produtivos. Em processos não automatizados, a performance humana é absolutamente determinante em todas as etapas do processo. Nos processos 100% automatizados a participação do elemento humano na atuação direta do controle e da execução é, praticamente, ou mesmo, zero. Ainda assim, o elemento humano é fundamental na sua concepção, tomada de decisão, contratação etc. A Indústria 4.0 terá um fortíssimo impacto em como essa macrovariável será empregada nos mais diversos tipos de processos produtivos.
Macro variáveis estratégicas	Macro variável tecnologia	Uma das definições clássicas para a tecnologia é que ela é um conjunto ordenado de conhecimentos científicos, técnicos, empíricos e intuitivos que são empregados no desenvolvimento, na produção, na comercialização e na utilização de bens ou serviços. A tecnologia, conforme sua finalidade, recebe qualificativos como tecnologia de processo, tecnologia de produto, de comercialização, de operação etc. Observe-se que a Indústria 4.0 traz uma nova revolução tecnológica que afetará de forma radical todos os processos produtivos.
	Macro variável decisões	Decisões são macrovariáveis de naturezas estratégicas e abrangentes. Normalmente são os gestores e responsáveis pelos processos produtivos que as equacionam e as definem no nível estratégico. Podem ser, por exemplo: alterar as características do produto ou do serviço, reestruturar a matriz energética, investir na planta produtiva etc. Entretanto, são os operadores que tomam decisões operacionais de supervisão e controle, como: corrigir desvios nos processos e alterar seus parâmetros. A Indústria 4.0 também promoverá profundas alterações nos processos decisórios, sejam eles pertencentes ao nível operacional ou ao nível estratégico.
	Macro variável distúrbios	No âmbito da engenharia de produção ou de automação um distúrbio é todo evento que interfere na produção ou mesmo no resultado final de um processo produtivo. Um distúrbio pode ser de origem física, social ou mesmo econômica. Os distúrbios podem, também, ser de ordem natural, meteorológica ou sísmica. Os distúrbios podem ainda acontecer na forma de acidentes, por causa de desgastes ou desvios. Um distúrbio econômico que ocasione uma significativa mudança na taxa do câmbio pode, repentinamente, inviabilizar ou maximizar a competitividade de um determinado produto, tornando os seus custos de produção ou de comercialização impeditivos ou muito atraentes em relação aos seus concorrentes internacionais. A Indústria 4.0 permitirá que as correções a atuações aos distúrbios de toda ordem sejam cada vez mais rápidas e assertivas.

Fonte: autores.

A figura 3.2 ilustra a estrutura de hierárquica de dependência entre o conjunto de atividades produtivas definido como atividade econômica, a sociedade humana e o meio ambiente. Observe-se que a atividade econômica, tal qual a conhecemos, ocorre dentro do universo da sociedade humana. Assim sendo, embora a figura 3.2 não as ilustre, existem diversas variáveis geográficas, ambientais, sociais, comportamentais, religiosas, culturais e políticas que determinam a viabilidade ou não de um determinado processo. Além delas, os fatores sociopolíticos e socioeconômicos são determinantes para o sucesso ou fracasso de qualquer empreendimento ou atividade produtiva da iniciativa privada ou pública. Em resumo, a atividade econômica somente ocorre quando existe uma sociedade humana que lhe dê suporte e finalidade.

Porém, não existe vida sem um meio ambiente. O meio ambiente é o fornecedor de todos os recursos físicos, químicos e biológicos. A figura 3.2 ainda caracteriza a relação hierárquica de dependência entre as seis macrovariáveis de entrada dos processos produtivos, atividade econômica e meio ambiente por meio do conceito definido como variáveis de sustentabilidade.

As macrovariáveis de sustentabilidade são um conjunto de relações e de interdependência entre as seis macrovariáveis de entrada dos processos produtivos e a atividade econômica, a sociedade humana e o meio ambiente. Normalmente, estas não são contabilizadas, classificadas e mensuradas de forma direta e objetiva como as macrovariáveis decisão, distúrbios, tecnologia, energia, matérias-primas e recursos humanos. Porém, são vitais. As variáveis de sustentabilidade podem ser de natureza física, estrutural ou sociopolítica. Por exemplo, um determinado processo demanda uma quantidade finita e conhecida de MWh de energia elétrica ou mesmo uma quantidade definida de metros cúbicos de gás natural para ser executado. Essa energia é definida como macrovariável de entrada, conforme pode ser visto na figura 3.2. Entretanto, essa energia, também classificada por energia secundária, não surge do nada. Ela, conforme pode ser observado na figura 3.3, está disponível para indústria ou empresa na forma de energia secundária. Assim, como pode ser observado na figura 3.3, o ciclo energético é iniciado com a extração e o tratamento da energia primária graças à tecnologia de Conversão.

A energia elétrica demandada pelo processo produtivo é uma das macrovariáveis de entrada do processo. Entretanto, a energia primária necessária para operacionalização da usina geradora de eletricidade, os eventuais minérios demandados durante o processo de geração de energia, as condições climáticas, os materiais e os recursos humanos empregados na implantação e manutenção do sistema de geração, de transmissão e de distribuição da parcela de energia elétrica demandada por determinado processo são algumas das macrovariáveis de sustentabilidade do processo e também dos demais processos dependentes do sistema elétrico, aos quais estão ligados. O mesmo raciocínio vale para o caso do gás natural ou qualquer outro energético empregado diretamente no processo produtivo.

Em muitos processos produtivos a água é uma das matérias-primas principais. Entretanto, mesmo quando ela não é matéria-prima, a água é essencial para as demais atividades relacionadas à infraestrutura do processo, e, assim, também a água é sempre uma macrovariável de sustentabilidade.

Ainda segundo Marques e Pereira (2015), "em uma sala de produção de semicondutores a qualidade do ar é extremamente classificada, monitorada e controlada pois interfere diretamente na qualidade do produto final semicondutor. Entretanto, a qualidade do ar de uma determinada zona industrial ou mesmo de uma cidade interfere na saúde pública, na qualidade de vida e, até mesmo, no efeito estufa do planeta que, por sua vez, interfere nas condições climáticas. Assim sendo, a atmosfera e a qualidade do ar também são macrovariáveis de sustentabilidade para qualquer processo produtivo".

Conforme também pode ser observado na figura 3.2, a simples existência de um processo produtivo implica o surgimento do conjunto de variáveis definido como efeitos de sustentabilidade. Os efeitos de sustentabilidade interferem ainda na atividade econômica, na sociedade humana e no meio ambiente. A geração de eletricidade por meio de usinas hidroelétricas não emite diretamente gases de efeito estufa. Porém, demanda o alagamento de grandes áreas e, portanto, também causa impactos ambientais diretamente proporcionais às suas dimensões. Até mesmo a geração de energia limpa de uma certa maneira também impacta o meio ambiente. Infelizmente o volume produzido de resíduos sólidos na forma de lixo e sucata pelos processos produtivos é crescente em praticamente todos os setores da economia. Mesmo quando praticado o descarte ambiental correto, quase todo lixo e sucata mais cedo ou mais tarde retorna ao meio ambiente. Ou seja, qualquer processo produtivo sempre produz efeitos de sustentabilidade. Assim, é urgente que a sociedade humana desenvolva e aperfeiçoe continuamente os seus meios de produção, os mecanismos de distribuição e de consumo de bens e serviços com o intuito de também mitigar os efeitos de sustentabilidade.

3.2. Energia, matriz energética e a Indústria 4.0

3.2.1. Conceito e tipos de energia

Diante das alterações climáticas, resultantes, em parte, do crescente aumento dos gases de efeito estufa (GEE) na atmosfera, uma parcela expressiva da sociedade está demandando que haja uma efetiva transição de economia mundial carbono intensiva, alicerçada na utilização dos combustíveis fósseis, para uma economia de baixo carbono, em que haja a supremacia e o uso intensivo de fontes renováveis e limpas de energia, como a hidráulica, eólica, biomassa e solar (MARQUES; PEREIRA, 2015). Nesse contexto o tema energia reveste-se cada vez mais da atenção de consumidores, governo e sociedade em geral, gerando novos desafios a serem superados e perspectivas a serem exploradas.

Nesse cenário, a energia, motor da humanidade e elemento essencial para a organização socioeconômica dos países, ocupa um papel de destaque no processo de definição das estratégias empresariais e na agenda de políticas governamentais. As formas de produção e consumo de energia influenciam o desenvolvimento econômico e social e o meio ambiente. Dentro de um contexto de gestão sustentável da energia, surge a preocupação e a necessidade de conciliar a garantia do suprimento energético com os custos daí decorrentes, e com a mitigação dos impactos ambientais que o uso da energia acarreta nas suas mais diversas formas.

Energia é um termo multidisciplinar com variadas e extensas aplicações. Segundo Burattini (2008), os diversos usos para a palavra energia parecem ter se multiplicado desde que Aristóteles, filósofo grego do séc. II a. C., a utilizou para significar força de expressão ou de manifestação, graças à característica multidisciplinar da própria energia.

Cada ramo do conhecimento, dentro da sua lógica específica, revela uma faceta e interpretação do conceito de energia. Em Biologia, por exemplo, energia é elemento fundamental à sobrevivência dos seres vivos e à manutenção do habitat; na História, energia é peça-chave na evolução do modo de vida do ser humano; num olhar Tecnológico, energia é sinônimo de desenvolvimento; na Geopolítica examina-se a divisão dos espaços geográficos e políticos segundo a disposição dos recursos energéticos; e na Ecologia, por sua vez, alerta-se para a procura por formas de energia que não agridam a natureza.

Energia é um recurso natural presente no universo nas mais diversas formas. A ciência humana até o presente momento não sabe como criá-la ou mesmo destruí-la. Entretanto, a ciência e tecnologia dominadas pela humanidade vêm há muito tempo aprendendo e aperfeiçoando como controlar, direcionar e converter a energia nas suas mais diversas formas. Ou seja, segue-se o Princípio da Conservação da Energia, em que a energia não pode ser criada ou destruída, mas transformada. O surgimento de certa forma de energia é acompanhado do desaparecimento de outra forma de energia em igual quantidade.

Dessa forma, têm-se desenvolvido ao longo do tempo sistemas energéticos artificiais que nada mais são que máquinas que utilizam a energia para realizar determinado processo. Por exemplo, um motor elétrico é um sistema energético que converte energia elétrica em energia mecânica; uma lâmpada é um sistema energético que transforma energia elétrica em energia luminosa.

Num conceito amplo, energia é tudo, segundo Burattini (2008):

> "Energia é uma substância física da matéria, mas que pode ser convertida nela; a energia é indispensável à manifestação, manutenção e transformação da matéria. A energia não é criada, está presente em tudo; sua presença fica mais evidente quando ocorre uma modificação no sistema considerado. Ou ainda, energia é aquilo que permanece constante em meio a processos de transformação. Mas se tudo está em transformação, se tudo é movimento, então tudo é energia" (BURATTINI, 2008).

A energia está disponível de várias formas e em diferentes estados, sendo classificada como fonte primária ou secundária, conforme ilustrado na figura 3.3.

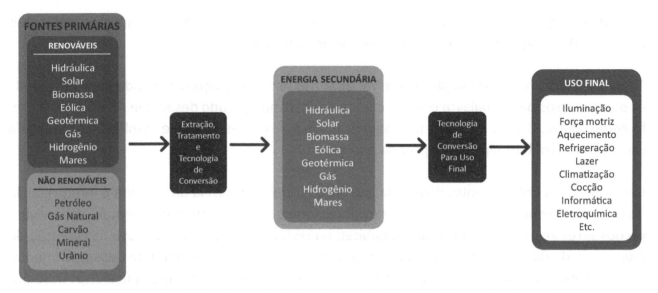

Figura 3.3. Ilustrativo do fluxo de energia desde as fontes primárias até os diversos tipos de usos finais.
Fonte: Marques; Pereira (2015).

As fontes primárias de energia são aquelas que existem naturalmente no ambiente natural e estão disponíveis para uso imediato, desde que haja tecnologia para extraí-la e transformá-la de forma econômica. As principais são: carvão mineral, óleo combustível, gás natural, biomassa, nuclear, hídrica, eólica, solar, geotérmica e oceânica.

As fontes secundárias de energia são resultantes da transformação da energia disponível nas fontes primárias em alguma outra forma de energia, por exemplo, eletricidade, etanol, biodiesel, gasolina, calor, etc. Conforme indicado na figura 3.3, o processo de transformação da energia de uma fonte primária para uma secundária depende necessariamente da capacidade de extração e da tecnologia de transformação. Quanto melhor e mais eficiente for esta etapa, melhor será o aproveitamento energético e menores serão os impactos ambientais e os custos financeiros relativos ao processo.

Os produtos primários, também denominados energéticos primários, como o petróleo ou o carvão, passam por um processo de transformação que os convertem em formas mais adequadas para os diferentes usos. O local onde se realiza este processo é denominado, genericamente, de centro de transformação. No caso do petróleo, o centro de transformação é uma refinaria, onde são obtidos produtos de uso direto, como a gasolina, o óleo diesel, o querosene, o gás liquefeito e outros, que são classificados como energia secundária. Em alguns casos, uma fonte secundária, como o óleo combustível obtido do petróleo, passa por outro centro de transformação, onde é convertido em eletricidade. Em qualquer transformação parte da energia é perdida no processo, geralmente dissipada sob a forma de calor.

Conforme também é ilustrado na figura 3.3, as diversas formas de energia são classificadas em renováveis ou não renováveis. As energias renováveis são aquelas cuja utilização é menor que a sua reposição, isto é, são praticamente perpétuas, como a energia solar, eólica, hidráulica e a biomassa, enquanto uma fonte não renovável de energia é aquela cuja disponibilidade decresce com a sua utilização, ou seja, a taxa de uso é maior que a geração de novas reservas. São denominadas fontes de energias não renováveis as fontes de energia fóssil, como: carvão, petróleo e gás natural e a energia nuclear, que também pode ser considerada fóssil, pois os seus elementos (isótopos de urânio, tório e plutônio) foram formados há cerca de oito bilhões de anos (REIS, 2011, p. 34). As fontes de energia fóssil têm como uma das principais características emitir GEE.

O combustível fóssil é uma substância mineral composta de hidrocarbonetos formado por moléculas de carbono e hidrogênio. A teoria mais aceita sobre a origem do combustível fóssil propõe que é o resultado de um processo de decomposição e soterramento de plantas e animais, que ocorreu após milhões de anos (POPP, 2002).

Utilizam-se também os conceitos de energia útil, energia perdida e energia final. A figura 3.4 mostra a representação esquemática dos fluxos de energia primária, secundária, final e útil, considerando as perdas nos centros de transformação e no uso final.

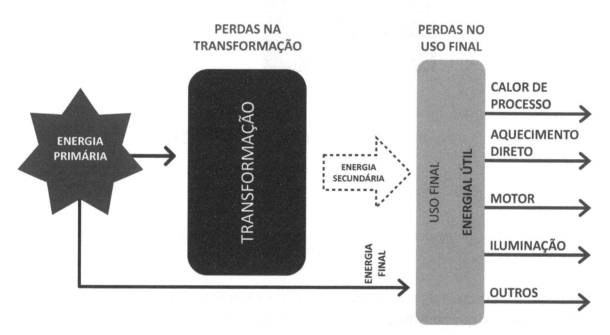

Figura 3.4. Representação esquemática dos fluxos de energia.
Fonte: adaptado de Economia & Energia, 2000.

Conforme ilustrado na figura 3.4, a energia final designa a energia tal como é recebida pelo usuário nos diferentes setores, seja na forma primária, seja na secundária. Em cada unidade produtiva, industrial ou agrícola, ou em outro setor de consumo, como o residencial, comercial ou público, a energia tem diferentes usos, como: motriz, iluminação, aquecimento, entre outros. Para converter a energia final na forma em que ela é usada, passa-se por um processo que implica em perdas, sendo necessário considerar uma eficiência de uso ou rendimento. No caso do uso motriz, parte da energia é transferida ao eixo do motor e parte é dissipada na forma de calor. Deve-se observar, contudo, que isso não representa o fim da energia em si. Ela é simplesmente dissipada no meio ambiente. Entretanto, ela ainda pode ser parcialmente aproveitada por sistemas de cogeração e sistemas de Ciclo Combinado. Já a energia não utilizada e dissipada no meio ambiente, embora não tenha sido destruída, não poderá ser mais aproveitada.

Na sequência, tem-se então a energia útil (energia final menos energia perdida), ou seja, a energia que é transformada no trabalho desejado pelo consumidor, isto é, iluminação, força motriz, refrigeração, aquecimento, etc. Denomina-se rendimento global do processo a razão entre a energia útil ou energia final e a energia na forma primária. Também é denominado rendimento de um sistema energético a razão entre a energia convertida ou energia útil e a energia de entrada.

A figura 3.5 ilustra um sistema energético genérico.

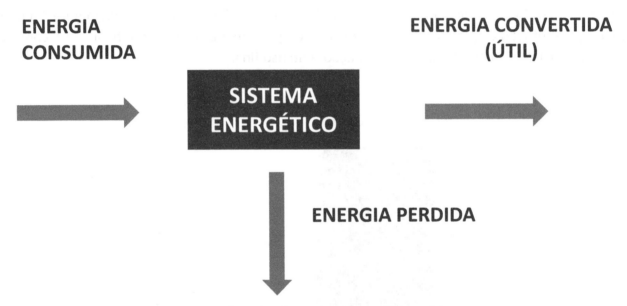

Figura 3.5. Ilustrativo de um sistema energético genérico.
Fonte: adaptado pelos autores.

Observe-se que a Indústria 4.0 permite a melhora do rendimento individual de todos os processos e sistemas energéticos que constituem a cadeia produtiva. Dessa forma, o rendimento energético global torna-se muito melhor.

3.2.2. Energias renováveis e matriz energética

A participação das fontes não renováveis de energia, compostas pelos combustíveis fósseis, incluindo a energia nuclear, atualmente corresponde a aproximadamente 86,5% na matriz energética mundial (BEN, 2017, p. 13). Apesar da preocupação crescente, por boa parte da sociedade, com as mudanças climáticas, ao que parece os combustíveis fósseis ainda deverão reinar nas próximas décadas e manterão uma participação, mesmo que decrescente, prevista para aproximadamente 61,7% em 2024 (EMPRESA DE PESQUISA ENERGÉTICA – EPE, 2017).

Segundo Marques e Pereira (2015), há décadas que as fontes de energias não renováveis dominam a matriz energética mundial, e, não obstante o declínio projetado de consumo dessas fontes energéticas, infere-se que a economia mundial continuará a depender dos combustíveis fósseis por décadas.

Essa forte dependência ainda existente em relação aos combustíveis fósseis provoca uma apreensão por parte da humanidade, tendo em vista também o futuro esgotamento previsto dessas fontes de energia. Concomitantemente, há uma preocupação em relação ao aquecimento global, fruto do aumento das concentrações de GEE na atmosfera, advindo da utilização dos combustíveis fósseis. Quanto à energia nuclear, predomina o eterno receio em relação a possíveis acidentes nas usinas nucleares, a destinação segura dos resíduos radioativos e também o seu uso para fins militares.

Ainda de acordo com Marques e Pereira (2015), esse conjunto de incertezas sinaliza a urgência do estabelecimento de um processo de substituição das fontes convencionais de energia, direcionado para a exploração das fontes renováveis como alternativa na busca da garantia do suprimento e aproveitamento de energia, rumo a um modelo de desenvolvimento econômico de baixo carbono, ambientalmente sustentável dentro de um contexto de Indústria 4.0.

Atualmente, as energias renováveis contribuem de forma expressiva, tanto na oferta primária mundial de energia quanto na geração global de eletricidade. No Brasil, a presença da energia renovável na oferta primária de energia é de aproximadamente 40,9%. A figura 3.6 apresenta o gráfico da oferta de energia primária no Brasil. Observe-se que esses dados confirmam a posição brasileira de usufruir de uma das matrizes energéticas mais limpas, bem acima da participação na matriz energética mundial de 13,5% (BEN, 2017, p. 13).

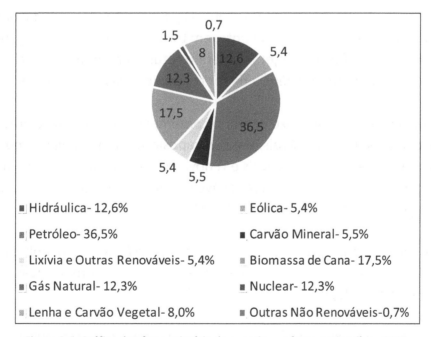

Figura 3.6. Gráfico da oferta primária de energia por fonte no Brasil em 2016.
Fonte: adaptado de EPE, BEN. Relatório Síntese, 2017, p. 15.

O Brasil apresenta uma matriz de geração de energia elétrica de origem predominantemente renovável da ordem de 619,7 TWh (Terawatt-hora), sendo que a geração hídrica responde por 68,1% da oferta. Somando-se a participação da biomassa de 8,2% e da eólica de 5,4%, tem-se que aproximadamente 81,7% da eletricidade no Brasil origina-se de fontes de energias renováveis, conforme pode ser observado na figura 3.7 Trata-se de uma participação bem superior em relação ao mundo, em que as energias renováveis atingem 21,2% (BEN, 2017, p. 32).

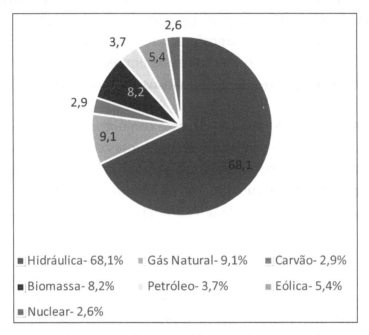

Figura 3.7. Oferta interna de energia elétrica por fonte no Brasil em 2016.
Fonte: adaptado de MME, BEN, 2017 – Relatório Síntese, p. 31.

Existe uma forte necessidade e tendência para que as políticas energéticas da maioria dos países, incluindo o Brasil, se estruturem, principalmente, em torno da segurança energética e da redução das emissões de GEE. Dessa forma, projeta-se para o futuro uma matriz energética mundial menos carbono-intensiva, com predominância de fontes de energias renováveis e limpas.

A transição para uma economia de baixo carbono contemplará uma redução gradativa no emprego das fontes de energias não renováveis, em contraposição a uma elevação no uso de energias renováveis. Ambas as fontes, não renováveis e renováveis, têm papel relevante a exercer no processo de transição, sendo que as energias renováveis ganharão terreno, aumentando sua participação na matriz energética mundial futura (MARQUES; PEREIRA, 2015).

As fontes renováveis de energia provocam uma menor agressão ao meio ambiente em relação às fontes advindas dos combustíveis fósseis e devem se tornar mais competitivas economicamente por conta da evolução tecnológica.

O futuro das energias renováveis será favorecido pelo aumento das pressões mundiais para a utilização de fontes energéticas renováveis e limpas e a contínua busca da diversificação das fontes de suprimento energético. Dessa forma, o aprimoramento da eficiência energética e a ampliação da participação de fontes renováveis de energia na matriz energética tornam-se condições essenciais para compatibilizar a segurança do suprimento energético com a sustentabilidade ambiental.

3.2.3. Eficiência energética e Indústria 4.0

A preocupação mundial com a segurança energética, a preservação ambiental e o desenvolvimento econômico sustentável culminaram na adoção dos Objetivos de Desenvolvimento Sustentável (ODS), por parte das Organizações das Nações Unidas (ONU), em 2015.

Dentre os 17 objetivos fixados, o de número 7 se refere à energia acessível e limpa e, especificamente, em relação à eficiência energética, tem-se como objetivo até 2030 dobrar a taxa global de melhoria da eficiência energética e reforçar a cooperação internacional para facilitar as práticas de eficiência energética. Portanto, a implementação de políticas de economia de energia e de redução de impactos ambientais deve se constituir em importantes metas para países que pretendem aprimorar o uso da energia sem renunciar ao crescimento econômico.

No final de 2015, diversos países, entre eles o Brasil, assinaram o acordo de Paris durante a COP 21, com o objetivo de conter e lidar com os possíveis problemas causados pelas mudanças climáticas, assumindo, perante a comunidade mundial, o desafiante compromisso de uma efetiva transição da economia mundial carbono intensiva para uma economia de baixo carbono, em que haja a supremacia e o uso intensivo de fontes renováveis e limpas de energia, como hidráulica, eólica, biomassa e solar.

O Brasil, no tocante ao setor de energia, assumiu o compromisso de alcançar uma participação estimada de 45% de energias renováveis na composição da sua matriz energética em 2030, incluindo:

a) Expansão do uso de fontes renováveis, além da energia hídrica, na matriz total de energia para uma participação de 28% para 33%.
b) Expansão de fontes de energia não fóssil, aumentando a parcela de energias renováveis (além da energia hídrica) no fornecimento de energia elétrica para ao menos 23%.
c) Alcance de 10% de ganhos de eficiência no setor elétrico.

A quantidade de energia consumida e a eficiência na sua utilização são dois fatores fundamentais para determinar o desempenho da economia global de um país e seu comportamento em relação às questões energéticas e ambientais. Consequentemente, é relevante estabelecer uma gestão e um monitoramento na eficiência dos processos produtivos, principalmente do ponto de vista da macrovariável energia, empregada nesses processos de transformação.

Segundo Godoi (2011), a eficiência energética compreende ações ou medidas comportamentais, tecnológicas e econômicas, as quais, ao serem realizadas sobre sistemas e processos de conversão/produção, acarretam em redução da demanda energética, sem prejuízo da quantidade ou da qualidade dos bens e serviços. Na mesma linha, a EPE (2007) define a eficiência energética como o conjunto de medidas de redução da energia utilizada, sem perda na quantidade e qualidade dos bens e serviços produzidos, incluindo a substituição de fontes energéticas, que resultem em ganhos sistêmicos de eficiência.

Eficiência energética, segundo Patterson (1996), é um termo que, em geral, refere-se a um menor consumo de energia para a produção da mesma quantidade de um serviço ou produto útil.

Um indicador muito utilizado atualmente para verificar a eficiência de um sistema produtivo é o Índice de Intensidade Energética (IIE), representado pela razão entre o consumo total de energia de um país, em unidade de energia, e o PIB da economia, expresso em unidades monetárias. O IIE evidencia o grau de eficiência da utilização energética em relação à riqueza do país; desta forma, quanto menor o uso de energia por unidades monetárias, maior a eficiência da economia.

De acordo com Santosh e Narayanan (2006), o conceito de intensidade energética está intimamente relacionado ao conceito de eficiência econômica, pois mede a eficiência do consumo energético por unidade de produto interno bruto de uma economia ou mesmo de um setor desta economia.

Para Mirko et al. (2014), as variações da Intensidade Energética podem ser atribuídas a diversos fatores, tais como: migrações demográficas da área rural para áreas urbanas, mudanças estruturais na economia visando indústrias menos energo-intensivas, expressivo crescimento do setor de serviços, melhoria da eficiência no uso da energia, substituição da matriz energética e, atualmente, uma crescente preocupação com sustentabilidade. Portanto, há maiores fatores para determinar a Intensidade Energética do que simplesmente atribuir à questão econômica em geral e ao desempenho industrial em particular.

Ao mesmo tempo em que a humanidade precisa de energia para seu desenvolvimento, ela precisa encontrar formas para que essa geração não degrade o meio ambiente, que é o grande gerador dos recursos naturais e obviamente de importância vital para a contínua existência da humanidade. Nesse sentido, observam-se a relevância e a necessidade de fixar políticas eficientes para o uso das energias disponíveis no meio ambiente, por exemplo, ampliar o uso de energias renováveis, sobretudo melhorar o IIE, possibilitando dessa forma a diminuição da geração dos gases poluidores no meio ambiente, promovendo ganhos econômicos e maior desenvolvimento nos processos produtivos e de transformação com maior eficiência energética.

Dessa forma, o uso de indicadores dos níveis de eficiência tem significativa importância para a avaliação de políticas de eficiência energética, ou no estabelecimento de objetivos para tais políticas, ou ainda na identificação de potenciais de redução do consumo energético de um país ou de um setor específico da sua economia.

Patterson (1996) classifica em quatro grupos os inúmeros indicadores utilizados para o monitoramento das mudanças nos níveis de eficiência energética:

a) **Termodinâmicos:** são indicadores baseados em medidas termodinâmicas, como a razão entre a quantidade de um determinado produto e os insumos utilizados em sua manufatura, todos mensurados em termos energéticos.
b) **Físico-termodinâmicos:** são indicadores que se referem à relação entre a energia consumida, em termos termodinâmicos, e uma quantidade física de produção ou serviço prestado.
c) **Econômico-termodinâmicos:** são indicadores híbridos, onde a energia consumida, em termos termodinâmicos, é relacionada com a quantidade produzida ou de serviço prestado – estes, porém mensurados em termos econômicos.
d) **Econômicos:** são indicadores empregados na mensuração de mudanças na eficiência energética totalmente em termos econômicos, em que tanto a energia consumida quanto a produção ou serviço prestado são utilizados em termos financeiros.

O uso de indicadores econômicos ou econômicos-termodinâmicos faz-se útil na comparação dos níveis de eficiência energética entre diferentes indústrias em uma mesma economia, ou diferentes empresas dentro do mesmo ramo, uma vez que, através da conversão dos diferentes tipos de produtos ou serviços em termos econômicos, tais indicadores permitem comparar as quantidades específicas de energia consumidas por unidade monetária gerada em cada setor ou empresa.

Face ao exposto, evidencia-se que os principais motivos para a inserção da eficiência energética na matriz energética brasileira relacionam-se à segurança energética, minimização de impacto ambiental e competitividade:

a) **Segurança energética:** a conservação de energia pode ser vista como uma fonte alternativa de suprimento das necessidades de energia, pois cada kWh economizado permite evitar a construção de capacidade adicional de produção de energia. Por outro lado, ao reduzir a demanda de energia, o país fica menos vulnerável à importação de energéticos e às oscilações de seus preços.
b) **Minimização de impacto ambiental:** ao evitar a implantação de novos empreendimentos de energia, evitam-se os impactos ambientais deles provenientes, que não se limitam à queima de combustíveis fósseis, mas também abrangem a poluição visual, sonora, dos solos e da água etc. A única fonte de energia que não suscita, de modo geral, impactos ambientais negativos é a Eficiência Energética.
c) **Competitividade:** a economia em termos de tempo, consumo de matéria-prima e aperfeiçoamento do produto final contribui para a elevação da produtividade global da economia. Um produto com menor conteúdo energético é, em geral, mais barato que o equivalente de maior conteúdo. Além disso, o aumento da eficiência energética, em geral, vem acompanhado de desenvolvimento tecnológico, otimização de processos e

melhoria de qualidade. Entende-se que com a adoção da Indústria 4.0 haja naturalmente uma busca incessante de ganhos crescentes de eficiência energética nos setores produtivos.

Suprir as necessidades energéticas da humanidade e mitigar os impactos ambientais decorrentes da geração e utilização da energia é um imenso desafio. Este desafio consiste no engajamento na travessia rumo a uma economia de baixo carbono e da melhoria da eficiência energética de todos os processos produtivos. Para tanto, essa caminhada deverá ser marcada pela continuação e intensificação do desenvolvimento de tecnologias que propiciem a substituição gradual dos combustíveis fósseis por fontes de energia renováveis e pela busca incessante de eficiência energética, cujo alcance será favorecido pela Indústria 4.0.

3.3. Ecoeconomia, sustentabilidade e a automação

A ecoeconomia[2], como descreve Pereira (SIMÃO FILHO; PEREIRA, 2014, p. 105), parte de uma nova proposta econômica que passa a considerar a ecologia e seus sistemas de suporte e reposição a partir do princípio geral de que a economia clássica assegura que as matérias-primas e recursos naturais são infinitos, enquanto o trabalho é finito e, por isso, tem valor.

A história acaba por comprovar o caráter finito desses recursos naturais e a necessidade de sua proteção e conservação. Conforme definido no item 3.1 deste livro, a energia é um recurso natural e também é uma macrovariável de todo e qualquer processo produtivo.

A energia não pode ser criada ou destruída, porém pode ser convertida de uma forma para outra. Por exemplo, a energia elétrica pode ser convertida em energia mecânica, luminosa, térmica e vice-versa. A quantidade de energia disponível está diretamente relacionada ao potencial de realizar um trabalho.

A ciência da termodinâmica, como atesta Penteado (2010, p. 190-206)[3], surge a partir da evidência de que o homem só pode utilizar um tipo de energia denominada por disponível em contraposição à energia indisponível. A primeira lei da termodinâmica determina que a energia está sujeita à conservação na natureza e que pode ser utilizada quando se queira, desde que se detenha a tecnologia específica para esse fim. A energia não se cria e nem se destrói, todavia pode ser

---

2 Ecoeconomia, ou economia ecológica, é uma nova proposta que surgiu na década de 70, baseada nos trabalhos de Nicholas Georgescu-Roegen, Herman Daly e outros. Sua ideia principal é que a economia "humana" (ou tradicional) é totalmente interdependente dos recursos naturais, que são finitos. Esse argumento, por si só, já demonstra a necessidade de mudanças radicais na forma como vivemos atualmente.

3 Menciona o autor que a Ecoeconomia procura evitar o esgotamento dos recursos naturais, respeitando os limites físicos e ecológicos da matéria e da energia, submetidas à ação contínua da lei da Entropia. O autor propõe, para atingir esse resultado, que se adote um estado estacionário até que se saiba quais são os limites ecológicos do planeta e, após, que se adotem processos ecoeficientes substituindo-se a mineração pela reciclagem e fazendo uso de processos naturais de regeneração, além de cessar esbanjamentos e criar políticas voltadas para o bem-estar.

convertida de uma forma a outra, e, ainda, a quantidade de energia do universo sempre será a mesma desde o princípio dos tempos até o final.

Mesmo que essa energia permaneça constante, se transforma continuamente em uma só direção. E é exatamente nesse ponto que a segunda lei da termodinâmica (entropia) se apresenta sob forma de um enunciado que reza que a energia sempre flui do quente ao frio; do concentrado ao disperso; e da ordem ao caos. A entropia determina o momento em que em todo o corpo mais quente, a energia será dissipada e se tornará indisponível.

A intelecção dos processos econômicos foi desenvolvida por Georgescu-Roegen (1971), por meio de uma visão analítica da ciência da termodinâmica que estuda as relações entre os fenômenos caloríficos e mecânicos.

Segundo Simão e Pereira (2014), "a ciência da termodinâmica possui mais de 200 anos e é plenamente atual para auxiliar a encontrar soluções para a humanidade. A termodinâmica, em razão da lei da entropia, se opõe à economia clássica e demonstra o caráter finito dos recursos naturais". A sobrevivência da humanidade também depende da substituição do crescimento quantitativo da produção e da população pelo crescimento qualitativo da sociedade, como também afirma Penteado (2010, p. 190-206), gerando uma mudança de paradigma de tal ordem que possa estimular as atividades que reduzam a marcha da entropia de forma ecoeficiente.

A proposta de Penteado se adequa ao pensamento de nova empresarialidade e se faz no sentido de que as atividades econômicas devem conciliar resultados econômicos com sustentabilidade ambiental e social num amplo espectro, não só nos fatores gerados pela reciclagem ou despoluição de águas e mananciais. Há que se efetivar, segundo o autor, uma revisão profunda no conceito e nas práticas que se relacionam às atividades empresariais, sua natureza e riquezas, transmutando-se para uma ecoeconomia ou economia ecológica que possa gerar sustentabilidade e preservação do planeta.

Acerca dessa proposta de mudança de paradigma na economia, Rifkin (2015, p. 22) esclarece que toda atividade econômica é baseada no aproveitamento de energia disponível na natureza em suas formas líquida, sólida ou gasosa, que se convertem no processo produtivo para a produção de produtos ou serviços.

Assim é que, na energia consumida e incorporada em qualquer produto ou serviço, se deve considerar a energia perdida para mover a atividade econômica no âmbito de uma cadeia de valor, como uma fatura entrópica. O aumento da entropia pode ser gerado também pelo consumo, pela reciclagem dos bens produzidos, com o consequente retorno à natureza. Há uma perda da energia disponível no processo de transformar recursos naturais em produtos e serviços com valor econômico.

Segundo as Nações Unidas, o meio ambiente é definido como sendo o conjunto de componentes físicos, químicos, biológicos e sociais capazes de causar efeitos diretos ou indiretos, em um prazo curto ou longo, sobre os seres vivos e as atividades humanas.

Em 1972 foi instituído o Programa das Nações Unidas para o Meio Ambiente – PNUMA, em Inglês *United Nations Environment Programme – UNEP*. O PNUMA objetiva coordenar e trabalhar com diversos parceiros, incluindo outras entidades da própria ONU, ações internacionais de proteção ao meio ambiente e da promoção do desenvolvimento sustentável. Observe-se que no Brasil foi a Lei nº 6.938, de agosto de 1981, que foi recepcionada pela Constituição Federal de 1988, que instituiu a PNMA – Política Nacional do Meio Ambiente. A PNMA tem como principal objetivo regular as várias atividades que envolvam o meio ambiente e contribuir para o fortalecimento das instituições ambientais brasileiras. O meio ambiente é definido pela PNMA como "o conjunto de condições, leis, influências e interações de ordem física, química e biológica, que permite, abriga e rege a vida em todas as suas formas".

Sabe-se que o diâmetro do planeta Terra é aproximadamente 12.756 km. Entretanto, todas as diversas formas de vida conhecidas apenas sobrevivem em uma faixa muito estreita. A pequena região do meio ambiente onde existe vida é denominada biosfera. A biosfera ocupa uma mínima parte da litosfera (conjunto de sólidos do planeta), da atmosfera (conjunto de gases do planeta com até 1.000 km de extensão) e da hidrosfera (conjunto de líquidos do planeta). Portanto, é certo afirmar que, apesar do planeta Terra abranger uma imensa variedade e quantidade de seres vivos, a região onde a vida se manifesta é extremamente vulnerável e também muito limitada (MARQUES; PEREIRA, 2015).

As condições da biosfera são consequências diretas das alterações do meio ambiente. Essas alterações acontecem devido aos fenômenos naturais e também podem ocorrer devido às ações de grandes magnitudes promovidas por qualquer espécie de ser vivo. O INMET – Instituto Nacional de Meteorologia – caracteriza que tempo e clima são fenômenos físicos distintos que ocorrem no meio ambiente. Segundo o INMET, "o tempo é o estado físico das condições atmosféricas em um determinado momento e local. Isto é, a influência do estado físico da atmosfera sobre a vida e as atividades do homem. O clima é o estudo médio do tempo para determinado período ou mês em uma certa localidade. Também, se refere às características da atmosfera inseridas das observações contínuas durante um certo período. O clima abrange maior número de dados e eventos possíveis das condições de tempo para uma determinada localidade ou região. Inclui considerações sobre os desvios em relação às médias, variabilidade climática, condições extremas e frequências de eventos que ocorrem em determinada condição do tempo".[4]

Ainda segundo o INMET, Meteorologia e Climatologia são duas ciências correlatas, porém com objetivos distintos onde "a Meteorologia é a ciência que estuda as condições e o comportamento físico da atmosfera. Enquanto que a Climatologia é uma subárea da meteorologia que estu-

---

[4] <http://www.inmet.gov.br/portal/index.php?r=home/page&page=tempo_clima>. Acesso em: 09 jan. 2018.

da o comportamento médio da atmosfera para um determinado período, através de métodos estatísticos".[5]

Existe uma profunda e intricada interdependência entre a biosfera e o clima. As permanentes e contínuas alterações no meio ambiente promovem também significativas alterações climáticas e, consequentemente, promovem alterações na biosfera. Por sua vez, os mais diversos biomas influenciam a biosfera e interferem no clima. Dessa forma, pode-se afirmar que existe uma permanente interdependência que reflete a grande complexidade de interações entre o meio ambiente, clima e todo o conjunto de seres vivos coexistentes na biosfera.

Segundo Simão e Pereira (2014), "diversas organizações e institutos internacionais de muitos países vêm patrocinando projetos de estudos com o intuito de equacionar as complexas variáveis que interferem no clima terrestre. Um destes projetos, patrocinado pelo Ministério da Ciência da Rússia, pelo *Office of Polar Programs of the NSF,* dos Estados Unidos da América, é coordenado na França pelo *Laboratoire de Glaciologie et Géophysique de l'Environnement du CNRS.* Parte dos resultados de seus estudos foram publicados na revista Nature (03 de junho de 1999) com o título *Climate and Atmospheric History of the past 420,000 years from the Vostok Ice Core, Antarctic*".

A figura 3.8 ilustra o gráfico da temperatura média do planeta Terra e o gráfico da concentração de CO_2 (dióxido de oxigênio) durante aproximadamente os últimos 450.000 anos. Observe-se que durante esse período de tempo ocorreram variações na temperatura média do planeta da ordem de 8 a 12 graus centígrados. No mesmo período também ocorreram significativas flutuações na concentração de CO_2 na atmosfera.

Segundo Marques e Pereira (2015), "a análise da curva da temperatura permite concluir que o mesmo padrão de variação da temperatura média do planeta é encontrado na variação da concentração de um dos gases de efeito estufa que é o dióxido de carbono (CO_2). Observe-se que, embora em um determinado instante do tempo as duas curvas possam ter concomitantemente derivadas positivas e negativas, o valor médio ascendente ou descendente é sempre espelhado entre elas. Este fato, associado aos demais conhecimentos climatológicos, permite constatar que o clima também sofre a influência de diversos fatores como: erupções vulcânicas, variações da atividade solar, pequenas alterações na órbita terrestre etc.".

A concentração de CO_2, assim como dos demais gases de efeito estufa, é um dos fortes elementos que influenciam o clima. Outro dado importantíssimo desses estudos é que, durante o período de tempo de 450.000 A. C. até pouco depois do nascimento de Jesus Cristo, a máxima concentração de CO_2 na atmosfera nunca ultrapassou a marca de 280 ppm (partes por milhão).

---

[5] <http://www.inmet.gov.br/portal/index.php?r=home/page&page=tempo_clima>. Acesso em: 09 jan. 2018.

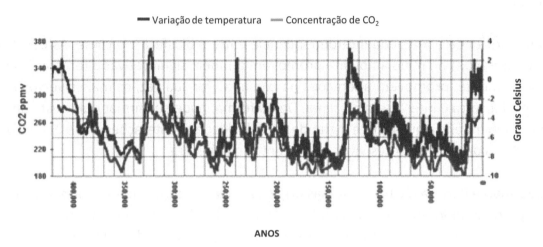

Figura 3.8. Gráfico histórico da variação de temperatura e da variação dos níveis de CO_2 na atmosfera.
Fonte: *Laboratoire de Glaciologie et Géophysique de l'Environnement du CNRS*[6].

A figura 3.9 ilustra as variações da temperatura média e da concentração de CO_2 partir da metade da primeira Revolução Industrial.

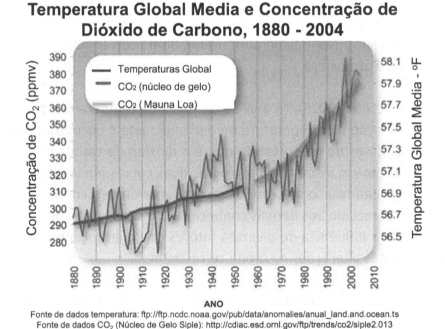

Figura 3.9. Gráfico da temperatura média global e da concentração de dióxido de carbono na atmosfera.
Fonte: Woods Hole Research Center[7].

---

6 Disponível em: <http://www.ige-grenoble.fr/>. Acesso em: 09 jan. 2018.
7 Disponível em: <http://www.whrc.org/>. Acesso em: 09 jan, 2018.

O conceito de desenvolvimento sustentável foi apresentado à sociedade pela primeira vez no Relatório Brundtland. É o documento intitulado "Nosso Futuro Comum" (*Our Common Future*), publicado em 1987.

Foi em 1990 que o PNUD (Programa das Nações Unidas Para o Desenvolvimento) introduziu, universalmente, um novo conceito sobre o desenvolvimento das nações, Desenvolvimento Humano Sustentável (DHS), onde se devem adotar políticas públicas que considerem as pessoas e não somente a acumulação de riquezas. A tabela 3.2 apresenta os três princípios postulados definidos pelo PNUD e suas implicações. Observe-se que, segundo o PNUD, o ser humano é o centro, autor e também objetivo do desenvolvimento sustentável.

Tabela 3.2. Princípios postulados e implicações do PNUD.

Princípios postulados	Implicações
Desenvolvimento das pessoas	Deve implicar na ampliação das capacidade, oportunidades, potencialidades criativas e direitos de escolha individuais
Desenvolvimento para as pessoas	Deve implicar que a riqueza produzida por uma nação seja apropriada equitativamente por cada um de seus membros
Desenvolvimento pelas pessoas	Deve proporcionar a participação ativa dos indivíduos e das comunidades na definição do processo de desenvolvimento do qual são, ao mesmo tempo, sujeitos e beneficiários.

A Declaração do Rio sobre Meio Ambiente e Desenvolvimento de 1992 apresentou o quarto princípio condicionante: "a proteção ambiental constituirá parte integrante do processo de desenvolvimento e não pode ser considerada isoladamente deste".

Este princípio está totalmente alinhado com o exposto no modelo da figura 3.2 porque não se pode garantir nenhum tipo de benefício para o ser humano se o meio ambiente também não for preservado.

O Fundo das Nações Unidas para a Infância – UNICEF (2013) – estabelece ainda os oito Objetivos de Desenvolvimento do Milênio (ODM):

a) Erradicar a extrema pobreza e a fome.
b) Universalizar a educação primária.
c) Promover a igualdade entre os sexos e a autonomia das mulheres.
d) Reduzir a mortalidade na infância.
e) Melhorar a saúde materna.
f) Combater o HIV/AIDS, a malária e outras doenças.
g) Garantir a sustentabilidade ambiental.
h) Estabelecer uma parceria mundial para o desenvolvimento.

Tanto Goldemberg e Villanueve (2002) como Goldemberg e Lucon (2008) afirmam que, para contribuir para o desenvolvimento sustentável, quatro dimensões devem ser consideradas:

a) Social.
b) Econômica.
c) Ambiental.
d) Governança.

Embora Goldemberg e Lucon (2008) apresentem os quatro pilares para o desenvolvimento sustentável, o conceito mais utilizado na literatura acadêmica é o do *Triple Bottom Line* onde, conforme apresentado inicialmente por Elkington, o desenvolvimento sustentável é constituído de três pilares:

a) Econômico.
b) Social.
c) Meio ambiente.

Na visão de Simão e Pereira (2014), o Desenvolvimento Sustentável pode ser representado por meio de um bloco monolítico suportado por três pilares: desenvolvimento econômico, meio ambiente e desenvolvimento humano. Afirmam também os autores que "caso apenas um dos pilares seja removido, o modelo desaba pela força da gravidade dos acontecimentos". A figura 3.10 ilustra a representação do modelo de desenvolvimento sustentável.

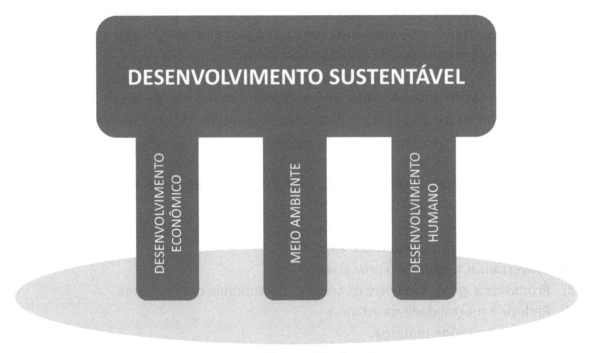

Figura 3.10. Ilustrativo do modelo de desenvolvimento sustentável.
Fonte: Simão; Pereira, 2014.

É interessante observar que, com as tecnologias de processo tradicionais, é praticamente impossível equacionar o *trade off* constituído entre os pilares: desenvolvimento econômico e meio ambiente. Isso porque um *trade off* pode ser definido como um elo físico ou mesmo econômico entre dois critérios de desempenho. Quando existe um *trade off* surge naturalmente um conflito de escolha e uma consequente relação de compromisso, porque a escolha de uma coisa em relação à outra implica não receber os benefícios da escolha preterida. Um *trade off* entre dois atributos ou critérios necessariamente implica a piora de um deles quando o outro é melhorado. Dessa forma, o aumento da atividade econômica sempre amplificou a intensidade dos impactos ambientais.

A ciência e a tecnologia da automação, assim como a ciência e a tecnologia da informação, podem, empregadas na Indústria 4.0, contribuir significativamente para aumentar a atividade econômica e ao mesmo tempo mitigar os impactos ambientais.

Conforme definido no início deste capítulo, um processo produtivo é formado por uma sucessão de estados e operações sistematicamente controlados que objetivam realizar algum evento, produzir algo ou atingir uma determinada meta. A infraestrutura em que um determinado processo produtivo é efetuado, geralmente, é denominada de sistema, sistema a controlar, planta, planta industrial, planta produtiva, chão de fábrica, recursos de transformação etc. O termo "planta industrial" é empregado para definir a infraestrutura física de um determinado processo produtivo industrial. Este termo costuma, também, ser substituído pelo termo equivalente chão de fábrica. Já o termo "planta produtiva" é também empregado para nomear sistemas ou infraestruturas que realizam atividades produtivas que extrapolam as atividades industriais ou atividades relacionadas exclusivamente à produção de produtos.

Todo processo necessita, em maior ou menor grau, de um controle sobre as suas variáveis. O controle de um processo produtivo demanda monitoração, supervisão e, também, a atuação, quando necessária, tanto nas macrovariáveis de entrada do processo como nas variáveis controladoras e controladas do processo.

A figura 3.11 ilustra uma modelagem em diagrama de blocos da integração entre sistemas e processos produtivos. Um determinado processo produtivo, para ser efetuado, demanda, além das macrovariáveis de sustentabilidade e também dos seis tipos de macrovariáveis de entrada, de uma infraestrutura física ou mesmo conceitual. Essa infraestrutura é definida neste capítulo como sendo sistema, planta, planta industrial ou planta produtiva. Assim, todo sistema possui uma ou mais variáveis controladoras (variáveis de entrada) e uma ou mais variáveis controladas (variáveis de saída). Por exemplo, o nível de tensão de referência ou *set point* de um sistema controlador de velocidade é uma variável de entrada ou uma variável controladora de um sistema de tração de uma locomotiva elétrica de uma composição ferroviária. A velocidade da locomotiva é uma das variáveis controladas ou de saída do sistema, enquanto as pessoas ou as cargas transportadas são o serviço prestado pelo processo produtivo de transporte de pessoas ou de cargas. A infraestrutura ou o sistema de transporte é a composição ferroviária. O sistema de controle de velocidade é um subsistema do sistema de composição ferroviário, e este é composto, genericamente, por controlador, *driver* de acionamento, motor elétrico, sensor de velocidade, interface homem-máquina etc.

Um sistema no qual a medição das variáveis controladas, o cômputo, a comparação, a análise com as variáveis controladoras e a atuação nelas são efetuados pelo elemento humano é classificado como sendo um sistema manual. Um sistema manual executa um ou mais processos manuais. Um sistema no qual a medição das variáveis controladas, o cômputo, a comparação, a análise com as variáveis controladoras e a atuação nelas não são efetuados pelo elemento humano é classificado como sendo um sistema automático ou automatizado que efetua um ou mais processos automáticos.

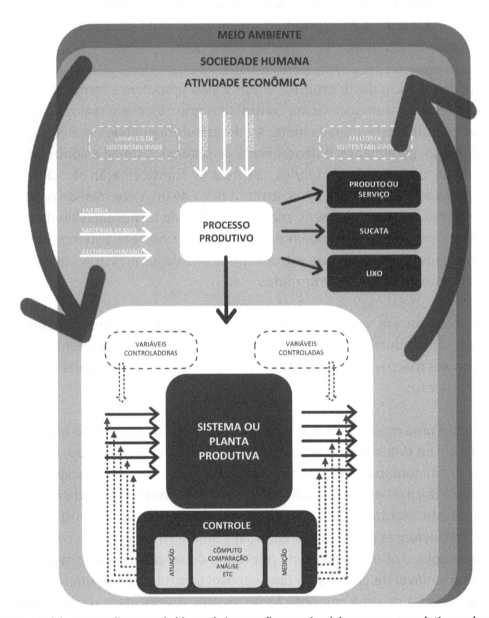

Figura 3.11. Modelagem em diagrama de blocos da integração conceitual de processos produtivos e de sistemas.
Fonte: Pereira, 2009.

3.4. A sociedade da informação e a Internet das Coisas

A sociedade da informação pode ser vista como um ambiente posterior à pós-modernidade, cuja característica maior é exatamente o expressivo impacto da tecnologia, tanto nas relações humanas internas advindas desses movimentos sociais como nas relações empresariais e governamentais.

A forma de estruturação de relações humanas por meio digital transforma todo e qualquer elemento escrito, sonoro, visual, imagens ou mídias de qualquer natureza em dados que trafegam de um canto a outro, na velocidade do pensamento, por meio da autoestrada informacional. Esse ambiente contemporâneo e futurista leva à necessidade de fixar caminhos seguros para o desenvolvimento industrial a partir de matriz de base tecnológica e energética.

As aspirações contidas na Lei nº 12.965, de 22 de abril de 2014 – marco regulatório da internet –, para com relação ao exercício e desenvolvimento da atividade empresarial nos parâmetros estabelecidos como princípios, garantias e deveres para o uso da internet no Brasil, demonstram como será possível gerar contribuição real ao desenvolvimento social e econômico sustentável, partindo de premissas e regramentos legais, a partir da agregação à atividade empresarial de determinados valores sociais e eticidade na conduta.

Constatado o acesso à internet como um dos elementos essenciais ao exercício da cidadania, juntamente com a liberdade de expressão e o direito à privacidade, elementos que formam a disciplina do uso da internet no Brasil, é reconhecida a escala mundial da rede, o respeito aos direitos humanos, a pluralidade e a diversidade, no tocante à abrangência de suas complexas relações e ramificações.

Por outro lado, a sociedade informacional, como ambiente para atividades empresariais que possam se desenvolver com o concurso da internet e da tecnologia da informação, pode culminar com a contribuição para a redução de desigualdades, da pobreza e da exclusão digital e social.

Castells (2012, p. 95), ao refletir sobre as desigualdades sociais (apropriação diferencial de riquezas geradas pelo esforço coletivo) que ocorreram com o surgimento do informacionalismo, afirma que o processo de reestruturação do capitalismo, com sua lógica mais rigorosa de competitividade econômica, seria o responsável por boa parte do sofrimento imposto. Mas, em razão das novas condições tecnológicas e organizacionais próprias da era da informação, acaba por provocar uma reviravolta no velho modelo do lucro como substituto da busca da alma.

Para o autor, a nossa economia, sociedade e cultura são construídas com base em interesses, valores, instituições e sistemas de representação que, em termos gerais, limitam a criatividade coletiva, confiscam a colheita da tecnologia da informação e desviam a nossa energia para o confronto autodestrutivo (CASTELLS, 2012, p. 437).

A nova empresarialidade que emerge neste ambiente não deve deixar de pregar a busca da lucratividade como o seu resultado mais importante, contudo, sem o desprezo aos valores humanos e sociais, assumindo a sua responsabilidade social. As corporações e empresas que pretenderem gerar resultados expressivos com o concurso da internet serão obrigadas a observar tantas conformidades legais que passarão a adotar um padrão de ética e governança corporativa como forma de demonstrar a sua adesão e espírito de colaboração, além de participar de programas de responsabilidade social que possam refletir em seus consumidores e *stakeholders*.

Bakan (2007, p. 22), a exemplo dessa mutação, bem demonstra, com base na experiência prática e depoimentos, a luta corporativa entre as aspirações pela busca única e exclusiva de lucros a qualquer título ou preço, como premissa máxima dos administradores, como forma de retorno de investimento a acionistas (visão unívoca), e a passagem, quase que indutiva, para um outro estágio do capitalismo onde as empresas, ao buscarem os seus lucros e objetivos sociais, passariam também a perseguir um fim social, colaborando com os interesses da sociedade como um todo e dos governos, prestando contas a seus acionistas e equilibrando exigências de diferentes grupos da comunidade (*stakeholders*) em auxílio às políticas públicas (visão plurilateral).

Quando, no início nos anos 90, Castells (2010, p. 210) avaliou a trajetória das organizações na reestruturação do capitalismo e na transição do industrialismo da produção em massa (fordismo) para o informacionalismo da produção flexível (pós-fordismo), apresentou pontos fundamentais em sua análise.

As transformações organizacionais, mesmo que ocorridas de forma independente, interagiram com a difusão da tecnologia informacional; o objetivo principal dessas transformações era lidar com a incerteza causada pelas mudanças no ambiente econômico, institucional e tecnológico da empresa, aumentando a flexibilidade em redução, gerenciamento e marketing. Algumas dessas transformações objetivavam a redefinição do processo de trabalho, por meio de um modelo de produção enxuta que levou à redução da mão de obra, automação e redução de tarefa. A administração dos conhecimentos e o processamento das informações eram essenciais para o desempenho das organizações da economia informacional globalizada. Porém, esse modelo já não atende mais perfeitamente às atuais necessidades das organizações diante dos crescentes desafios econômicos, políticos e sociais.

Rifkin (2015) postula que estamos à frente de uma grande revolução industrial, gerada pela utilização crescente da IoT e pelos seus possíveis caminhos a serem ainda trilhados.

A atividade empresarial precisará ser adaptada a esses novos conceitos abstraídos da termodinâmica e da operacionalidade dessa plataforma de base tecnológica IoT, pois ela está gerando aumento de produtividade a ponto de o custo marginal de produtos e serviços serem quase nulos, praticamente gratuitos ou com custo marginal quase zero.

Rifkin (2015) também alerta para as consequências dessa política de custos zero, que reflete diretamente nos benefícios e lucros empresariais, que passam a evaporar. Os direitos de propriedade perdem força e a economia baseada na escassez lentamente abre espaço à economia da abundância. As plataformas tecnológicas voltadas para o desenvolvimento da IoT conectarão, mediante sensores e programas específicos, praticamente todas as coisas (máquinas, pessoas, recursos naturais, cadeias de produção, redes de logísticas, hábitos de consumo, fluxos de reciclagem e todo e qualquer aspecto da vida econômica) em uma rede mundial integrada.

Essa plataforma gerará a recepção e transmissão de quantidades maciças de dados que serão processados, analisados e transformados por algoritmos preditivos que se programarão em um sistema automatizado que possa melhorar a eficiência termodinâmica das relações econômicas, com o consequente aumento da produtividade e redução quase a zero do custo marginal do produto, possibilitando a distribuição de uma gama de bens e serviços pela economia.

De acordo com Rifkin (2015), a denominada fatura entrópica da era industrial se venceu e precisa ser paga. Essa fatura, que demonstra a ineficiência do modelo econômico vigorante e a necessidade de submissão deste às leis de termodinâmica, está impregnada de acumulação de emissões de dióxido de carbono na atmosfera, mudanças climáticas geradas pela utilização de combustíveis fósseis e destruição da biosfera terrestre.

E é nesse ambiente apocalíptico, indesejavelmente gerado como consequência da segunda revolução industrial, que, na ótica de Rifkin (2015), emerge uma plataforma tecnológica nova e poderosa o suficiente para acelerar o final do capitalismo na forma conhecida e gerar uma contradição paradoxal.

Essa plataforma de base tecnológica é fruto da união da internet das transmissões e comunicações com a internet da energia e a internet da logística, que, ainda incipientes, fazem parte de uma infraestrutura inteligente integrada que passou a funcionar neste século e foi denominada de IoT (RIFKIN, 2015, p. 99).

Não só a IoT já está presente no nosso dia, corroborando as assertivas anteriormente apresentadas, como também já faz parte de nossa realidade empresarial, de algum tempo, a convergência de diversas mídias, o desenvolvimento de tecnologias que possam levar produtos de diversas naturezas a uma linguagem específica comum, a criação de aparelhos domésticos e industriais conectados à internet e a distribuição de serviços ou produtos a custo zero ou quase zero por meio da internet.

Adentramos uma nova era colaborativa onde as empresas, no que tange ao modelo econômico de seu negócio, deverão se adaptar para conviver em um outro mercado, com outros sistemas de pagamentos e outras empresas, muitas vezes diminutas, que operam em escala mundial pela internet, gerando energias de baixo custo em razão da eficiência termodinâmica e por compor redes de integração horizontal para a distribuição de muitas das coisas que se relacionam à atividade produtiva, convertendo energia e matéria-prima em trabalho útil e gerando o aumento da produtividade.

Segundo Rifkin (2015, p. 97), será possível esse aumento porque a IoT será a primeira revolução da história baseada em uma infraestrutura inteligente que conectará cada máquina, cada empresa, cada veículo a uma rede inteligente formada por uma internet das comunicações, uma internet da energia e uma internet da logística integrada em um único sistema operativo.

A possibilidade de fabrico de produtos com o concurso da tecnologia e utilização da denominada impressão 3D gerou a imersão de centenas de pessoas microempreendedoras que passaram a utilizar essas tecnologias e, principalmente, a IoT como forma de possibilitar o ingresso nesse novo mercado de produtos e a sua distribuição. A conexão de pessoas e todas as coisas em uma imensa "neuro rede" mundial, como proposta pela IoT, é apaixonante e desafiadora, abrindo na visão de Rifkin (2015, p. 103), na coexistência na terra, uma possibilidade que apenas se pode vislumbrar no início desta nova era da história humana.

Todavia, não se afasta o receio dessa experiência teórica, quando esta for passada à prática na intensidade predita. A IoT trabalha sob o conceito já verificado da operacionalidade com dados maciços. O desafio será equilibrar as necessidades dos agentes que operam a IoT com os direitos que se pretende sejam protegidos.

Sob o ponto de vista empresarial, a IoT representa avanço. Todavia, Brown[8] esclarece que a questão não é lucrar menos, mas como construir uma economia em que o progresso econômico possa continuar. Como reestruturá-la para atender às nossas necessidades, sem agirmos de maneira autodestrutiva no processo, como acontece atualmente. Na sua ótica, a produção prosseguiria, porém, com a utilização de materiais reciclados, não com matéria-prima virgem. Poderia haver um uso maior da mão de obra porque muitas indústrias voltadas para a reciclagem usam mesmo mais mão de obra e menos matéria-prima. É nesse instigante cenário que se observou a necessidade de caminhar para o exercício de uma nova empresarialidade, com fundamentos que possam contribuir para uma gestão ética da empresa, no âmbito da proposta de construção da macroarquitetura do processo econômico e produtivo humano no âmbito de uma Ecoeconomia Tecnológica Cooperativa, decorrente da evolução das necessidades humanas globais, adequando-se às formulações decorrentes da aplicabilidade e expansão da IoT (SIMÃO FILHO; PEREIRA; 2014, p. 127).

---

8 Lester Brown é formado em ciências agrícolas com mestrado em economia agrícola e administração pública. Já atuou como analista assessor de órgãos do governo americano na área de agricultura até fundar o Worldwatch em 1974. É autor de mais de duas dezenas de livros, além de revistas e publicações anuais como o Estado do Mundo, editado em várias línguas. Presidente do WWI (*Worldwatch Institute*). Os tópicos foram extraídos do programa Roda Viva exibido na TV Cultura em 24 de janeiro de 2000. Ficha Técnica – Realização: TV Cultura – 2000; Produção: Daisy Rocha; Chefe do Jornalismo: Solange Serpa; Diretor de Jornalismo: Marco Antônio Coelho Filho – Comunicação: Paulo Favaro. Programa teve a mediação de Paulo Markun e bancada de entrevistadores formada por: João Paulo Capobianco, biólogo, ambientalista e coordenador do Instituto Socioambiental; jornalista Marcelo Leite; Fernando Rios, jornalista, publicitário e consultor de empresas na área de comunicação e meio ambiente; o físico Batista Vidal; Lia de Souza, coordenadora de pauta do Repórter Eco da TV Cultura; jornalista Regina Scharf; Walter Belik, coordenador do Núcleo de Economia Agrícola da Unicamp. Cópia disponível via e-mail: <ass.imp@tvcultura.com.br>.

3.5. Conclusão

A humanidade vive, nos tempos atuais, provavelmente um dos seus maiores desafios, que é compatibilizar o atendimento das necessidades de mais de sete bilhões de seres humanos concomitantemente com a mitigação dos impactos ambientais decorrentes da própria atividade humana.

As demandas por alimentação, energia, água, moradia, transporte, serviços de saúde, educação e lazer crescem geometricamente, enquanto a capacidade de atendê-las pelos sistemas de produção tradicionais não tem crescido na velocidade necessária. Atualmente são aproximadamente dois bilhões de seres humanos que mal sobrevivem abaixo da linha da pobreza absoluta. São milhares de homens, mulheres e crianças vivendo em campos de refugiados ou mesmo em países devastados pelas guerras ou pelo crime. Quando se analisa a maioria dos países politicamente estáveis, constata-se que ainda hoje existe uma grande parcela da população distante dos principais benefícios gerados pelos avanços da ciência e da tecnologia.

A Indústria 4.0 que emerge no âmbito de um ambiente de sociedade informacional impactado por tecnologias associadas à Quarta Revolução Industrial é uma poderosa ferramenta para tornar os processos produtivos muito mais eficazes e eficientes.

Dessa forma, associada a uma vontade política e à reordenação econômica, a Indústria 4.0 permitirá produzir mais e melhor. Possibilitará também transportar, comercializar e distribuir de forma muito mais eficiente e justa.

Os atuais gigantescos desperdícios de tempo e de produção serão então eliminados. Ou seja, a Indústria 4.0 poderá contribuir muito para que a humanidade finalmente desenvolva e pratique um modelo produtivo de desenvolvimento sustentável, denominado neste capítulo de ecoeconomia cooperativa.

Referências:

BAKAN, J. **A corporação:** a busca patológica por lucro e poder. Novo Conceito: São Paulo. 2007.

BEN – BALANÇO ENERGÉTICO NACIONAL, 2017 (Ano Base 2016) Empresa de Pesquisa Energética-EPE. **Ministério de Minas e Energia – MME**. Rio de Janeiro, jun. 2017. Disponível em: <https://ben.epe.gov.br/downloads/Relatorio_Final_BEN_2017.pdf>. Acesso em: 05 jan. 2018.

BURATTINI, M. P. C. **Energia:** uma abordagem multidisciplinar. Coordenação e orientação Dibb, Cláudio Zaki. São Paulo: Livraria da Física, 2008.

CASTELLS, M. **Fim de milênio:** a era da informação: economia, sociedade e cultura. Vol. 3. São Paulo: Paz e Terra, 2012.

EMPRESA DE PESQUISA ENERGÉTICA – EPE. **Plano Nacional de Energia 2030** (PNE 2030). Rio de Janeiro. EPE, 2007. Disponível em: <http://www.epe.gov.br>. Acesso em: 05 jan. 2018.

GEORGESCU-ROEGEN, N. **The entropy law and the economic process.** Cambridge, MA: Harvard University Press, 1971.

GODOI, J. M. A. **Eficiência Energética Industrial:** um modelo de governança de energia. Dissertação (Mestrado – Programa Interunidades de Pós-Graduação em Energia – EP/FEA/IEE/IF) da Universidade de São Paulo. São Paulo, 2011.

GOLDEMBERG, J.; VILLANUEVA, L. D. **Energia, Meio Ambiente & Desenvolvimento**. 2 ed. ver. – São Paulo: Editora da Universidade de São Paulo, 2002.

GOLDEMBERG, J.; LUCON, O. **Energia, meio ambiente & desenvolvimento**. São Paulo: Editora da Universidade de São Paulo, 2008.

PATTERSON, Murray G. **Energy Policy**, 1996, vol. 24, ed. 5, p. 377-390.

PENTEADO, H. **Ecoeconomia:** uma nova abordagem. São Paulo: Lazuli, 2003.

PEREIRA, S, L. **Ecoeconomia Tecnológica Cooperativa:** uma proposta conceitual: ciência e tecnologia da automação como ferramentas de inclusão social e de suporte ao desenvolvimento sustentável – Tese de Livre Docência. São Paulo: EPUSP, 2009.

POOP, D. Induced Innovation and Energy Prices. **American Economic Review**, vol. 92, n. 1, Mar. 2002, p. 160-180.

REIS, L. B. **Matrizes energéticas:** conceitos e usos em gestão de planejamento. Barueri, SP: Manole, 2011

RIFKIN, J. **The Zero Marginal Cost Society:** the internet of things, the collaborative commons, and the eclipse of capitalism. New York: Palgrave MacMillan, 2015.

SANTOS, H. S.; NARAYANAN, K. **Decomposition of Industrial Energy Consumption in Indian Manufacturing**: the energy intensity approach. Mumbai, Índia: Indian Institute of Technology Bombay, 2006.

SIMÃO, A. F.; PEREIRA, S. L. **A Empresa Ética em Ambiente Ecoeconômico:** a contribuição da empresa e da tecnologia da automação para o desenvolvimento sustentável inclusivo. São Paulo: QuartierLatin do Brasil, 2014.

SLACK, N; JOHNSTON, R; BRANDON-JONES, A. **Administração da Produção**. 4. ed. Belo Horizonte: Atlas, 2015.

MARQUES, F. M. R; PEREIRA, S. L. **Gás Natural e Transição para uma Economia de Baixo Carbono**. Rio de Janeiro: Synergia, 2015.

MIRKO, V. T.; FRANZOTTI, M.; BARBOSA, R. Evolução da Intensidade Energética e Análise do Consumo de Energia do Setor Industrial no Brasil, **8º ENEPE – Encontro de Ensino, Pesquisa e Extensão**, UFGD, 5º EPEX, UEMS, Mato Grosso do Sul, 2014. Disponível em: <http://eventos.ufgd.edu.br/enepex/anais/arquivos/367.pdf>. Acesso em: 05 jan. 2018.

Dicionários e literatura específica:

Acquaviva, M. C. **Dicionário Jurídico Brasileiro Acquaviva**. São Paulo: Editora Jurídica Brasileira, 1995.

HOUAISS, A. **Dicionário Houaiss da língua portuguesa**. Rio de Janeiro: Objetiva, 2001.

FERREIRA, A. B. de H. **Novo Dicionário Aurélio**. 15ª reimp. Rio de Janeiro: Nova Fronteira, 1975.

RÓNAI, P. **Dicionário Universal de Citações**. Rio de Janeiro: Nova Fronteira, 1985.

GOYOS, J. D. N. **Dicionário Jurídico Inglês Português-Português Inglês**. São Paulo: Observador Legal, 1993.

RODRIGUES, D. **Brocardos Jurídicos**. 2. ed. São Paulo: Saraiva, 1941.

Livro Verde da Sociedade da Informação no Brasil. Publicação do Governo Federal através do Ministério da Ciência e Tecnologia.

Livro Branco da Sociedade da Informação no Brasil. Publicação do Governo Federal através do Ministério da Ciência e Tecnologia.

Sites consultados:

<http://www.bbc.co.uk/portuguese/reporterbbc/story/2007/12/071217_nivelmaraumentafn.shtml>. Acesso em: 05 jan. 2018

<http://www1.folha.uol.com.br/folha/bbc/ult272u61801.shtml>. Acesso em: 05 jan. 2018.

<http://www.jornaldaciencia.org.br/Detalhe.jsp?id=42013>. Acesso em: 05 jan. 2018.

<http://noticias.uol.com.br/ultnot/efe/2007/04/11/ult1766u21157.jhtm>. Acesso em: 05 jan. 2018.

<http://noticias.uol.com.br/album/071109_album.jhtm>. Acesso em: 05 jan. 2018.

<http://oglobo.globo.com/mundo/mat/2008/12/01/mar_em_veneza_atinge_maior_nivel_em_22_anos_inunda_cidade-586782414.asp>. Acesso em: 05 jan. 2018.

<http://www.ige-grenoble.fr/>. Acesso em: 09 jan. 2018.

<http://www.whrc.org/>. Acesso em: 05 jan. 2018.

<http://search.mywebsearch.com/mywebsearch/GGmain.jhtml?searchfor=%3Chttp%3A%2F%2Fwww-lgge.ujf->. Acesso em: 05 jan. 2018.

<http://www.google.com.br/search?hl=PTBR&q=fotos+da+primeira+revolu%C3%A7%C3%A3o+industrial&btnG=Pesquisa+Google&meta>. Acesso em: 05 jan. 2018.

<http://pt.wikipedia.org/wiki/Ford_Model_T>. Acesso em: 05 jan. 2018.

<http://www.dw-world.de/dw/article/0,2144,1389294,00.html>. Acesso em: 05 jan. 2018.

<http://pt.wikipedia.org/wiki/Imagem:479px-Atomic_blast.jpg>. Acesso em: 05 jan. 2018.

<http://noticias.terra.com.br/ciencia/interna/0,,OI2072927-EI8278,00.html>. Acesso em: 05 jan. 2018.

<http://www.ipcc.ch/>. Acesso em: 09 jan. 2018.

<http://www.imasters.com.br/artigo/4388/ecommerce/comercio_eletronico_brasil_crescimento_proximo_dos_80/>. Acesso em: 05 jan. 2018.

<http://www.inmet.gov.br/portal/index.php?r=home/page&page=tempo_clima>. Acesso em: 09 jan. 2018.

PARTE II

TECNOLOGIAS EMERGENTES ASSOCIADAS À QUARTA REVOLUÇÃO INDUSTRIAL

Capítulo 4

Mundo Digital 1: Internet das Coisas (IoT)

João A. Seixas, Maurício F. Casotti, Rodrigo F. Maia

Este capítulo caracteriza a internet das coisas, apresenta exemplos de como ela está sendo utilizada, bem como apresenta o plano de ação brasileiro que visa aproveitar as oportunidades que esta tecnologia oferece para desenvolver a nossa economia.

4.1. IoT: contexto histórico

O termo "internet das coisas" foi criado em 1999 por Kevin Ashton, do MIT Auto-Id Laboratory, em uma apresentação na qual ele visava chamar a atenção para soluções de automação envolvendo computação e autoidentificação de produtos de consumo (BERNARDI; SARMA; TRAUB, 2017, p. 11). Em 2000, ele, Sanjay Sarma e Kevin L. Brock delinearam previsões de que no futuro as mercadorias teriam uma etiqueta de identificação por radiofrequência ou *Radio-Frequency Identification* (RFID). Nesse artigo (ASHTON; SARMA; BROCK, 2000), os autores estabeleceram os fundamentos para a alavancagem do uso de RFID em processos logísticos comerciais, que hoje permeiam grande quantidade de itens que encontramos em lojas e armazéns. A capacidade de autoidentificação, definida dentro do processo de desenvolvimento da tecnologia RFID, é uma das bases do que hoje se conceitua como IoT. Entre os principais conceitos apresentados no referido artigo estão:

a) Um sistema de arquitetura aberta para interconectar objetos físicos, sugerindo que seja a internet.
b) Independência de plataforma e alta interoperabilidade.
c) Flexibilidade e adaptação a mudanças.

Os trabalhos que sucederam tal artigo contribuíram para uma padronização dos elementos da tecnologia RFID e para alavancar o seu uso em diversas aplicações, porém ainda sem uma conexão direta com a internet.

Na internet, para a informação ser transmitida de um computador para outro, são utilizados endereços. Esses endereços foram denominados IPs (*Internet Protocols*) e foram pensados originalmente pelos criadores da internet para suportar uma grande quantidade de computadores conectados a ela. O protocolo IP em sua quarta versão (IPv4), composto por 32 *bits*, consegue sustentar 4,29 bilhões (2^{32}) de endereços.

Devido às funcionalidades e aos padrões abertos que definem a internet, cada vez mais computadores foram conectados na rede, ultrapassando as expectativas iniciais. Assim, em 1993, visando contornar essa limitação na capacidade de endereçamento, utilizando o IPv4, as instituições que gerenciam a internet decidiram pelo compartilhamento de endereços IP, que em sua grande maioria passaram a ser dinâmicos, visando compartilhar intervalos por meio do DHCP (*Dynamic Host Configuration Protocol*). Mesmo assim, em 2011 o endereçamento IPv4 praticamente esgotou-se, diante da enorme demanda por conexões.

A taxa de crescimento dessa demanda continua acelerada. Segundo a empresa americana de consultoria Gartner Group de Stanford, Connecticut (2017), o ano de 2017 começou com mais de sete bilhões de equipamentos conectados à internet, entre computadores, *tablets* e *smartphones*, e existe a expectativa de que ao final deste ano mais 2,3 bilhões de unidades, principalmente *smartphones*, sejam conectados à rede, um crescimento de mais de 20%.

Antevendo esse problema de esgotamento da capacidade de endereçamento, em 1998 o IETF (*Internet Engineering Task Force*) criou o IPv6, com capacidade de endereçamento de 128 *bits*, ou seja, $3,4 \times 10^{38}$ possibilidades de endereçamento. Desde então o protocolo foi aperfeiçoado, especialmente em 2004, com as necessidades de uso por dispositivos móveis. Finalmente, após uma série de evoluções e testes, o IPv6 teve seu lançamento global organizado pela *Internet Society*, o que ocorreu em 06 de junho de 2012 (YORK, 2012).

Outro ponto que serviu de base para o funcionamento da tecnologia IoT foi a automação industrial, na qual temos: sensores, atuadores, controladores, interfaces homem-máquina e módulos de comunicação. A tecnologia IoT funciona utilizando exatamente os mesmos elementos da automação industrial. O que muda é que os objetos que usamos, seja na fábrica, no hospital ou em casa, passam a ser originalmente criados e produzidos com essas capacidades de detectar por sensores, processar, atuar e se comunicar com outros objetos.

O estabelecimento da base conceitual, da padronização da tecnologia RFID, bem como o desenvolvimento, a miniaturização e o barateamento dos equipamentos eletrônicos, tornou cada vez mais viável incorporar capacidades de sensoriamento, processamento e atuação no ambiente em vários dos objetos do nosso cotidiano. Somando a esses fatores o início da utilização do IPv6, a conexão das coisas à internet foi viabilizada, trazendo o impulso necessário para o desenvolvimento dessa tecnologia.

Atualmente as expectativas de ganhos financeiros com essa tecnologia são gigantescas, a ponto de a empresa americana Nest, fabricante de termostatos conectados à internet, ter sido comprada pela empresa americana gigante na área de tecnologia, a Google, por US$ 3,2 bilhões (BARRET, 2014).

4.2. IoT: potenciais evoluções na utilização da tecnologia

Os analistas da empresa Gartner Group advogam que estamos nos aproximando do pico das expectativas, concernentes ao potencial transformador que a tecnologia IoT possui de impactar a sociedade (PANETTA, 2017). Após atingir esse ponto máximo, na visão da empresa, deve ocorrer uma certa desilusão com relação a ela devido à inviabilidade de se atender à totalidade das expectativas criadas. Nessa fase a taxa de criação e adoção dessa tecnologia desacelera. Após essa fase de desilusão, segue-se um período de construção de uma melhor compreensão da tecnologia e, por fim, alcança-se uma fase de estabilização. Segundo Panetta (2017), dentro de aproximadamente 5 a 10 anos atingiremos com a tecnologia IoT a fase de estabilização. Nessa fase, denominada pelos referidos analistas de platô de produtividade, a tecnologia passa a ser incorporada de forma natural pelas empresas, pois apresentará taxa de retorno e risco tecnológico regular.

Já para Schwab (2017, p. 129-131), as expectativas de criação e adoção dessa tecnologia são e permanecem exponenciais por mais tempo. Para o autor, teremos um trilhão de sensores conectados à internet até 2025. Schwab também aponta uma série de benefícios decorrentes da adoção da tecnologia IoT:

a) Aumento da eficiência na utilização de recursos. Exemplo: termostato inteligente, controlando a temperatura nos ambientes.
b) Aumento da produtividade. Exemplo: manutenção de carros remotamente, como apontado em artigo sobre a Tesla (BRISBOURNE, 2017).
c) Melhoria da qualidade de vida e diagnóstico digital. Exemplo: sensores de saúde, pressão, temperatura, para acompanhar pacientes ou atletas.
d) Efeito sobre o meio ambiente. Exemplo: controle de poluição, monitoramento de vazamentos.
e) Menor custo de prestação de serviços ou outras aplicações de missões críticas, nas quais o fluxo de informações em tempo real tem alto impacto. Exemplo: melhor gerenciamento de estoques (WATSON, 2017), monitoramento do local onde é necessário chegar em uma emergência.
f) Maior transparência sobre o uso e o estado dos recursos. Exemplo: termostatos inteligentes.

g) Segurança na aviação. Exemplo: monitoramento de aviões de forma a entender e antecipar problemas, por meio do controle *on-line* de tudo o que ocorre com a aeronave.
h) Eficiência. Exemplo: gestão da cadeia de suprimentos, rastreabilidade de medicamentos.
i) Adição de serviços digitais para os produtos, com possibilidade de novos modelos de negócio e criação de empresas e empregos.

Por outro lado, Schwab também aponta desafios significativos no caminho (2017, p. 132):

a) Maior demanda por armazenagem e largura de banda, com a necessidade de troca de informações com uma frequência alta, se considerarmos tudo conectado *on-line*.
b) Mudança no mercado de trabalho e competências para lidar com soluções cada vez mais inovadoras.
c) Privacidade, pois as pessoas precisam confiar que a troca de informações trará benefícios para o dia a dia delas.
d) Segurança, pois a conexão de computadores em rede atualmente já está sujeita à ação de *hackers*, o que gera uma insegurança com relação ao que pode ser feito com as máquinas, como ocorreu no início do *e-commerce*.

4.3. IoT: segurança da tecnologia

Em 12 de maio de 2017, 16 hospitais na Grã-Bretanha foram atingidos por um ataque de *ransomware*, software malicioso que criptografa todas as informações de um computador, que alcançou enormes proporções, com mais de 45.000 relatos espalhados por 100 países (BRANDOM, 2017; WONG; SOLON, 2017).

Em um mundo ultraconectado, os contornos das ameaças atuais de segurança que advêm da tecnologia IoT extrapolam muito as questões puramente cibernéticas por um motivo: se a tecnologia IoT integra o mundo virtual com o mundo físico de uma forma inédita, tanto uma ameaça de segurança com origem no mundo virtual pode afetar o domínio físico como o contrário. Sem as medidas de segurança adequadas, é perfeitamente possível, por exemplo, para um vírus de computador assumir o controle de um equipamento médico de monitoramento de sinais vitais, que esteja conectado à internet, fazendo este equipamento fornecer informações erradas sobre o paciente. Nesse novo cenário será vital proteger não só os equipamentos como também os indivíduos de uma falha virtual que pode causar um dano físico e vice-versa.

O caminho de consolidação da tecnologia IoT indica que teremos em um curto espaço de tempo uma sociedade com um grau de conectividade que ainda não foi totalmente compreendido, pois não se tratará de quantidade de dispositivos conectados, mas sim dos serviços e interações entre sistemas e entre sistemas e seres humanos. E, para tal sociedade, as soluções de segurança deverão levar em consideração não apenas a proteção dos sistemas computacionais, como é feito hoje, mas também do ser humano como parte do sistema.

4.4. IoT: um plano de ação para o Brasil

O potencial econômico da tecnologia IoT (BANCO NACIONAL DE DESENVOLVIMENTO ECONÔMICO E SOCIAL – BNDES, 2017a, p. 5) despertou a atenção dos gestores do BNDES e das lideranças do Ministério da Ciência, Tecnologia, Inovações e Comunicações (MCTIC). Considerou-se o seu potencial para:

a) Promover o crescimento e desenvolvimento econômico por meio da melhoria da produtividade, da criação de modelos de negócio inovadores e do desenvolvimento de produtos e serviços de maior valor agregado.
b) Promover a apropriação e extração de seus benefícios por parte da sociedade, com vistas à gestão dos recursos da cidade, prestação de serviços inteligentes e capacitação das pessoas para o trabalho baseado no uso das novas tecnologias do século XXI.
c) Promover o reforço da cadeia produtiva, fortalecendo Pequenas e Médias Empresas (PMEs) de tecnologia, gerando inovação e aumentando o potencial de exportação, estimulando a inserção do país no cenário internacional.

Em função desses potenciais, os gestores do BNDES deram início a um estudo com o objetivo de estabelecer um plano para a criação de novos produtos utilizando a tecnologia IoT. Intitulado "Internet das Coisas: um plano de ação para o Brasil", o plano é composto por duas etapas: formulação do plano de ação, já concluída, e suporte à implantação do plano de ação, com conclusão prevista para o primeiro semestre de 2018. Os objetivos da primeira etapa foram:

a) Identificação dos setores da economia para os quais a indústria brasileira pode criar novos produtos utilizando a tecnologia IoT.
b) Identificação das principais barreiras que as indústrias enfrentam no processo de criação de produtos utilizando essa tecnologia, sejam elas regulatórias, financeiras, tecnológicas ou de mão de obra.
c) Proposição de um conjunto de medidas distribuídas ao longo do tempo, com o objetivo de eliminar as barreiras detectadas.

4.4.1. Oportunidades para a criação de produtos utilizando a tecnologia IoT

Na análise da demanda por novos produtos baseados em tecnologia IoT, realizada no estudo do BNDES, foram identificadas três oportunidades principais a serem exploradas:

a) "Aumentar a competitividade do país, apoiando o crescimento econômico, através do aumento do valor agregado dos produtos exportados e da redução do 'custo Brasil'." (BNDES, 2017b, p. 50). O impacto potencial da tecnologia IoT na produtividade brasileira e na melhoria dos serviços críticos do país poderia chegar a US$ 200 bilhões por ano em 2025, considerando a sua utilização em todos os ambientes de aplicação.

b) "Melhorar o bem-estar e a qualidade de vida dos cidadãos, adotando soluções de tecnologia IoT para a melhoria dos serviços públicos essenciais, como saúde, segurança, mobilidade e gestão de recursos naturais" (id., ibid.).
   i. **Saúde:** melhorar a qualidade dos serviços prestados, oferecendo ferramentas de monitoramento e suporte aos provedores, além de diminuir custos deste setor, automatizando processos e aumentando a eficiência.
   ii. **Segurança:** melhorar a eficiência de processos, oferecendo ferramentas que permitam a detecção de crimes e identificação de suspeitos; apoiar o planejamento do setor, organizando informações relevantes para a prevenção de crimes; e minimizar custos, otimizando recursos de acordo com as demandas.
   iii. **Mobilidade:** melhorar a segurança, diminuir os congestionamentos e promover a utilização de veículos autônomos.
   iv. **Gestão de recursos naturais:** medir e monitorar recursos hídricos, energia, resíduos, nível de poluição do ar, solo e água. Essas funcionalidades permitem o controle dos recursos e trazem melhorias significativas na utilização dos recursos, na otimização da infraestrutura e na redução de custos de monitoramento e manutenção.
e) "Criar uma estratégia de desenvolvimento de tecnologia da internet das coisas e de sua cadeia que endereçe os desafios de mudança no perfil dos profissionais e das relações de trabalho" (id., ibid.). Com o aumento do nível de automação, o Brasil, em linha com tendências globais, poderá sofrer grande mudança na quantidade e natureza dos empregos existentes hoje.

4.4.2. Ambientes de aplicação a serem incentivados no Brasil

No estudo do BNDES (BNDES, 2017c, p. 12), as oportunidades para desenvolvimento de produtos utilizando tecnologia IoT foram denominadas e apresentadas como "casos de uso", os quais são caracterizados por interações máquina-a-máquina, que incluem o recebimento de dados de forma digital, a conexão a uma rede externa do objeto e a capacidade de processar dados de forma automática, isto é, sem a interferência humana. Esses "casos de uso" foram organizados em 10 grupos denominados "ambientes de aplicação", conforme apresentado na tabela 4.1. Além das oportunidades definidas como direcionadores do estudo, critérios como demanda, oferta e capacidade de desenvolvimento de cada segmento foram pontos considerados no processo de priorização dos ambientes de aplicação de IoT.

Tabela 4.1. Ambientes e casos de uso de IoT identificados no estudo "Internet das Coisas: um plano de ação para o Brasil do BNDES".

Ambientes	Casos de uso
Cidades: ambientes urbanos com serviços públicos e *utilities*.	Melhoria da gestão da mobilidade urbana, iluminação e segurança por meio de dispositivos de monitoramento.
Saúde: hospitais e equipamentos de monitoramento remoto individual de pacientes.	Acompanhamento remoto das condições de pacientes em tempo real com a utilização de tecnologia vestível (*wearables*).
Rural: ambientes rurais com produção padronizada, agrícola ou pecuária.	Agricultura de precisão através de equipamentos de avaliação das condições do solo para melhoria da produtividade.
Indústrias de base: ambientes ao ar livre (*outdoors*), como construção, indústria pesada, mineração e óleo & gás.	Identificação de oportunidades de ganho de eficiência por meio do monitoramento da cadeia de produção.
Fábricas: fábricas e ambientes de produção.	Aumento da segurança de trabalho com sensores conectados para autoajuste de equipamentos em caso de ameaças a trabalhadores.
Casas: casas e residências inteligentes.	Economia de energia por meio de sensores de presença em equipamentos domésticos.
Lojas: ambientes com alta interação com consumidores, incluindo eventos, feiras, shows, ambientes culturais, mercados, hotéis, salas de concerto, restaurantes e bancos.	Pagamento automático de compras através de *check-out*, utilizando sensores em itens (*beacons*).
Escritórios e ambientes administrativos: escritórios e edifícios inteligentes públicos e privados.	Uso de realidade aumentada para aumento da flexibilidade do trabalho (por exemplo, visualização de imagem projetada em óculos 3D, fora de estação de trabalho).
Logística: cadeias logísticas fora de ambientes urbanos (vias férreas, aéreas, fluviais e terrestres).	Rastreamento remoto de contêineres navais para aumento da taxa de utilização.
Veículos: incluindo carros, caminhões, navios, aviões e trens.	Sensores que permitam manutenção baseada nas condições dos veículos.

Fonte: adaptado de BNDES, 2017c, p. 12.

A partir do conjunto de oportunidade identificadas, entre os dez ambientes de aplicação foram priorizados cinco como alvos para iniciativas e políticas públicas (BNDES, 2017c, p. 40):

a) **Cidades:** ambientes urbanos com serviços públicos e *utilities*.
b) **Saúde:** hospitais e equipamentos de monitoramento remoto individual de pacientes.
c) **Rural:** ambientes rurais com produção padronizada, agrícola ou pecuária.
d) **Indústrias de base:** ambientes ao ar livre (*outdoors*), como construção, indústria pesada, mineração e óleo & gás.
e) **Fábricas:** fábricas e ambientes de produção nos setores têxtil e automotivo.

Esses ambientes serão beneficiados em termos de políticas públicas e desenvolvimento de capital humano; investimento, financiamento e fomento; ambiente de negócios; governança e internacionalização; infraestrutura de conectividade; aspectos regulatórios; privacidade de dados; e segurança de dados (BNDES, 2017c, p. 41).

A visão por ambientes de aplicação ressalta a importância da interoperabilidade, dado que soluções de um mesmo ambiente precisam de um significativo nível de comunicação entre si para maximizarem o impacto que a IoT possibilita aos seus usuários.

4.5. Conclusão

A tecnologia IoT é uma tecnologia transversal decisiva na Quarta Revolução Industrial. É importante destacar a iniciativa de construir um plano com foco em uma tecnologia emergente associada à Quarta Revolução Industrial, que seja capaz de estabelecer um novo paradigma para o país em termos de formulação de políticas públicas. O plano nacional para a tecnologia IoT está carregado de esperanças de diversos agentes da nossa sociedade, devido ao seu potencial de catalisação de ações concretas, seja para a adoção, seja para a criação de tecnologia.

Referências:

ASHTON, K.; SARMA, S.; BROCK, D. L. The Networked Physical World. **MIT Auto-Id Center**, Massachusetts, 01 out. 2000, p. 1-16. Disponível em: <http://cocoa.ethz.ch/media/documents/2014/06/archive/MIT-AUTOID-WH-001.pdf>. Acesso em: 05 jan. 2018.

BANCO NACIONAL DE DESENVOLVIMENTO ECONÔMICO E SOCIAL – BNDES. Relatório 3A: Aspiração do Brasil para IoT. **Internet das Coisas:** um plano de ação para o Brasil, 2017a. Disponível em: <http://www.bndes.gov.br/wps/portal/site/home/conhecimento/estudos/chamada-publica-Internet-coisas/estudo-Internet-das-coisas-um-plano-de-acao-para-o-brasil>. Acesso em: 05 jan. 2018.

_____. Relatório 3C: Análise da Demanda. **Internet das Coisas:** um plano de ação para o Brasil, 2017b. Disponível em: <http://www.bndes.gov.br/wps/portal/site/home/conhecimento/estudos/chamada-publica-Internet-coisas/estudo-Internet-das-coisas-um-plano-de-acao-para-o-brasil>. Acesso em: 05 jan. 2018.

_____. Relatório 5A: Apresentação do resultado de priorização de verticais, jul. 2017. **Internet das Coisas:** um plano de ação para o Brasil, 2017c. Disponível em: <http://www.bndes.gov.br/wps/portal/site/home/conhecimento/estudos/chamada-publica-Internet-coisas/estudo-Internet-das-coisas-um-plano-de-acao-para-o-brasil>. Acesso em: 05 jan. 2018.

BARRETT, B. Google compra Nest, que deixa sua casa mais esperta, por US$ 3,2 bilhões – eis o porquê. **Gizmodo Brasil**, 14 jan. 2014. Disponível em: <http://gizmodo.uol.com.br/google-compra-nest/>. Acesso em: 08 jan. 2018.

BERNARDI, L.; SARMA, S.; TRAUB, K. **The Inversion Factor:** how to thrive in the IoT economy. Cambridge, MA: MIT Press, 2017.

BRANDOM, R. UK hospitals hit with massive ransomware attack. **The Verge**, Tech, 12 maio 2017. Disponível em: <https://www.theverge.com/2017/5/12/15630354/nhs-hospitals-ransomware-hack-wannacry-bitcoin>. Acesso em: 05 jan. 2018.

BRISBOURNE, A. Tesla's over-the-air fix: best example yet of the Internet of things? **Wired**, Partner Content. Disponível em: <https://www.wired.com/insights/2014/02/teslas-air-fix-best-example-yet-Internet-things/>. Acesso em: 05 jan. 2018.

GARTNER SAYS 8.4 Billion Connected "Things" Will Be in Use in 2017, Up 31 Percent From 2016. **Gartner**, Press Release, Egham, UK, 07 fev. 2017. Disponível em: <http://www.gartner.com/newsroom/id/3598917>. Acesso em: 05 jan. 2018.

PANETTA, K. Top trends in the Gartner hype cycle for emerging technologies, 2017. **Smarter with Gartner**, 15 ago. 2017. Disponível em: <http://www.gartner.com/smarterwithgartner/top-trends-in-the-gartner-hype-cycle-for-emerging-technologies-2017/>. Acesso em: 05 jan. 2018.

SCHWAB, K. **A Quarta Revolução Industrial**. São Paulo: Edipro, 2017.

WATSON IoT Cars that Care. [S.l.]: IBM Watson Internet of Things, 03 maio 2017. YouTube vídeo (1min. 32s). Disponível em: <https://www.youtube.com/watch?v=EI07vfbn2kk>. Acesso em: 05 jan. 2018.

WONG, J. C.; SOLON, O. Massive ransomware cyber-attack hits nearly 100 countries around the world. **The Guardian**, Tech, 12 maio 2017. Disponível em: <https://www.theguardian.com/technology/2017/may/12/global-cyber-attack-ransomware-nsa-uk-nhs>. Acesso em: 05 jan. 2018.

YORK, D. World IPv6 launch on June 6, 2012, to bring permanent IPv6 deployment. **Internet Society**, IPv6, 17 jan. 2012. Disponível em: <https://www.internetsociety.org/blog/2012/01/world-ipv6-launch-on-june-6-2012-to-bring-permanent-ipv6-deployment/>. Acesso em: 05 jan. 2018.

Capítulo 5

Mundo Digital 2: *Blockchain*

*Ricardo K. Hanada, Daniela E. Souza, Paulo Machado, Daniel Bio,
Rosangela F. P. Marquesone*

Neste capítulo é abordado o *blockchain*, com suas definições e usos. Adicionalmente, alguns casos de emprego de *blockchain* no mundo e no Brasil são apresentados. E, por fim, os desafios que essa nova tecnologia apresenta são discutidos.

5.1. *Blockchain*: definições

Existem várias definições para *blockchain*. Segundo Pilkington (2015), *blockchain* é uma cadeia de registros transacionais enriquecida por um subconjunto de participantes da rede (também conhecidos como *miners*) que resolvem problemas computacionais. Já de acordo com Smith (2016), cada registro é chamado de bloco e cada um deles é marcado com seu horário de criação e é ligado ao bloco criado anteriormente, por isso a denominação de cadeia (*chain*). Desse modo, defende, o *blockchain* é completamente seguro contra qualquer forma de adulteração ou revisão.

Tappscott (2016), por sua vez, conceitua *blockchain* como sendo um protocolo simples e inovador que permite que as transações sejam simultaneamente anônimas e seguras, mantendo um livro-razão de valor público e inviolável. Ainda, Cervigni (2016) define *blockchain* como sendo um imenso livro-razão digital para substituir todos os vários livros-razões independentes. O livro-razão demonstra toda a movimentação financeira de uma organização. Buterin (2015) define três tipos de *blockchain*:

a) **Blockchain público:** trata-se de um *blockchain* que pode ser acessado, alterado e validado por qualquer usuário.

b) **Blockchain de consórcio:** trata-se de um *blockchain* onde o processo de consenso é controlado por um conjunto pré-selecionado de participantes da rede, chamados de "nós". O direito de acessar o bloco pode ser público ou restrito aos participantes.

c) **Blockchains completamente privadas:** são *blockchains* em que as permissões de gravação são mantidas centralizadas em uma organização. As permissões de leitura podem ser públicas ou restritas de forma arbitrária.

Após a definição de *blockchain* observa-se que não existe uma definição largamente aceita. Portanto, convém abordar algumas características do *blockchain*. A figura 5.1 ilustra o fluxograma do funcionamento genérico de um *blockchain*. Nele percebem-se três características principais, são elas:

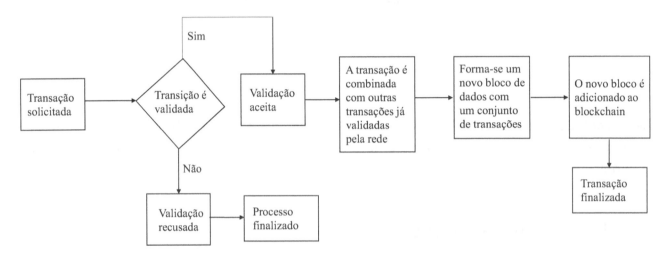

Figura 5.1. Fluxograma de funcionamento do *blockchain*.
Fonte: adaptado de Xenonstack (2017).

a) **Poder distribuído:** o sistema funciona como uma rede ponto a ponto, sem nenhuma entidade controlando-o.
b) **Registro de transações:** como um grande banco de dados de transações, esse protocolo pode ser usado para armazenar de forma mais segura e transparente qualquer tipo de transação.
c) **Segurança:** cada ponto da rede possui um arquivo com todas as transações. Todas as transações novas são feitas a partir do consenso entre mais de 50% da rede.

A fim de facilitar a compreensão do funcionamento de um *blockchain*, é interessante observar dois conceitos: o *Ethereum* e o *Bitcoin*.

a) **Ethereum:** trata-se de uma plataforma descentralizada que executa contratos inteligentes. São aplicativos que funcionam exatamente como programados sem qualquer possibilidade de tempo de inatividade, censura, fraude ou interferência de terceiros. Esses aplicativos são executados em um *blockchain* construído personalizado

(ETHEREUM.ORG, 2017). Já de acordo com Wood (2014), a *Ethereum* é um projeto que tenta construir a tecnologia generalizada; trata-se de uma tecnologia que suporta a configuração de diferentes cenários de troca de informação entre participantes de uma mesma rede.

b) **Bitcoin**: trata-se de uma forma de dinheiro, com a diferença de ser digital e não ser emitido por nenhum governo (ULRICH, 2014). *Bitcoin* também é definido como uma rede de consenso que constitui um sistema para pagamentos *on-line* (BITCOIN.ORG, 2017). É considerada a primeira rede de pagamentos totalmente descentralizada que é capaz de operar em uma base *peer-to-peer* pura fora do controle de qualquer autoridade central (TRIANTAFYLLIDIS.; OSKAR VAN DEVENTER, 2016; BITCOIN.ORG, 2017).

5.2. Análise bibliométrica sobre *blockchain*

A análise bibliométrica é usada para estudar a relevância e o impacto de um tema, artigo, autor e fonte para a literatura (CARVALHO; FLEURY; LOPES, 2013). Neste capítulo selecionamos essa ferramenta para verificar o real estado da arte a respeito de *blockchains*. Através de uma busca na base ISI WEB OF SCIENCE realizada em dezembro de 2017, e com o auxílio do software vosviewer, foi possível elaborar diversas redes e gráficos para mapear os relacionamentos entre os temas. O primeiro estudo realizado é da evolução de publicações ao longo do tempo (figura 5.2).

Figura 5.2. Evolução das publicações.
Fonte: autores.

Verifica-se que *blockchain* é um tema recente para a literatura, porém que vem crescendo de forma acelerada, ressaltando dessa forma a sua importância para a literatura e para o meio profissional. Além da análise da evolução das publicações, é interessante para o estudo entender quem são os mais interessados no tema. Para isso, foi realizado um estudo das publicações estratificadas por país (figura 5.3).

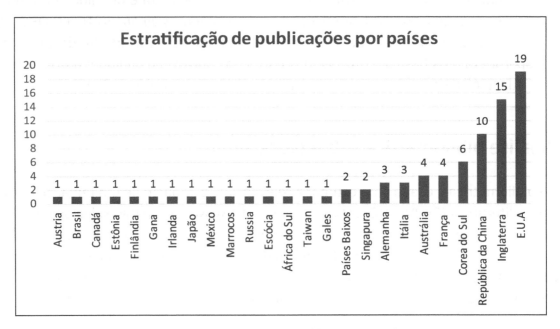

Figura 5.3. Estratificação de publicações por país.
Fonte: autores.

Ao estudar as publicações estratificadas por países, percebe-se que na maioria deles ainda não há um foco grande na pesquisa. Os países com maior volume de publicação são China, Inglaterra e EUA. Esses dados, se comparados com a distribuição global de nós de *bitcoin* (a moeda virtual mais expressiva atualmente), apontam que os EUA, em primeiro lugar do ranking, detêm 27,26% dos nós. A República da China representa a quarta posição, enquanto o Reino Unido está em sétimo lugar no ranking mundial (BITNODES, 2017). Portanto, verifica-se que o volume e a distribuição das publicações sobre o tema representam parcialmente a realidade do mercado virtual, pois os países mais expressivos em publicação também estão entre os maiores detentores de nós de *bitcoins*. A partir da evolução de publicações e sua estratificação por países, torna-se necessário estudar as palavras-chave com maior ocorrência nesses artigos, para, dessa forma, verificar quais aspectos do tema são discutidos com maior ênfase (figura 5.4).

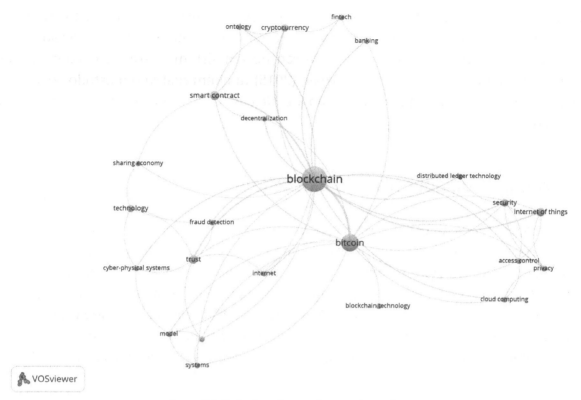

Figura 5.4. Rede de palavras-chave mais usadas.
Fonte: autores.

Verifica-se que o tema de *bitcoin* é o que está mais entrelaçado com os conceitos atuais de *blockchain*. As outras palavras-chave aparecem com menos impacto. Porém, verifica-se que há preocupação com questões relacionadas a segurança, fraudes, privacidade e confiança ao trabalhar com *blockchain*. O *blockchain* também aparece relacionado a modelos alternativos de negócios. A partir da rede de incidência de palavras-chave, torna-se interessante verificar quais trabalhos são os responsáveis pela construção da teoria a respeito de *blockchain*. Esse estudo foi realizado por meio da elaboração da rede de cocitação de referências (figura 5.5) e sua análise. A rede de cocitação mapeia os trabalhos que foram citados mais vezes dentro da amostra pesquisada.

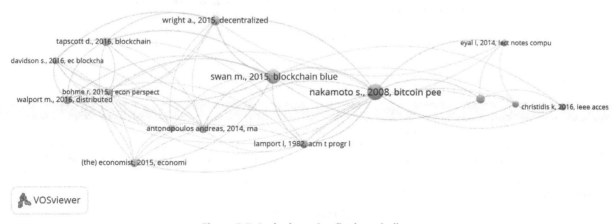

Figura 5.5. Rede de cocitação de trabalhos.
Fonte: autores.

Os trabalhos de Swam (2015) e Nakamoto (2008) são os centrais ao tema, bem como os que possuem maior citação e impacto na literatura. Nakamoto (2008) estuda a definição de *bitcoins* e seus conceitos-chave por meio da proposição de um sistema para transações econômicas que não sejam baseadas em confiança. Swam (2015) também realiza um estudo conceitual, em que há definições dos conceitos de *blockchain* e *bitcoin*, além de exemplificar suas aplicações e funcionalidades.

5.3. Exemplos de aplicação do *blockchain*

Os casos mais notórios de uso de tecnologia *blockchain* são as moedas virtuais. Porém, para demonstrar o potencial dessa tecnologia, estudamos a aplicação da tecnologia a diversos setores no Brasil e mundo. Os resultados foram codificados pelo setor de aplicação e localização geográfica estudado. A tabela 5.1 apresenta os resultados sobre benefícios e características da aplicação do *blockchain* em organizações fora do Brasil A aplicação do *blockchain* ao cenário brasileiro diverge dos aplicados em outros países e também oferece diversos benefícios. Os benefícios e características vivenciados por essa ferramenta no mercado brasileiro estão descritos na tabela 5.2.

Tabela 5.1. Aplicação do *blockchain* ao cenário mundial.

Setor aplicado	Aplicação mundial	Benefícios
Energia	Produção e distribuição caseira de energia.	Eficiência alta. Criação de contratos inteligentes entre os produtores de energia e os usuários dentro da comunidade.
Saúde	Elaboração de uma rede global que conecte pacientes, médicos, pesquisadores, seguradoras, laboratórios de pesquisa e outros agentes do mercado.	Alta segurança de dados. Possibilidade de compartilhamento de informações. Interoperabilidade entre os participantes da rede. Análises de *big data* para pesquisas.
IoT	Criação de redes autônomas de dispositivos IoT.	Facilidade de obtenção de dados precisos. Aumento de produtividade. Facilidade de acesso.
Rastreabilidade	Criação de um histórico de produtos, sem a necessidade de uma base de dados centralizada e de difícil manutenção.	Redução de problemas para a saúde dos consumidores. Identificação de oportunidades para aumento da eficiência global da cadeia.

Fonte: autores.

Tabela 5.2. Aplicação do *blockchain* ao cenário brasileiro.

Setor aplicado	Aplicação nacional	Benefícios
Bancos	Estudo e proposta de criação de um banco de dados compartilhado entre bancos. Estudo de alternativa ao sistema de liquidação de transações do Banco Central.	Sinergia e redução de custo devido ao compartilhamento de conhecimento.
Documentação	Oferta de software como serviço.	Segurança.

Fonte: autores.

5.4. Desafios

O *blockchain* possui dois grandes desafios a serem superados para alcançar seu pleno potencial em escala global. Eles são:

a) **Confiança:** é necessário avaliar como critérios como governança, relações de propriedade e modos de produção são projetados no *blockchain* e quais tendências centralizadoras ou possibilidades emergentes de controle podem acompanhar esse protocolo. A questão mais tratada nesse quesito atualmente está relacionada à dificuldade de regular as empresas com ocorrência de desonestidade em um sistema distribuído (O'DWYER, 2015).

b) **Regulamentação:** o *bitcoin* tem uma importância considerável para a economia mundial. Mesmo não se tratando de uma moeda antiga, já está bem disseminada e consolidada no mercado e atingiu valores superiores a 46 bilhões de dólares. Se as outras moedas virtuais forem contabilizadas, esse valor já ultrapassa 100 bilhões de dólares (EMPRESAS DE, 2017).

À medida que o valor das moedas digitais cresce, o mesmo ocorre com a discussão sobre a necessidade de uma regulamentação para assegurar que a tecnologia não seja usada para finalidades fraudulentas ou gere riscos aos seus usuários. Atualmente existe um grande debate sobre se não há uma irracionalidade no estabelecimento dos valores monetários dos *bitcoins* (OLIVEIRA, 2017).

Os riscos inerentes à disseminação do *blockchain* resultam da necessidade de padrões globais de tecnologia e comerciais para criar e aprimorar o desenvolvimento coerente e prevenir potenciais abusos futuros dessa tecnologia e das moedas digitais (KAKAVAND; KOST DE SEVRES, 2016). Os autores ainda incluem a existência de diferentes infraestruturas, protocolos, tecnologias, regulamentos, casos de uso, jurisdições, opiniões e vistas de longo prazo associadas ao *blockchain* que divergem entre diversas regiões. Como resultado, existe o potencial de desenvolvimento paralelo, mas inconsistente, da tecnologia, casos de uso e possivelmente regulação de moedas digitais e tecnologia *blockchain*, o que pode resultar em um espaço fragmentado. Além disso, há a negligência potencial ou mau uso mal-intencionado da tecnologia e suas aplicações (KAKAVAND; KOST DE SEVRES, 2016; BERCITO. 2017).

5.5. Potencial do ponto de interseção do *blockchain* e da inteligência artificial

Conforme apontado por Diana (2015), uma característica-chave da evolução tecnológica na Quarta Revolução Industrial ocorre quando a interseção das curvas de desenvolvimento de duas ou mais tecnologias conduz à aceleração na velocidade do seu desenvolvimento tecnológico ou à criação de uma terceira tecnologia. Para Goertzel (VOLPICELLI, 2017), cientista chefe da Hanson

Robotics, empresa criadora do robô humanoide Sofia, o primeiro robô a receber cidadania na história, concedida pela Arábia Saudita (GUILHERME, 2017), a interseção do *blockchain* e da Inteligência Artificial (IA) é o fundamento para a criação de uma nova forma de ofertar e consumir IA, a SingularityNET.

A SingularityNET proposta por Goertzel é uma rede formada por fornecedores e consumidores de aplicativos de IA que utilizam o protocolo *blockchain*. Na rede os aplicativos de IA são descobertos por meio de um *marketplace* virtual. Os serviços desses aplicativos de IA podem ser consumidos por qualquer usuário da rede, inclusive por uma outra aplicação IA. Uma das principais propostas da SingularityNET é viabilizar que uma aplicação de IA decida que precisa dos serviços de uma outra aplicação de IA, bem como viabilizar que esta aplicação tenha meios para pagar pelo serviço de uma outra aplicação de IA.

A SingularityNET visa também facilitar o encontro entre os usuários, que demandam uma aplicação específica de IA, e o fornecedor de aplicativos de IA, que cria soluções para um nicho, por meio de um *marketplace* virtual, no qual as aplicações de IA são ofertadas. Nessa rede, o protocolo *blockchain* é o elemento central que permite tanto uma transação ponto-a-ponto, na qual um dado participante da rede compartilha as informações que precisam ser trabalhadas por uma determinada aplicação de IA, como uma transação em que a aplicação de IA cobra pelos seus serviços do participante da rede.

A proposta da SingularityNET de viabilizar, por meio do *blockchain*, que um aplicativo de IA possa decidir pela necessidade de um serviço de apoio de uma outra aplicação de IA, seja capaz de identificar a aplicação de IA que possa ser contratada, compartilhar informações com a aplicação de IA contratada e pagar pelo serviço recebido, executando de forma automática boa parte das atividades de um processo típico de terceirização de serviços da rotina empresarial, realmente é algo inovador. Isso abre espaço para que o desenvolvimento da tecnologia de IA possa alcançar um novo patamar de desenvolvimento, proporcionado pela descentralização das capacidades de produção e processamento de IA.

5.6. Conclusão

A partir dos casos de uso estudados, é possível identificar o potencial que o *blockchain* pode oferecer em diferentes áreas. O potencial dessa tecnologia é imenso, dadas as suas características de descentralização, consenso e segurança. A capacidade de prover um ambiente descentralizado e seguro para o armazenamento das informações permite que novos modelos de negócios sejam criados, mudando o *status quo* de aplicações que vão desde a saúde até a área de entretenimento.

A literatura abordada apresenta a necessidade de uma única regulamentação, a nível internacional, pois trata-se de uma tecnologia que não possui um respondente geográfico. Apesar dos desafios, essa tecnologia é promissora para o setor público e privado, devendo haver um aumento no número de iniciativas e pesquisas nos próximos anos.

A pesquisa ainda pode apresentar as diferenças deste novo modelo de negócio crescente, e nesse sentido se fazem necessários trabalhos que estudem como o mercado pode se preparar e capacitar para não perder as oportunidades provenientes do potencial do *blockchain*, principalmente em países em desenvolvimento, que tendem a sentir de forma atrasada os efeitos da nova tecnologia. Por fim, fazem-se necessários estudos para o correto entendimento da independência alcançada pela rede em situações de grande concentração geográfica de usuários, como é o caso atualmente da China.

Referências:

BERCITO, D. Novo ciberataque atinge empresas de diversos países. **Folha de S. Paulo**, Mundo, 27 jun. 2017. Disponível em: <http://www1.folha.uol.com.br/mundo/2017/06/1896398-novo-ciberataque-afeta-empresas-de-diversos-paises.shtml>. Acesso em: 05 jan. 2018.

BITCOIN.ORG. **FAQ – Bitcoin**. [on-line], 2017. Disponível em: <https://bitcoin.org/en/faq>. Acesso em: 05 jan. 2018.

BITNODES. Global bitcoin nodes distribution. **Earn.com**, 14 dez. 2017. Disponível em: <https://bitnodes.earn.com/>. Acesso em: 05 jan. 2018.

BUTERIN, V. On Public and Private Blockchains. **Ethereum Blog**, 07 Aug. 2015. Disponível em: <https://blog.ethereum.org/2015/08/07/on-public-and-private-Blockchains/>. Acesso em: 05 jan. 2018.

CARVALHO, M.; FLEURY, A.; LOPES, A. P. An overview of the literature on technology roadmapping (TRM): contributions and trends. **Technological Forecasting and Social Change**, vol. 80, n. 7, 2013, p. 1418-1437.

CERVIGNI, L. S. **Blockchain in practice:** a simple introduction for professional people [e-book]. [S.l.]: British Institute for Decentralised Internet Technologies, 2016.

DIANA, F. Disruptive Power Lies at the Intersections. **Frank Diana's Blog**, Home, 18 maio 2015. Disponível em: <https://frankdiana.net/2015/05/18/disruptive-power-lies-at-the-intersections/>. Acesso em: 05 jan. 2018.

EMPRESAS DE TECNOLOGIA CRIAM ASSOCIAÇÃO BRASILEIRA DE INTELIGÊNCIA ARTIFICIAL. **Pequenas Empresas & Grandes Negócios**, Tecnologia, Inteligência Artificial, 24 maio 2017. Disponível em: <http://revistapegn.globo.com/Tecnologia/noticia/2017/05/empresas-de-tecnologia-criam-associacao-brasileira-de-inteligencia-artificial.html>. Acesso em: 05 jan. 2018.

ETHEREUM.ORG. **Ethereum Frontier** [on-line], 2017. Disponível em: <http://ethereum.org>. Acesso em: 05 jan. 2018.

GUILHERME, P. Sophia é a primeira robô da história a ter cidadania oficial em um país. **TecMundo**, 26 out. 2017. Disponível em: <https://www.tecmundo.com.br/produto/123533-sophia-primeira-robo-historia-ter-cidadania-oficial-pais.htm>. Acesso em: 05 jan. 2018.

KAKAVAND, H.; DE SEVRES, N. K.; CHILTON, B. The Blockchain Revolution: an analysis of regulation and technology related to distributed ledger technologies. **SSRN**, 5 jan. 2017. Disponível em: <https://ssrn.com/abstract=2849251>. Acesso em: 05 jan. 2018.

O'DWYER, R. The Revolution will (not) be Decentralized: Blockchains. **Commons Transition**. 23 Mar. 2015. Disponível em: <http://www.the-blockchain.com/docs/The%20Revolution%20Will%20(not)%20be%20Decentralised%20-%20%20Blockchain-based%20Technologies%20and%20the%20Commons.pdf>. Acesso em: 05 jan. 2018.

OLIVEIRA, K. Valorização do bitcoin é 'bolha' e 'pirâmide', diz presidente do BC. **UOL**, Economia, 13 dez. 2017. Disponível em: <https://economia.uol.com.br/noticias/redacao/2017/12/13/valorizacao-do-bitcoin-e-bolha-e-piramide-diz-presidente-do-bc.htm>. Acesso em: 05 jan. 2018.

PILKINGTON, M. Blockchain technology: principles and applications. *In*: OLLEROS, F. X.; ZHEGU, M; ELGAR, E. (eds.). **Research Handbook on Digital Transformations**, 24 set. 2015. Disponível em: <https://ssrn.com/abstract=2662660>. Acesso em: 05 jan. 2018.

NAKAMOTO, S. Bitcoin: A peer-to-peer electronic cash system. **Bitcoin.org**, 2008. Disponível em: <http://bitcoin.org/bitcoin.pdf>. Acesso em: 05 jan. 2018.

SMITH, M. Blockchain: step by step guide to understanding the blockchain revolution and the technology behind it. [S.l.]: **Create Space Independent Publishing Platform**, 2016.

SWAM, M. **Blockchain:** blueprint for a new economy. Sebastopol, CA: O'Reilly Media, Inc., 2015.

TAPSCOTT, D.; TAPSCOTT, A. **Blockchain Revolution**. São Paulo: Senai, 2016.

TRIANTAFYLLIDIS, N. P.; VAN DEVENTER, O. (TNO); MIDDELESCH, E. (TNO). **Developing an Ethereum Blockchain application**. Amsterdam: University of Amsterdam System & Network Engineering, 19 fev. 2016. Disponível em: <http://ext.delaat.net/rp/2015-2016/p53/report.pdf>. Acesso em: 05 jan. 2018.

ULRICH, F. Dez formas de explicar o que é o bitcoin. **Blog InfoMoney**, Câmbio, Moeda-na-era-digital, 24 jan. 2014. Disponível em: <http://www.infomoney.com.br/blogs/cambio/moeda-na-era-digital/post/3160782/dez-formas-explicar-que-bitcoin>. Acesso em: 05 jan. 2018.

VOLPICELLI, G. This ICO for an AI Blockchain is the most tech-hype idea of the year. **Wired**, Blockchain, 06 out. 2017. Disponível em: <http://www.wired.co.uk/article/singularitynet-is-an-ico-for-artificial-intelligence>. Acesso em: 05 jan. 2018.

WOOD, G. Ethereum: a secure decentralised generalised transaction ledger. **Ethereum Project Yellow Paper**, EIP-150 revision, 2014.

XENONSTACK. Blockchain Apps Deployment Using Microservices With Docker, **SlideShare**, Tecnologia, 2017. Disponível em: <https://pt.slideshare.net/XenonStackAStackInno/*Blockchain*-apps-deployment-using-microservices-with-docker>. Acesso em: 05 jan. 2018.

Capítulo 6

Mundo Digital 3: Inteligência Artificial (IA)

Luca Gabrielli, Ronaldo B. Silva, Rosangela F. P. Marquesone

Este capítulo apresenta dois dos principais avanços dos últimos anos na área da Inteligência Artificial (IA). Apresenta também um exemplo de como a IA poderá transformar uma indústria da economia global. Por fim, o capítulo aborda importantes inquietações suscitadas pelo emprego desta tecnologia.

6.1. Principais conceitos e definições da IA

O termo Inteligência Artificial foi cunhado em 1956 por John McCarthy, no Massachusetts Institute of Technology (MIT), nos EUA. Embora desde então tenham surgido diversas definições na literatura técnico-científica sobre esse termo, neste livro é utilizada a definição proposta por Nils (2010), segundo a qual a IA é "uma atividade dedicada a tornar inteligentes as máquinas, e a inteligência é a qualidade que permite que uma entidade funcione adequadamente e com capacidade de previsão em seu ambiente".

A IA pode ser dividida entre as seguintes subáreas:

a) **Aprendizado de máquina:** subárea de IA que tem como base o desenvolvimento de algoritmos que permitem que as máquinas sejam "treinadas" a analisar dados e identificar padrões e a aprender a executar uma tarefa, sem a necessidade de uma codificação manual para toda essa rotina do software. Para que isso se torne possível, diferentes algoritmos têm sido propostos desde o surgimento de IA, tais como árvores de decisão, redes bayesianas, técnicas de agrupamento, classificação e aprendizado por reforço. Tais técnicas utilizam um conjunto histórico de dados, que fornecerão os dados necessários para que o modelo de aprendizado de máquina seja criado.

b) **Algoritmo genético:** subárea de IA na qual os algoritmos são inspirados nos mecanismos de seleção natural e da genética. Tais algoritmos possuem quatro características principais: codificam o conjunto de parâmetros, trabalham com uma população de hipóteses de solução e não com uma única proposta, utilizam apenas a informação do valor da função objetivo para compor a hipótese de solução, e não outros conhecimentos, e utilizam regras de transição probabilísticas e não determinísticas.

c) **Processamento de Linguagem Natural (PLN):** subárea de IA, com foco no desenvolvimento de métodos e algoritmos para extração de semântica da linguagem humana, seja ela expressa por voz ou texto. Tem aplicações, por exemplo, na recuperação e extração de informação, na tradução automática, na correção ortográfica, no reconhecimento de texto e na criação de assistentes virtuais (*chatbots*).

d) **Redes neurais:** o principal objetivo desta técnica é simular a maneira como o cérebro funciona, por meio da interligação entre os neurônios. Esses neurônios, nas redes neurais, são organizados em camadas. Dessa forma, uma rede neural artificial cria camadas de aprendizado, nas quais ocorrem as conexões entre os neurônios e a propagação dos dados, conforme se avança entre as camadas (KARAYIANNIS; VENETSANOPOULOS, 2013).

e) **Robótica:** provavelmente a subárea na qual a IA é mais notória. A robótica é composta por conhecimento em engenharia elétrica, engenharia mecânica e computação, permitindo a construção e aplicação de robôs. A IA é utilizada para programar as atividades realizadas por esses robôs de forma eficiente. Exemplos de suas aplicações são o uso de robôs em serviços militares para acessar zonas de perigo, o seu uso em indústrias para realizar serviços braçais e repetitivos e o seu uso na medicina para a realização de cirurgias.

f) **Sistemas especialistas:** nessa subárea de IA, os algoritmos baseiam o seu raciocínio em regras bem determinadas, sendo estas possíveis e explicáveis. Tais sistemas dependem de uma grande base de conhecimento precisa, extraída de especialistas humanos.

g) **Visão computacional:** subárea da IA com o objetivo de desenvolver modelos capazes de realizar a extração automática de informações úteis contidas em imagens. Suas aplicações podem se dar na detecção de faces, no reconhecimento de tráfego, na recuperação de imagens, na detecção de objetos e na reconstrução de imagens em 3D.

A velocidade do desenvolvimento da tecnologia de IA impulsionou um grupo de pesquisadores da Universidade de Stanford, nos EUA, a organizar um estudo, denominado "One Hundred Year Study on Artificial Intelligence" ou AI100 (STONE et al., 2016, p .1-2). O relatório, que conta com a colaboração de diversos especialistas da academia e de empresas de tecnologia na área de IA, tem o intuito de discutir cenários sobre como a IA poderá mudar a vida de uma típica cidade americana em 2030, em termos de: transporte, saúde, educação, cotidiano das comunidades carentes, segurança pública, trabalho e local de trabalho, robotização nas residências e nos serviços, nos empregos, no local de trabalho e no entretenimento. Segundo esse relatório, as áreas de visão computacional, PLN e robótica serão emblemáticas para que essas mudanças ocorram.

6.2. Exemplos dos principais avanços de IA

Segundo Stone et al. (2016), a IA passou por um longo período no qual não conseguiu apresentar resultados relevantes. Esse período, chamado pela comunidade técnico-científica como o "inverno da IA", teve seu término devido principalmente aos seguintes fatores (STONE et al., 2016):

   a) Crescimento do poder computacional.
   b) Quantidade de informação disponível.
   c) Desenvolvimento de algoritmos sofisticados.

Conforme descrito no item 6.1 deste capítulo, a ciência e a tecnologia da IA possuem diversas subáreas. Os principais institutos de pesquisa e universidades do mundo têm recebido investimentos públicos e privados para o desenvolvimento de todas as subáreas citadas. Cada uma dessas subáreas tem ampliado ainda mais em conhecimento, possibilitando ampliar as probabilidades de aplicações. Entre esses avanços nessas subáreas, dois deles são destacados neste livro: a técnica de *deep learning* e a técnica denominada AutoML.

Antes de compreender a técnica de *deep learning*, torna-se necessário relembrar as características de redes neurais artificiais. Uma das aplicações de redes neurais artificiais é a identificação de objetos em imagens. Nesse processo, uma imagem é dividida em pequenos blocos, que são inseridos na primeira camada da rede neural. Os neurônios dessa primeira camada passam então a processar seus blocos e passam os dados obtidos para a segunda camada, e assim por diante, até se chegar à camada final e, por fim, à geração do resultado final da identificação.

Embora essa abordagem tenha trazido resultados promissores, há algumas limitações para a sua utilização. Uma das principais limitações é o alto custo de processamento, mesmo em redes neurais básicas, tornando assim sua utilização inviável em muitos cenários. É necessária a utilização de milhões de dados para criar uma rede neural artificial com desempenho e capacidade de classificação com um nível de precisão cada vez maior, além da criação de inúmeras camadas e neurônios para processar todos esses dados. Foi essa necessidade que motivou o surgimento do conceito de *deep learning*.

Considerada uma forma otimizada de rede neural artificial, a técnica de *deep learning* trouxe a possibilidade de utilizar milhões de dados como entrada, gerando uma rede neural enorme, com muito mais camadas e neurônios do que se utilizavam antes dessa técnica existir. O processamento dos dados nesses tipos de redes neurais artificial se tornou possível a partir de avanços de pesquisa, que permitiram paralelizar o processamento dos neurônios. Atualmente é comum a utilização de GPUs (*Graphics Processing Unit*, ou Unidade de Processamento Gráfico) para acelerar a execução do algoritmo.

A fim de compreender como os termos IA, aprendizado de máquina e *deep learning* se integram, é possível pensar em IA como sendo o maior círculo, que compreende diferentes técnicas de aprendizado de máquina, além de outras áreas, como estatística e robótica. A técnica de *deep learning* pode ser identificada como um dos ramos dentro do aprendizado de máquina. Tal técnica é mais recente, se comparada à maturidade de outras existentes, porém o *deep learning* tem sido transformador na maneira com que a IA vem sendo aplicada atualmente (SCHMIDHUBER, 2015). Muitas das evoluções de IA que temos visto atualmente, tais como o carro autônomo e sistemas de recomendações e identificação de doenças, utilizam a técnica de *deep learning* no processo de aprendizado das máquinas.

Um dos grandes avanços de pesquisa almejados nessa área é a possibilidade de desenvolver máquinas por meio de redes neurais, capazes de aprender sem a necessidade de um guia ou de dados humanos, ou seja, máquinas capazes de aprender por meio de sua própria experiência. O alcance de tal abordagem permite ampliar a utilização de IA em diversas aplicações, especialmente em modelos estruturais dinâmicos, tais como o design de materiais de automontagem, dobramento de proteínas e *engines* de materiais orientados por dados (FERGUSON, 2017). A técnica AutoML[9] é considerada um avanço significativo para a IA nesse sentido.

Desenvolvido pela empresa Google DeepMind, a técnica AutoML é projetada para a criação automática de modelos de aprendizado de máquina. A partir de uma rede neural "filha", o software desenvolvido pelos engenheiros tem a capacidade de aprender com essa rede e evoluí-la para executar uma determinada tarefa. Além de reduzir o tempo de desenvolvimento dos modelos, os experimentos realizados têm demonstrado que os modelos podem ser até mesmo mais eficientes do que os criados por humanos. Em um dos experimentos executados com essa abordagem, o modelo automatizado conseguiu quebrar um recorde para categorização de imagens, com 82% de acertos (LANT, 2017).

Entre os exemplos mais surpreendentes deste avanço de IA está o projeto AlphaGo. Originado na China há mais de 3.000 anos, o jogo de tabuleiro chinês Go é considerado um dos jogos mais complexos já inventados, devido ao número de configurações possíveis (10^{170} configurações). Por esse motivo, por anos, esse jogo foi considerado um dos maiores desafios de IA. Entretanto, em outubro de 2015, pela primeira vez, o programa AlphaGo, utilizando IA, venceu cinco disputas de uma série de cinco partidas, nos escritórios da Google em Londres, contra o campeão europeu Fan Hui no jogo Go. Alguns meses após, em março de 2016, uma versão aperfeiçoada do programa, denominada AlphaGo Master, foi capaz de vencer o campeão mundial Lee Sedol. Em outubro de 2017, a equipe do Google DeepMind divulgou em um artigo na revista científica *Nature* que o AlphaGo Zero, terceira versão do programa, foi capaz de apreender o jogo Go sem ser exposto a qualquer partida e de desenvolver, jogando contra si mesmo após 41 dias de treinamento, a capacidade de vencer todas as 100 partidas realizadas com humanos profissionais no jogo Go que disputou, tornando-se praticamente imbatível (SILVER et al., 2017; SINGH; OKUN; JACKSON, 2017).

---

9 <https://research.googleblog.com/2017/05/using-machine-learning-to-explore.html>. Acesso em: 09 jan. 2018.

6.3. Exemplo dos possíveis impactos da IA nos produtos e serviços

A aplicação de IA nos produtos e serviços poderá transformar como estes serão produzidos e utilizados. Um dos exemplos mais emblemáticos é como a inserção da tecnologia de IA nos veículos automotivos está revolucionando este setor.

Em outubro de 2016, o órgão que controla a segurança e a administração de tráfego nas estradas dos EUA, o *National Highway Traffic Safety Administration* (NHTSA), lançou uma atualização da definição dos níveis de autonomia para veículos. Os seis estágios para o desenvolvimento do carro autônomo são os seguintes (REESE, 2016):

a) **Nível 0:** o motorista é integralmente responsável pela condução do veículo.
b) **Nível 1:** algumas funções podem ser controladas automaticamente, como a aceleração do veículo.
c) **Nível 2:** inicia-se um nível de controle por meio da IA, com base em dados do ambiente. Funções como aceleração, desaceleração e troca de pistas são executadas ou podem ser executadas, considerando apenas a supervisão do motorista.
d) **Nível 3:** neste nível, o motorista só é necessário para completar tarefas que requerem um maior nível de segurança em cenários específicos de condições climáticas e/ou de tráfego.
e) **Nível 4:** o motorista não é mais necessário e o carro consegue realizar todo o percurso em quase todos os cenários climáticos e/ou de tráfego.
f) **Nível 5:** o carro consegue realizar todo o percurso em qualquer cenário.

Um exemplo de como o carro autônomo está se desenvolvendo alavancado pela IA pode ser encontrado nos esportes. Em fevereiro de 2017, durante as competições da Formula E Paris ePrix em Buenos Aires, Argentina, dois carros de corrida, completamente autônomos, disputaram uma corrida de 1,9 km no circuito argentino pela primeira vez na história (ROBORACE, 2017).

No campo empresarial, a disputa pela liderança no desenvolvimento do carro autônomo tem envolvido todas as montadoras tradicionais. Entretanto, não são somente as empresas do setor automobilístico que estão atuando na pesquisa de IA nos transportes. Um exemplo notório é a Nvidia, empresa especializada na fabricação de processadores gráficos (GPUs). Para atender aos requisitos de processamento dos veículos autônomos, a empresa desenvolveu o Drive PX, uma arquitetura que utiliza técnicas de *deep learning* e integração de dados de sensores, capaz de analisar em tempo real o que está ocorrendo ao redor do veículo e decidir o melhor caminho a seguir, por meio de um mapa em alta definição (NVIDIA, 2017).

Atualmente, a liderança nesta área foi conquistada pela empresa americana Tesla. Em decorrência dessa liderança, a empresa ultrapassou a centenária General Motors (GM), em valor de mercado, em abril de 2017. Entretanto, empresas como a GM ainda podem vencer essa corrida, na medida em que são capazes de produzir em escala superior à Tesla carros com capacidade não só de aprender como de compartilhar aprendizado entre si. Os primeiros passos dessa estratégia podem ser observados, no caso da GM, com o início da primeira frota de veículos Bolts e com a expectativa de produção em escala deste veículo no início de 2018 (LAMBERT, 2017).

Caso movimentos como o da GM, de produzir carros autônomos com capacidade não só de aprender como também de compartilhar o aprendizado, obtenham sucesso, é possível esperar uma aceleração no desenvolvimento de carros desse tipo. Esse desenvolvimento da tecnologia de IA, cujos impactos no próprio setor já são possíveis de ser observados, em termos de empregos, modelos de negócios, etc., ainda não teve seu desmembramento para outros setores claramente mapeados, mas, provavelmente, impactará de forma surpreendente todos os setores da economia (THIELMAN, 2017).

6.4. Inquietações: Inteligência Artificial no controle

Recentemente, em discurso a estudantes, Vladimir Putin declarou que o mundo seria controlado por quem obtivesse o maior domínio na área de IA (ASSOCIATED PRESS; REUTERS; MACDONALD, 2017). A preocupação do presidente russo faz ecoar várias inquietações que cercam os avanços dessas tecnologias. Muito do que se teme é a falta de regulamentação, sobretudo no que diz respeito aos usos militares da IA.

Preocupados com isso, Elon Musk e outros 116 especialistas na área, de 26 países diferentes, assinaram uma carta aberta na qual pedem à ONU urgência no banimento do desenvolvimento e uso dos chamados robôs assassinos (*killer robots*), bem como o banimento das armas autônomas, que incluem drones, tanques e metralhadoras (GIBBS, 2017). Um dos maiores desafios apontados sempre na discussão com pesquisadores e especialistas da área é a diferença entre a velocidade do desenvolvimento dos avanços no campo de IA em contraposição à lentidão dos governos em responder à altura com normas que garantam a segurança de todos. Por outro lado, é claro o interesse tanto de governos como de investidores em pesquisas e aplicações de tecnologias de IA para fins bélicos, algo que o presidente russo evidenciou com sua declaração.

O governo dos Estados Unidos, por sua vez, lançou em 2016 dois relatórios sobre IA (LEE, 2016). Ambos têm como objetivo preparar o mercado, as agências e os serviços de governo para a adoção da IA em larga escala. As recomendações mais importantes dizem respeito ao compromisso do governo de utilizar IA em seus órgãos e fomentar a pesquisa e o emprego de IA também no setor privado (OFFICE OF SCIENCE AND TECHNOLOGY POLICY – OSTP, 2016, p. 40-41). Um exemplo do governo é o uso de um tutor digital da agência de defesa DARPA (*Defense Advanced Research Projects Agency*) no treinamento de especialistas em TI da Marinha (idem, p. 15); é esse tipo de projeto que se recomenda que seja adotado e adaptado para outros órgão e áreas. Um exemplo do setor privado é o fomento à regulamentação do uso de veículos autônomos – não apenas carros, como também barcos e aeronaves, de modo a terem normas claras, seguras e que promovam a competição justa entre os seus fabricantes (idem, p. 11; 20-22).

Em termos de segurança e colaboração com outros países, o relatório estabelece que o governo americano deve engajar-se com agentes como organizações internacionais, empresas, academia etc., de modo a monitorar o desenvolvimento de empregos de IA (idem, p. 35). Há, inclusive, grande preocupação com o uso ético dessa tecnologia e fazem-se recomendações a escolas e universidades para introduzir no estudo da IA disciplinas que abordem a ética, junto com outros tópicos como a segurança cibernética e a privacidade (idem, p. 42). Também de extrema importância é a questão dos empregos, na qual se apontam tanto os benefícios da IA, sobretudo em termos de produtividade, como as perdas que a IA acarreta no mercado de trabalho, principalmente para trabalhadores menos qualificados. Nesta questão em particular, aponta-se a necessidade de formação de um grupo de trabalho para desenvolver estudos específicos sobre o tema (idem, p. 29). Em suma, a IA é vista como uma tecnologia com grande potencial de desenvolvimentos futuros para a produtividade do país, para a sua manutenção como potência, para a sua segurança e para o bem-estar das novas gerações.

A China, país com aspirações a grande potência manufatureira, tem feito investimentos significativos para a adoção das tecnologias da Quarta Revolução Industrial, em seu esforço para aumentar a qualidade e o valor agregado de seus produtos, desde o lançamento em 2015 do plano chamado "Made in China 2025". O foco do plano, que não se limita à indústria, contempla também setores como a biotecnologia, novos e melhores veículos, que empreguem fontes renováveis de energia, uma maior automação de máquinas e um uso mais intensivo de robôs, bem como o desenvolvimento de uma avançada tecnologia da informação (KENNEDY, 2015). É esta última área, mais especificamente o campo da IA, que tem chamado a atenção recentemente, devido ao volume de recursos investido. Em junho de 2017, o governo chinês lançou seu plano de ação para o desenvolvimento da IA, com o financiamento de projetos, sobretudo de parcerias entre empresas e universidades (BOSU, 2017). O objetivo é que a IA seja desenvolvida junto com a robótica, de modo a colocar a China na liderança em ambas as áreas. Atualmente a China já é responsável por uma fatia global de 31% do mercado de robôs; o governo chinês almeja chegar a 50% em 2020. É notória, porém, a preocupação com a redução no número de empregos, ocasionada pelos avanços da IA, de modo que o esforço chinês se faz notar muito na área da educação e da pesquisa científica. O que se pretende é que as novas gerações possam trabalhar com a IA como sua aliada (id., ibid.).

O que fica claro hoje globalmente é que, embora seja uma área na qual o estudo sobre a inteligência das máquinas é primordial, o objetivo principal das aplicações de IA deve continuar a ter em vista benefícios para o ser humano. Por esse motivo, além de questões técnicas, torna-se imprescindível uma avaliação criteriosa do impacto social de um serviço ou produto de IA. Conforme indicado por Horvitz (2014), para que os proveitos obtidos por meio da IA sejam compartilhados por todos, sem discriminação ou exclusão, é necessário o trabalho conjunto de pesquisadores, cientistas sociais e formuladores de políticas. Tal parceria deve visar assegurar que os avanços em IA contribuam cada vez mais nos aspectos social e econômico da vida das pessoas.

No Brasil ainda há poucas iniciativas relacionadas à IA, porém muitas oportunidades de aplicações. Ações para formar profissionais habilitados são cruciais para que a área cresça no país, permitindo que empresas, *startups* e o setor público possam desenvolver soluções com mão de obra especializada. Apesar de ainda se encontrar em um estágio considerado inicial, a IA está claramente oferecendo vantagem competitiva para aqueles que a utilizam, de forma que uma lacuna muito difícil de ser preenchida pode ser criada para os que a adotarem tardiamente.

6.5. Desafios para a evolução da tecnologia

Nos itens a seguir são apresentados os desafios relacionados à evolução da tecnologia de IA e à sua aplicação no desenvolvimento de produtos e serviços. Para cada desafio, são apresentadas sugestões de como superá-lo.

6.5.1. Custo

Um dos entraves para a adoção de IA ainda está relacionado ao custo para o desenvolvimento das soluções, de forma que muitas organizações confirmam não investir nessa área por não haver clareza do custo-benefício. Dessa forma, muitos dos esforços existentes estão relacionados a reduzir o custo para o desenvolvimento e a aplicação em produção de produtos e serviços baseados em IA. Incentivos em soluções *open-source* e *open-hardware*, bem como de dados abertos, são importantes para alcançar esse objetivo.

6.5.2. Mão de obra especializada

Com a acelerada adoção de IA em inúmeros setores, um dos desafios que as organizações estão tendo atualmente é a falta de profissionais habilitados para atuar nessa área. Devido à demanda por habilidades específicas, tais como conhecimento em ciência da computação, matemática, negócios, automação e algoritmos de aprendizado de máquina, novos profissionais estão sendo requisitados, como é o caso do cientista de dados. Consequentemente, muitas empresas estão investindo em programas internos de capacitação, como forma de treinar seus colaboradores para as habilidades desejadas e atender à demanda por esses profissionais. Entretanto, ainda há a necessidade de fomentar esse estudo na academia, por meio de programas de educação profissional tradicionais, como graduação, especialização e MBAs, bem como programas inovadores, como as graduações de curta duração.

6.5.3. Desafios legais e éticos

Além de questões técnicas e financeiras, a adoção de IA também apresenta questões éticas e legais a serem resolvidas. Uma vez que passa a existir uma nova concepção em que a máquina é responsável por realizar tarefas que antes eram realizadas por humanos, torna-se necessário rever e avaliar cuidadosamente o impacto dessa mudança. Um exemplo é o caso ocorrido em 2016, quando um cidadão foi morto em decorrência de uma falha do carro autônomo em que estava se locomovendo (TESLA, 2016). Esse acidente chama a atenção para a necessidade de novos regimentos e leis para tratar tais casos específicos. Além desse fator, surgem aspectos como o uso tendencioso de dados, a invasão de privacidade, a confiabilidade em sistemas autônomos e semiautônomos, todos a exigir a dedicação de reguladores e legisladores.

6.5.4. Futuro das profissões

Um outro desafio também em pauta no que tange à IA refere-se ao futuro das profissões. Sabe-se que há previsões de, nos próximos anos, as máquinas substituírem os humanos em muitas tarefas repetitivas. Tais profissões incluem as de motoristas, caixas, atendentes de telemarketing e recepcionistas.

Segundo o painel de estudo dos impactos no mundo do trabalho (STONE et al., 2016), inicialmente somente as profissões *white-collar* serão as mais afetadas, com baixa previsão de impactar negativamente profissões de baixa ou alta habilidades. O painel prevê que os efeitos econômicos da IA sobre os trabalhos humanos cognitivos serão análogos aos efeitos da automação e robótica nos empregos de manufatura: naquela época muitos trabalhadores de meia idade perderam empregos de fábrica bem remunerados e, com eles, o status socioeconômico da família e da comunidade que tradicionalmente se obtinha junto com tais empregos. Hoje uma fração ainda maior da força de trabalho total poderá, a longo prazo, perder empregos "cognitivos" bem remunerados. Por isso, duas estratégias são sugeridas para mitigar esses efeitos:

a) **A curto prazo:** a educação, a reeducação e a criação de novos bens e serviços.
b) **A longo prazo:** a rede de segurança social atual pode precisar evoluir para melhores serviços sociais para todos, como saúde e educação, ou um rendimento básico garantido (ex.: Finlândia e Suíça).

Segundo pesquisadores da Universidade de Oxford, os trabalhadores deverão migrar para profissões que demandem inteligência social e criativa (FREY; OSBORNE, 2017, p. 269). O desafio, nesse caso, é oferecer oportunidades de capacitação para que esses profissionais realizem a transição necessária e consigam, assim, se manter no mercado de trabalho. Pensando no curto prazo, talvez não se trate apenas de fazer a inclusão nos currículos superiores de disciplinas centradas em capacitar os estudantes para a execução de determinadas tarefas. Em função da abrangência dos impactos da IA, bem como de todas as outras tecnologias da quarta revolução com as quais a IA se comunica, pode ser necessária a inclusão de disciplinas já no ensino médio, que apresentem de forma holística uma visão das tecnologias e de como elas podem formatar o mundo.

6.6. Conclusão

Não se deve perder de vista que a IA, apesar de ter como objetivo o desenvolvimento da inteligência de máquinas, precisa manter-se como aliada do ser humano. Por esse motivo, além de questões técnicas, torna-se imprescindível uma avaliação criteriosa do impacto social de um serviço ou produto de IA. Conforme indicado por Horvitz (2014), para que os benefícios obtidos por meio da IA sejam compartilhados por todos, sem discriminação ou exclusão, é necessário o trabalho conjunto de pesquisadores, cientistas sociais e formuladores de políticas. Apenas uma parceria desse tipo pode ajudar a garantir que os progressos em IA tragam benefícios sociais e econômicos para todos.

Há a necessidade premente de capacitar profissionais, a fim de fomentar o crescimento dessa área e proporcionar a empresas, *startups* e setor público a possibilidade de implementar soluções com mão de obra qualificada. Mesmo sendo ainda considerada uma tecnologia em seus primórdios, a IA oferece vantagens competitivas evidentes para quem a emprega. Por outro lado, graves lacunas podem ser geradas, caso sua adoção seja tardia.

Referências:

ASSOCIATED PRESS; REUTERS; MACDONALD, C. Vladimir Putin warns whoever cracks artificial intelligence will 'rule the world'. **Mail Online**, Science, 01 set. 2017. Disponível em: <http://www.dailymail.co.uk/sciencetech/article-4844322/Putin-Leader-artificial-intelligence-rule-world.html>. Acesso em: 05 jan. 2018.

BOSU, R. S. China's robotic industry ready to lead the world. **China Plus**, 31 ago. 2017. Disponível em: <http://chinaplus.cri.cn/opinion/opedblog/23/20170831/22290.html>. Acesso em: 05 jan. 2018.

FERGUSON, Andrew. Machine learning and data science in soft materials engineering. **Journal of Physics**: Condensed Matter, p. 1, 2017.

FREY, C. B.; OSBORNE, M. A. The future of employment: how susceptible are jobs to computerisation? **Technological Forecasting and Social Change**, v. 114, jan. 2017, p. 254-280. Disponível em: <http://ac.els-cdn.com/S0040162516302244/1-s2.0-S0040162516302244-main.pdf?_tid=db05b29e-949b-11e7-9182-00000aacb35f&acdnat=1504878457_f56f1e6abfac04ce6b3c604ea9723583>. Acesso em: 05 jan. 2018.

GIBBS, S. Elon Musk leads 116 experts calling for outright ban of killer robots. **The Guardian**, Tech, Robots, 20 ago. 2017. Disponível em: <https://www.theguardian.com/technology/2017/aug/20/elon-musk-killer-robots-experts-outright-ban-lethal-autonomous-weapons-war>. Acesso em: 05 jan. 2018.

HORVITZ, E. One Hundred Year Study on Artificial Intelligence: reflections and framing. **Stanford University**, Framing, 2014. Disponível em: <http://erichorvitz.com/100_year_study_on_AI_presentation_12_2016.pdf>. Acesso em: 05 jan. 2018.

KARAYIANNIS, N.; VENETSANOPOULOS, A. N. **Artificial neural networks:** learning algorithms, performance evaluation, and applications. [s.l.]: Springer Science & Business Media, 2013.

KENNEDY, S. Made in China 2025. **CSIS-Center for Strategic & International Studies**, Critical Questions, 01 jun. 2015. Disponível em: <https://www.csis.org/analysis/made-china-2025>. Acesso em: 05 jan. 2018.

LAMBERT, F. Electric vehicle battery cost dropped 80% in six years down to $227/kWh – Tesla claims to be below $190/kWh. **Electrek**, Energy, 30 jan. 2017a. Disponível em: <https://electrek.co/2017/01/30/electric-vehicle-battery-cost-dropped-80-6-years-227kwh-tesla-190kwh/>. Acesso em: 05 jan. 2018.

LANT, K. Google's machine-learning software has learned to replicate itself. **Business Insider**, Tech Insider, 16 out. 2017. Disponível em: <http://www.businessinsider.com/googles-automl-replicates-itself-artificial-intelligence-2017-10>. Acesso em: 05 jan. 2018.

LEE, K. Artificial Intelligence, Automation, and the Economy. **The White House-President Barack Obama**, 20 dez. 2016. Disponível em: <https://obamawhitehouse.archives.gov/blog/2016/12/20/artificial-intelligence-automation-and-economy>. Acesso em: 05 jan. 2018.

NILS, J. N. **The Quest for Artificial Intelligence:** a history of ideas and achievements. Cambridge, UK: Cambridge University Press, 2010.

NVIDIA. Drive PX: scalable supercomputer for autonomous driving. **Nvidia**, Automotive. Disponível em: <http://www.nvidia.com/object/drive-px.html>. Acesso em: 05 jan. 2018.

OFFICE OF SCIENCE AND TECHNOLOGY POLICY – OSTP. **Preparing for the future of artificial intelligence**. Washington D.C.: Executive Office of the President, Oct. 2016. Disponível em: <https://obamawhitehouse.archives.gov/sites/default/files/whitehouse_files/microsites/ostp/NSTC/preparing_for_the_future_of_ai.pdf>. Acesso em: 05 jan. 2018.

REESE, H. Updated: Autonomous driving levels 0 to 5: Understanding the diferences. **TechRepublic**, Innovation, 20 jan. 2016. Disponível em: <http://www.techrepublic.com/article/autonomous-driving-levels-0-to-5-understanding-the-differences>. Acesso em: 05 jan. 2018.

ROBORACE. **Devbot – The Development Car**. 2017. Disponível em: <http://roborace.com/>. Acesso em: 05 jan. 2018.

SCHMIDHUBER, J. Deep learning in neural networks: an overview. **Neural networks**, v. 61, 2015, p. 85-117.

SILVER, D. et al. Mastering the game of go without human knowledge. **Nature**, v. 550, n. 7676, 2017, p. 354-359.

SINGH, S.; OKUN, A.; JACKSON, A. Artificial intelligence: Learning to play Go from scratch. **Nature**, v. 550, n. 7676, p. 550336a, 2017.

STONE, P. et al. Artificial intelligence and life in 2030. One Hundred Year Study on Artificial Intelligence: Report of the 2015-2016 Study Panel. **Stanford**, CA, Stanford University, Sep. 2016. Disponível em: <https://ai100.stanford.edu/sites/default/files/ai_100_report_0831fnl.pdf>. Acesso em: 05 jan. 2018.

THIELMAN, S. Tesla surpasses GM to become most valuable car company in US. **The Guardian**, Tech, 10 abr. 2017. Disponível em: <https://www.theguardian.com/technology/2017/apr/10/tesla-most-valuable-car-company-gm-stock-price>. Acesso em: 05 jan. 2018.

YADRON, D.; TYNAN, D. Tesla driver dies in first fatal crash while using autopilot mode. **The Guardian**, Tech, 30 jun. 2016. Disponível em: <https://www.theguardian.com/technology/2016/jun/30/tesla-autopilot-death-self-driving-car-elon-musk>. Acesso em: 05 jan. 2018.

Capítulo 7

Mundo Físico

*Alex M. Barbosa, Fernanda G. Azevedo, Denis R. Pineda, Júlio T. Cavata,
Antonio C. D. Cabral*

Este capítulo apresenta o desenvolvimento de cinco áreas fundamentais para viabilizar a Quarta Revolução Industrial: novos materiais, baterias, impressão 3D, robótica e drones.

7.1. Novos materiais

O mundo físico é o mundo das coisas – neste livro, devem ser entendidas as tecnologias do mundo físico como conjunto de tecnologias necessárias para construir e mudar o mundo físico ou para viabilizar a integração deste mundo com os mundos biológico e digital. Novos materiais estão sendo desenvolvidos para as mais diversas aplicações: geração de energia, armazenamento de dados, biomedicina, transporte e mobilidade etc. A tabela 7.1 apresenta alguns exemplos desses novos materiais.

Novos materiais também estão sendo empregados no esforço mundial de utilizar energias de fontes renováveis. O uso de painéis solares já não é tão raro e muitas grandes empresas já entraram nesse mercado. Com a popularização da tecnologia fotovoltaica, os cientistas trabalham para melhorar a estética desses painéis. Devido ao material de fabricação, o silício, eles possuem quase sempre cores escuras, destoando dos telhados onde são aplicados. Usar filmes coloridos, por exemplo, por um lado melhora a aparência, por outro reduz a sua eficiência operacional. Cientistas do Instituto de Física da Universidade de Amsterdã, juntamente com o *Center for Nanophotonics* e o *ECN Solar Energy*, estão trabalhando para que, no futuro, essas placas solares sejam coloridas. Através de sulcos de nanosilício produzidos nas células por um processo de litografia, a luz é refletida de forma controlada em determinados comprimentos de onda, ou seja, em cores diversas (NEDER; LUXEMBOURG; POLMAN, 2017). De reprodução relativamente fácil, tais placas ainda estão sendo aperfeiçoadas pelos cientistas para que novas cores, como o vermelho e o azul, sejam desenvolvidas.

Tabela 7.1. Exemplo de utilização de novos materiais.

Setor	Material	Aplicação	Referência
Transporte	Polímero reforçado por fibras	Redução do consumo de combustível em torno de 10% a 15% e a emissão de gases de efeito estufa. Material 30% mais leve que o aço, usado na Europa para substituir o metal nos cascos de navios de grande porte (mais de 50 metros), permitindo o aumento da capacidade de carga em 12%.	YURCHENKO, 2017; ESPINOSA, 2016
Tecnologia	Fita magnética	Armazenamento de dados – crescimento da capacidade apresentada entre 2015 e 2017 de 50% – valores respectivos 220 TB e 330 TB.	FURRER et al., 2017
Tecnologia	Nanogeradores	Alimentação de dispositivos que fazem parte do universo de IoT.	CHANDRASEKHAR et al. 2017
Equipamentos	Lubrificantes sólidos	Uso em máquinas de usinagem e até em equipamentos que sejam expostos a baixas pressões, carga elevada ou altas temperaturas. Neste último caso, eliminam a instabilidade inerente aos lubrificantes líquidos de base de petróleo e óleos minerais, tornando as aplicações nessas condições mais seguras.	ALAZEMI et al., 2017
Equipamentos	*Vibranium*	Uso no projeto do Hyperloop. É oito vezes mais forte que o alumínio e dez vezes mais forte que o aço. É 1,5 vez mais leve que o alumínio e cinco vezes mais leve que o aço.	MILBERG, 2017

Fonte: autores.

Há inúmeros ganhos trazidos pelo incremento da ciência dos materiais, o que ressalta a sua importância como base dos progressos do meio digital e biológico. Descobrir novos materiais, substituir os que já existem e até obter novas formas de manufatura, de maneira ágil, precisa e eficiente, são as atividades que orientam essa evolução, que contempla também a redução dos problemas ambientais, ainda hoje recorrentes em processos produtivos.

7.2. Baterias

A grande produção de baterias emprega três tipos de materiais: chumbo, níquel-cádmio e lítio-íon. Essas tecnologias tradicionais de produção ainda apresentam limitações quanto à velocidade de recarregamento, quantidade de energia armazenada e ao peso e volume ocupados pelas baterias. Entretanto, a última década também foi marcada pelo significativo aumento dos investimentos para transformar radicalmente as baterias.

É muito difícil antecipar de onde virão as inovações com relação ao desenvolvimento de baterias. Mas quando se observa o efeito combinatório entre as tecnologias emergentes, como o do efeito do carro elétrico na criação de *microgrids*, obtém-se uma breve visualização do que esperar no futuro.

No caso do carro elétrico, Elon Musk, para atender às necessidades de suas fábricas, criou uma nova planta, já considerada uma das maiores fábricas de bateria do mundo. Embora se recuse a fornecer dados precisos de sua capacidade de produção, Musk declarou que a Tesla Gigafactory

1 pode se equiparar às maiores fábricas do mundo. Isso equivaleria a uma produção de pelo menos 4 GWh de baterias de lítio-íon por ano. A meta da empresa é chegar a 35 GWh em 2018 (LAMBERT, 2017b).

Para maximizar o retorno da sua planta, a Tesla lançou a Powerwall 2, segunda geração de baterias de lítio-íon para consumidores domésticos armazenarem a energia produzida pelos painéis solares, também da Tesla, instalados em suas casas. A Powerwall 2 pode, caso necessário, coletar energia da rede elétrica (MUOIO, 2017).

O que chama atenção nesses produtos são a eficiência e o grau de funcionalidade apresentados. Há toda uma preocupação com a estética dos produtos, que se revela no tamanho e no formato dos painéis e das baterias, e com o seu monitoramento, por meio de um aplicativo de celular que fornece informações sobre a intensidade do sol, a carga da bateria, sua fonte (os painéis solares ou a rede elétrica), e permite que o consumidor tenha o controle da fonte de energia de sua casa, de onde estiver (id., ibid.).

O ecossistema gerado em torno do carro elétrico tem produzido uma alternativa para o consumidor residencial, na qual é possível uma autonomia da rede elétrica (JAQUITH; ADALID, 2017). Esse efeito combinatório entre tecnologias exponenciais é uma das grandes forças transformadoras da Quarta Revolução Industrial. Comentado por Frank Diana em seu blog em 2015, os efeitos combinatórios das tecnologias exponenciais são descritos em oito diferentes cenários que não têm nenhuma pretensão de dar conta de todas as possibilidades (DIANA, 2015; id., 2017). Dois deles dizem respeito a como lidar com a energia, sobretudo no que tange à eficiência energética, um dos pilares do RISE (*Regulatory Indicators for Sustainable Energy*) mais deficitários nos países emergentes (BANERJEE et al., 2017). Um anuncia a possibilidade de lidarmos com a energia renovável da mesma forma que lidamos com demais serviços, por meio da aproximação de oferta e demanda oferecida por um Uber ou Airbnb; ou seja, o excedente de energia de uma comunidade poderia muito bem ser aproveitado por outra. Some-se a isso a nanotecnologia, que permite a fabricação de painéis solares menores e pode-se pensar, no segundo cenário sobre este tema, numa "internet de energia", que combinasse fontes de energia renováveis, novas formas de armazenamento, nanotecnologia, mecanismos de compartilhamento e IoT (DIANA, 2017).

Os carros elétricos se firmam como uma forte tendência para o futuro, com vários países com regulamentações nesse sentido. Na União Europeia, por exemplo, há indícios de que vários governos planejam a adoção de cotas de produção de carros elétricos (NESLEN, 2017). Os progressos em termos de capacidade de armazenamento, bem como as reduções de custos, são inquestionáveis (LAMBERT, 2017a).

Em constante desenvolvimento, seja para suprir a demanda da indústria de veículos elétricos, seja para fornecer energia para dispositivos móveis, o campo das baterias está em rápida e constante expansão.

7.3. Impressão 3D

A impressão 3D, também chamada de manufatura aditiva, MA (ou, em inglês, *Additive Manufacturing* – AM), é um conjunto de tecnologias que utiliza a deposição de camadas de material para formar objetos. Trata-se do oposto da manufatura subtrativa, na qual o material é removido de um bloco até que a forma desejada seja obtida (SANTOS NETO, 2017; GIBSON; ROSEN; STUCKER, 2010).

O processo de impressão pode ser descrito em três etapas: a) modelagem tridimensional, por meio de softwares CAD 3D, utilizados para desenhar o que será impresso; b) o computador transforma essas informações em instruções e as envia para a impressora; c) a impressora, por sua vez, com base nas instruções recebidas, aquece a matéria-prima e, no caso da impressão FDM (*Fused Deposition Modeling*), começa a desenvolver o modelo na forma de "pilhas muito finas" de camadas (STRATASYS, 2017; AMAZING, 2017; GIBSON; ROSEN; STUCKER, 2010).

Diante da existência de diversas tecnologias de impressão 3D, a escolha da mais adequada vai depender da finalidade do material a ser produzido, dos seus requisitos estéticos e de suas propriedades mecânicas. A tabela 7.2 apresenta os principais sistemas de impressão 3D.

Tabela 7.2. Principais sistemas de impressão 3D.

Nome	Técnica
Stereolithography (STL) Estereolitografia (SLA)	Fotopolímero líquido que solidifica quando atingido por um laser ultravioleta. A cada camada solidificada a plataforma se reposiciona e cobre a peça sólida, já impressa, com líquido para recomeçar o processo.
Fused Deposition Modeling (FDM) Deposição por Material Fundido	O filamento termoplástico é depositado em uma plataforma através de um bico extrusor. Primeiro ele faz o contorno da peça e depois a preenche. Após cada camada pronta, o bico sobe alguns milímetros para iniciar a seguinte. Podem ser utilizados vários polímeros termoplásticos (estes podem ser fundidos facilmente e reprocessados).
Selective Laser Sintering (SLS) Sinterização por Laser Seletivo	Um feixe de laser é direcionado a uma superfície com pó e ocorre a sinterização, formando uma camada sólida. Depois um rolo deposita uma nova camada de pó a ser sintetizada. Quatro diferentes tipos de materiais podem ser utilizados: termoplásticos, cerâmicos, borrachas e metais.
Three-Dimensional Printing (3DP) Impressão Tridimensional	Através de uma cabeça de impressão é liberado um jato de adesivo sobre uma camada de material em pó sobre uma plataforma. Após a camada pronta, a plataforma desce o rolo e deposita o pó para a colagem ocorrer novamente. Pó de: amido, vidro, borracha, serragem ou metais.
Ink Jet Printing (IJP) Impressão por Jato de Tinta	Jatos de polímero líquido são liberados através da cabeça de impressão em camadas muito finas. Esse polímero é catalisado com luz ultravioleta. É possível misturar diferentes materiais em uma peça.
Laser Engineered Net Shaping (LENS) Modelagem por Laser de Engenharia	Jatos de material em pó são disparados em um feixe de laser de alta potência que provoca a fusão. O foco do laser faz o contorno da peça em construção. Utiliza materiais duros como titânio e aço inoxidável.
Laminated Object Modeling (LOM) Modelagem de Objeto por Laminação	A peça é formada através da lâmina do material, que é cortada com uma faca ou laser de acordo com o contorno da peça. Após cada camada, é depositada uma folha de adesivo muito fina. Pode-se usar material polimérico, papel ou metal.

Fonte: Adaptado de Monteiro (2015).

A impressão 3D vem sendo utilizada na produção de grandes peças para aeronaves, minúsculos componentes eletrônicos e para a impressão de órgãos utilizados em implantes médicos. A tabela 7.3 apresenta alguns exemplos de uso dessa tecnologia.

Tabela 7.3. Exemplo de aplicações da impressão 3D.

Instituição/ Empresa	Descrição da aplicação	
NASA	Fabricação de tecidos para uso espacial com potencial de aplicação em antenas e até na estrutura de naves. O tecido possui as seguintes características: refletividade, gestão de calor passivo, dobra e resistência à tração. Um lado do tecido reflete a luz, enquanto o outro a absorve, atuando como um meio de controle térmico.	GOOD (2017)
SIEMENS	Impressão de lâminas de turbina a gás produzidas a partir de superliga de níquel policristalino em pó, capaz de suportar altas temperaturas, pressão e forças centrípetas geradas no uso. Até então essas peças eram produzidas por fundição e forja.	SIEBERT (2017)
CARBON/ADIDAS	Impressão de solados para tênis através da tecnologia *Continuous Liquid Interphase Printing* (CLIP), desenvolvida pela Carbon. A técnica utiliza resina líquida, laser e oxigênio para cura. Não é a primeira vez que a Adidas confecciona solado por 3D *Print*.	KHARPAL (2017)
KIT *Karlsruhe Institute of Technology*	Impressora capaz de imprimir vidro, utilizando quartzo de alta pureza. Possibilita a manufatura de componentes eletrônicos para uma nova geração de computadores, lentes de óculos, câmeras com características específicas e, na área médica e biológica, pode criar sistemas analíticos muito pequenos, usando tubos desse material.	KOTZ (2017)
MIT (*MIT's Self-Assembly Lab*)	Desenvolvimento de uma técnica que permite a impressão de peças sem restrição de geometria. As técnicas em geral necessitam de suporte, dependendo da geometria da peça. Esse problema seria solucionado pela impressão dentro de um gel que anula a gravidade. Outra melhoria é o tempo de impressão deste processo, que imprime em dez minutos uma peça que, em métodos tradicionais de impressão 3D, levaria 50 horas.	SELF-ASSEMBLY LAB; GUBERAN.; STEELCASE (2017c)
Banner Health/ North Colorado Medical Center's (NCMC) Cancer Institute	Uso de impressão para melhorar o tratamento contra o câncer. São impressos bólus que auxiliam a direcionar a dose de radiação para que o tratamento seja mais eficaz. Por exemplo, para a aplicação de radiação em locais com formas como as da orelha.	RAGAN (2017)
Alta Motors/ Carbon	Produção de peças impressas em poliuretano rígido para as motocicletas elétricas da Alta.	CARBON (2016)

Fonte: autores.

Alguns fatores ainda são considerados impeditivos para a utilização da tecnologia de impressão 3D em larga escala. Dentre eles podem ser citados o preço, que ainda não é competitivo, e a qualidade da peça em sua versão final, pois em alguns casos o material impresso perde a resistência se comparado com um material injetado ou extrudado, por exemplo. Existem também desafios a serem ultrapassados: a) a garantia de repetibilidade dos modelos impressos; e b) a diversificação de materiais que podem ser utilizados, decorrente das limitações dos equipamentos, que ainda não são capazes de imprimir uma maior variedade de materiais (DAY, 2011).

A MA apresenta algumas vantagens para a indústria, entre as quais se destacam:

a) Produção de produtos de alta complexidade, como peças com geometria interna complexa e variação de densidade de material, que não podiam ser fabricadas pelos meios tradicionais. Com isso, é possível fundir múltiplas peças em uma única e reduzir a quantidade de material e peso.
b) **Praticidade de fabricação:** em um único processo, é possível produzir uma peça sem a necessidade de usar diversos equipamentos, fato que reduz custos e tempo de produção.
c) **Produtos customizados:** essa tecnologia permite a produção de peças exclusivas para determinados clientes, agregando valor ao produto.
d) **Armazenamento e mobilidade na produção:** as matérias-primas utilizadas para impressão 3D, em geral, são pós ou filamentos muito mais fáceis de armazenar e transportar. Além disso, o espaço ocupado no processo de fabricação é menor do que aquele necessário para os atuais processos. As fábricas podem substituir os grandes polos industriais atuais por unidades menores próximas aos consumidores, com vantagens diretas nos custos de logística e fabricação.

Essa tecnologia traz controvérsias. Um exemplo é a possibilidade de qualquer indivíduo ser capaz de produzir sua própria arma de fogo, uma vez que modelos 3D estão disponíveis na rede mundial de computadores. Tal fato, inclusive, viola as leis nacionais do Estatuto do Desarmamento, que proíbe a fabricação de armas, sendo passível de pena de quatro a oito anos de prisão, além de multa (CANALTECH, 2013).

Quanto a tendências para o futuro da tecnologia de impressão 3D, as discussões estão concentradas na utilização de novas técnicas e materiais. Os cientistas trabalham agora no desenvolvimento da impressão 4D, que emprega impressão 3D com novos materiais chamados de "materiais programáveis", capazes de fazer modificações em si mesmos, de acordo com as mudanças do ambiente, como o calor e a umidade.

Em relação à democratização dessa tecnologia, sua utilização mais ampla propiciará um retorno às raízes da produção. Antes as pessoas faziam o que precisavam em suas próprias casas, necessitando de um conhecimento específico para isso. No novo cenário será possível produzir qualquer item em série, em menor escala e em casa, mas sem um conhecimento específico, apenas com a utilização de um arquivo disponibilizado previamente.

De acordo com o levantamento da empresa de consultoria americana Wohler Associates (MOLITCH-HOU, 2016), os negócios com impressoras 3D movimentaram US$ 5,1 bilhões no mundo em 2016; uma evolução de 30% na comparação com 2015. Até 2020, a estimativa é que a cifra dos negócios com impressão 3D chegue a R$ 21 bilhões. Outra consultoria americana, a Gartner, contabilizou que em 2016 existiam no mundo 455,7 mil unidades de impressoras 3D, número que deve saltar para 6,7 milhões em um breve período (HURLEY, 2017; AGÊNCIA O GLOBO, 2017). O mercado brasileiro representa apenas 2% do total dos negócios mundiais e vem ganhando força

(AGÊNCIA O GLOBO, 2017). Exemplos de empresas no Brasil que empregam MA em seus processos são: ThyssenKrupp, MAN Latin America, Alpargatas, Fiat e Embraer.

7.4. Robótica

O surgimento e o crescimento do uso dos robôs são a parte mais visível de uma transição que vem ocorrendo no mercado de trabalho em todo o mundo. A mecanização e a automação de tarefas antes feitas por humanos vêm se acelerando nos ambientes industrial e de serviços.

7.4.1. Robôs no ambiente industrial

De acordo com a *International Federation of Robotics* (IFR), robôs industriais são definidos pela ISO 8373 como equipamentos automaticamente controlados, manipuladores reprogramáveis, multifuncionais, com três ou mais eixos programáveis (IFR, 2016a, p. 25). Conforme relatório da IFR, este mercado totalizou 253.748 unidades em 2015, com 75% do volume concentrado em cinco mercados: China (27%), Coreia do Sul (15%), Japão (14%), Estados Unidos (11%) e Alemanha (8%) (idem, p. 11). A indústria automotiva é o maior consumidor dessa tecnologia, absorvendo aproximadamente 97.500 unidades, seguida pela indústria eletroeletrônica, com 64.600 unidades (idem, p. 13). Entretanto, em termos de crescimento, em relação a 2014, o consumo da indústria automotiva variou em mais 4%, enquanto a indústria eletroeletrônica aumentou seu consumo de robôs industriais em 41% (idem, ibid.). Um fato relevante, tanto do ponto de vista geográfico quanto de segmentação, foi a aquisição da KUKA AG, eminente fabricante alemã de robôs, pela Midea Group Co. Ltda., grupo chinês fabricante de eletrodomésticos (TAYLOR, 2016). A IFR prevê que o mercado de robôs industriais cresça aproximadamente 13% ao ano, atingindo um pouco mais de 414.000 unidades em 2019 (IFR, 2016a, p. 18).

7.4.2. Robôs no ambiente de serviços

Ainda de acordo com a IFR e a ISO 8373, os robôs de serviço são aqueles não enquadrados como industriais, com dois ou mais eixos (IFR, 2016b, p. 9). Podem se mover em seu ambiente para realizar tarefas, com autonomia baseada em sensorização e sem intervenção humana. Sua classificação é feita de acordo com a sua aplicação e compreende uma ampla gama de equipamentos, conforme se segue:

a) Robôs domésticos (os mais conhecidos são aspiradores de pó).
b) Entretenimento.
c) Assistência a idosos e deficientes (cadeiras de rodas elétricas).
d) AGVs ou Veículos Autoguiados, robôs de campo (agricultura, mineração, etc.).
e) Limpeza profissional (tanques, pisos, etc.).

f) Inspeção e manutenção, construção e demolição.
g) Sistemas logísticos.
h) Robôs médicos (diagnóstico, cirurgias e reabilitação).
i) Resgate e segurança (robôs de combate a incêndio e monitoramento).
j) Aplicações de defesa (desarme de bombas, aeronaves não tripuladas para fins militares).
k) Subaquáticos.
l) Exoesqueletos.
m) Plataformas móveis de uso geral.
n) Aeronaves não tripuladas de uso não militar.

O mercado desse tipo de robô foi de US$ 4,6 bilhões em 2015, com mais de 600 fornecedores e grande concentração de *startups*, principalmente nos Estados Unidos (IFR, 2016c, p. 5-6). Essa mesma fonte prevê que o mercado crescerá fortemente até 2019, com uma receita prevista de US$ 23,1 bilhões no período (idem, p. 7). Para o mercado de serviços domésticos, a receita em 2015 foi igual a US$ 1,2 bilhão e a previsão da IFR é que até 2019 seja de US$ 22,4 bilhões, com a venda de 42 milhões de unidades (idem, p. 12).

7.4.3. Robôs colaborativos

No horizonte de desenvolvimento da robótica, segundo a empresa de consultoria McKinsey & Co, uma das principais frentes direcionais que formatarão o futuro é a colaboração homem-robô (MCKINSEY & COMPANY, 2016). O primeiro modelo foi lançado em 2008, pela Universal Robots A/S, empresa dinamarquesa líder em robótica colaborativa. As principais características dos robôs colaborativos são a capacidade inerente de medir forças externas e internas, permitindo a interação lado a lado com os usuários, de forma segura e com a praticidade e eficiência das máquinas. Também são caracterizados pela interface amigável e de fácil programação, o que traz grande flexibilidade em realocações ou reprogramações. Geralmente são robôs leves, de fácil instalação e que manipulam cargas até 10 kg. Por essa razão, podem ser instalados em linhas de montagem, ao lado dos operadores, para exercer funções como montagem, movimentações de objetos, abastecimento de máquinas, paletização e processos de embalagem. Diante desses fatos, existe um número potencialmente grande de indústrias e áreas onde podem ser implementados, tais como a de eletrônicos, a farmacêutica, a de componentes automotivos, bem como no controle da qualidade de produtos manufaturados, de alimentos, de bens de consumo e assim por diante.

7.4.4. Robôs humanoides e ciborgues

Na conferência RISE em Hong Kong, em julho de 2017, o debate entre dois robôs humanoides desenvolvidos pela Hanson Robotics, batizados de Sophia e Han, foi a principal atração. O tema desse primeiro debate entre robôs teve como objetivo tratar de assuntos relacionados à IA e seus impactos na humanidade (COLLINS, 2017). Nesse debate o robô Han afirmou que: "em dez ou vinte anos, os robôs poderão fazer todos os trabalhos humanos".

Já na visão de Yang, Riener e Dario (2017), o futuro pode estar na fusão do homem e da máquina e deve ser discutido com profundidade pela sociedade. O caminho para essa fusão começa na construção de próteses, como, por exemplo, na experiência em que pacientes recuperam o sentido do tato (BEALL, 2016).

O que se acredita ser ficção científica tornou-se realidade, e os ciborgues já estão presentes em centros de pesquisa e *startups* pelo mundo. As interfaces cérebro-computador, conhecidas em inglês como *Brain Computer Interfaces* (BCI), são peças fundamentais para essa evolução, e entre elas podem ser citadas as seguintes: as invasivas, cujo dispositivo transmissor de sinal é colocado dentro da massa cinzenta; as parcialmente invasivas, cujo dispositivo vai dentro do crânio, mas não dentro do cérebro; e as não invasivas, sem nenhuma inserção, mas com resolução bem menor que as citadas anteriormente. Desde 1929, quando o neurocientista alemão Hans Berger descobriu os primeiros eletroencefalogramas, a neurociência teve grandes avanços nessa área (HAAS, 2003). No início dos anos 2000, conseguiu controlar um braço robótico através do cérebro de um macaco e, em 2014, conseguiu a comunicação de cérebro com cérebro através de sinais de eletroencefalogramas (VELLISTE et al., 2008).

A importância de tais pesquisas estimula tanto a iniciativa privada como os órgãos públicos a investir tempo e energia em iniciativas nessa área. A agência norte-americana DARPA (*Defense Advanced Research Projects Agency*) tem investido em grupos de pesquisa no projeto chamado NESD (*Neural Engineering Systems Design*), que visa o desenvolvimento de um implante cerebral que grave 1 milhão de neurônios com sinal de alta resolução. Trata-se de um grande avanço, especialmente se se considera a capacidade dos dispositivos existentes. As pesquisas objetivam, também, o desenvolvimento de um fluxo de transmissão bidirecional, ou seja, não apenas registrar sinais como também transmitir sinais gerados por computador aos neurônios. Entre os benefícios esperados estão a recuperação da visão e o desenvolvimento de próteses sensíveis ao toque (STRICKLAND, 2017).

A empresa Neuralink, para viabilizar seu modelo de negócio, adotou a estratégia de vender parte de seu controle acionário para financiar o desenvolvimento de suas pesquisas na área de desenvolvimento de dispositivos de interface homem-computador, que transformam os seres humanos em ciborgues alimentados pela IA. O valor já levantado pela empresa está em 27 milhões (HULL, 2017).

Avanços como os citados anteriormente podem levar seres humanos a caminhos como o da consciência coletiva, que já encontram relatos de pesquisas com robôs. A Google, por exemplo, já fez um experimento com robôs que não apenas aprendem uma atividade de forma não supervisionada como também possuem a habilidade de transferir esse conhecimento para outros robôs. Nesse experimento, os robôs fazem uma experiência de aprendizagem e a compartilham com os demais em rede, tornando mais rápida a aquisição de experiência do grupo (RESEARCH, 2016).

Com os desenvolvimentos de BCIs de alta resolução, é possível transmitir, da mesma forma, o conhecimento para uma rede à qual se esteja conectado (JANG et al., 2017).

7.5. Drones

Originados nos Estados Unidos, os drones vêm se difundindo e podem ser entendidos como todo e qualquer objeto voador não tripulado com o propósito recreativo, desportivo, comercial e militar (BRASIL, 2016, p. 5).

As terminologias oficiais utilizadas pelos órgãos reguladores brasileiros são Veículo Aéreo Não Tripulado (VANT), quando o propósito for comercial e militar, e aeromodelismo, para o propósito recreativo e desportivo. Os termos são dispostos na Circular de Informações Aéreas AIC N 21/10 e na Portaria DAC 207, respectivamente (BRASIL, 2016, p. 5).

Há dois tipos diferentes de VANT. O primeiro, mais conhecido, é o *Remotely-Piloted Aircraft* (RPA), em que o piloto não está a bordo, mas controla a aeronave remotamente; o segundo tipo é a Aeronave Autônoma, que, uma vez programada, não permite intervenção externa durante a realização de seu voo.

A regulamentação brasileira classifica as VANTs civis por peso e por modo de voo – BVLOS (*Beyond Visual Line of Sight*), que é o voo além da linha de visada, e VLOS (*Visual Line of Sight*), quando o piloto tem contato visual constante com o drone.

A tabela 7.4, apresenta a classificação e liberação de uso segundo a Agência Nacional de Aviação Civil (ANAC).

Tabela 7.4. Classificação e liberação de voos segundo a ANAC.

	Indoor		Área privada aberta		Área pública aberta		Áreas desabilitadas	
	Área privada	Área pública	Até 400 ft VLOS	> 400 ft, BVLOS	Até 400 ft VLOS	> 400 ft, BVLOS	Até 400 ft VLOS	> 400 ft, BVLOS
Aeromodelo	Básica	X	Básica	X	1	X	Básica	X
RPA 25 kg	Básica	1	Básica	1	1	X	Básica	1
RPA 25-150 kg	X	X	2	2	X	X	2	2
RPA > 150 kg	X	X	3	3	X	X	3	3
VANT autônomo	X	X	X	X	X	X	X	X

Fonte: Adaptado de Brasil (2016, p. 54).

Com o avanço da tecnologia, os VANTs tornaram-se cada vez mais modernos e hoje em dia são verdadeiras máquinas de ficção científica. Alguns são controlados por meio de satélites, com seus pilotos a milhares de quilômetros de distância e podem voar por mais de 24 horas ininterruptas (ver esquema da figura 7.1).

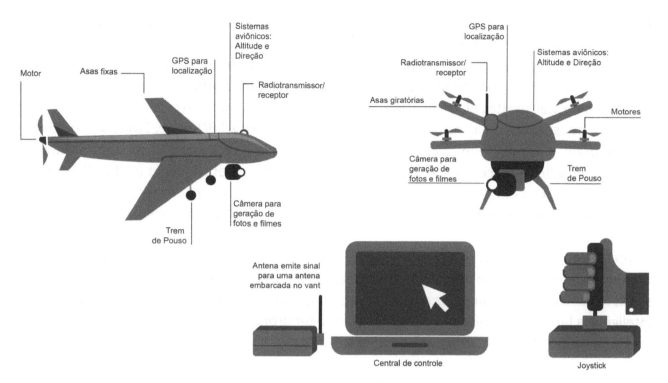

Figura 7.1. RPA – Aeronave pilotada a distância.
Fonte: adaptado de Andrade (2013).

Devido ao aprimoramento tecnológico constante, uma variedade de aplicações com emprego de VANTs vem surgindo. Dentre as possíveis formas de aplicação civil, destacam-se:

a) **Obtenção de imagens:** acompanhamento do trânsito urbano e verificação de acidentes; inspeção de obras e equipamentos, principalmente em situações de perigo para pessoas; gerenciamento de inventários na agricultura, pecuária e mineração; atualização de bases cartográficas de imóveis; etc.
b) **Logística:** entregas no varejo; movimentação de insumos na indústria; atendimento de emergências médicas, para entrega de medicamentos e equipamentos; transporte e resgate de pessoas em locais de difícil acesso.
c) **Agronegócio:** pulverização de inseticidas, fungicidas e fertilizantes; controle de incêndios; monitoramento físico e geográfico da lavoura e do gado, bem como das áreas ambientais.

Na área militar, os VANTs são utilizados tanto para a vigilância quanto para o combate, possibilitando maior eficiência e minimizando as perdas humanas.

Quanto a tendências, segundo a empresa Frog, o uso dos drones no futuro transcenderá o seu uso militar e comercial para servir a propósitos individuais, tais como movimentação e documentação do cotidiano. Serão os "satélites pessoais", orbitando seus usuários (HASTINGS, 2017).

A pesquisa brasileira também está participando dessa mudança que está ocorrendo nos céus. O Uber tem parceria com a brasileira Embraer para pesquisa e desenvolvimento de um taxi aéreo vertical, movido por eletricidade, sem emissão de CO_2, com um piloto e cerca de cinco passageiros. Essa solução pretende desafogar o trânsito das grandes cidades. Assim como a maioria dos meios de transportes elétricos, a bateria ainda é uma grande barreira a ser superada, bem como a infraestrutura e o controle do tráfego aéreo (PEREIRA FILHO et al., 2017). Além do Uber e da Embraer, a alemã Lilium trabalha em projetos análogos e conta com profissionais vindos da Tesla, Airbus e Rolls-Royce, e recebe incentivo financeiro da chinesa Tencent (RILEY, 2017). Como é possível perceber, em diversos lugares pesquisadores se empenham em ser os pioneiros nessa tecnologia de transporte que vai transformar a forma de se deslocar das pessoas.

O Japão segue na linha de uso de drones para fins de logística de materiais. Essa demanda tem origem na carência de mão de obra para a realização das entregas naquele país. A tecnologia, nesse caso, auxilia os seres humanos a realizar trabalhos pouco ergonômicos e que funcionam sem a inteligência humana. A logística japonesa pretende ter drones em 2020 e caminhões autoguiados em 2022 (NARAYAN et al., 2017).

A utilização de drones está transformando a logística. Na Suíça, com a permissão para voos comerciais, a empresa Matternet – situada na Califórnia – já iniciou essa revolução. A empresa possui parceria com a Mercedes Benz para a criação de uma nova forma de entregar pacotes, unindo o nosso conhecido transporte rodoviário com os novos drones. Mas é a plataforma composta por estação, drones e *cloud* que chama mais a atenção. A fim de agilizar a entrega de encomendas pessoa a pessoa, eles desenvolveram um sistema que tem tudo para mudar radicalmente a forma como são realizadas as entregas em todos os setores. O sistema conta com uma estação integrada com drone e uma plataforma em nuvem para fornecer uma interface com o usuário de forma amigável. A estação necessita de um pequeno espaço para instalação e pode ser colocada em locais abertos. Essa estação recebe o drone, que, ao aterrissar para a entrega ou coleta de carga, recarrega automaticamente sua bateria. Através de código de barras bidimensional, é feita a identificação para o envio e o recebimento da caixa para que seja retirada apenas pela pessoa à qual se destina a encomenda. Cada estação é responsável por fazer o gerenciamento do tráfego aéreo de forma automática. Esse tipo de sistema torna a logística mais rápida e sem intermediários. A Matternet tem trabalhado na área da saúde para agilizar entregas de amostras de sangue e medicamentos, por exemplo.

Já a empresa Swiss Post planeja a utilização do sistema para melhorar a logística entre hospitais. Os primeiros testes foram feitos no início de 2017 na Europa, mas em 2016 a empresa, em parceria com a UNICEF, já tinha realizado testes para transporte de exames e remédios antirretrovirais no Malaui, na África. Esse tipo de tecnologia, na África, pode agilizar o transporte de exames de HIV de bebês recém-nascidos, contribuindo para a redução do número de crianças que morrem todos os anos na região devido às más condições de saúde. No Vale do Silício, principalmente, é crescente o número de empresas como a Matternet, dispostas a resolver problemas antigos transformando a realidade em que vivemos através de tecnologias novas e de fácil acesso.

7.6. Conclusão

Países que não desenvolverem a capacidade de criação e aplicação das tecnologias do mundo físico relativas à Quarta Revolução Industrial certamente não terão um significativo papel político e econômico na nova economia mundial. Assim, é vital e urgente que tanto os líderes do governo quanto da iniciativa privada priorizem os investimentos nessas tecnologias-chave do mundo físico.

Referências:

AGÊNCIA O GLOBO. Indústria recorre mais à impressão 3D, e uso da tecnologia cresce 30%. **Época Negócios**. 26 fev. 2017. Disponível em: <http://epocanegocios.globo.com/Economia/noticia/2017/02/industria-recorre-mais-impressao-3d-e-uso-da-tecnologia-cresce-30.html>. Acesso em: 05 jan. 2018.

ALAZEMI, A.A. et al. Novel tertiary dry solid lubricant on steel surfaces reduces significant friction and wear under high load conditions. **Carbon**, v. 123, p. 7-17, Oct. 2017. Disponível em: <http://www.sciencedirect.com/science/article/pii/S0008622317307133>. Acesso em: 05 jan. 2018.

AMAZING. WHAT is Additive Manufacturing? **AMazing**, AM Basics, 2017. Disponível em: <http://additivemanufacturing.com/basics/>. Acesso em: 05 jan. 2018.

ANDRADE, R. O. O voo do falcão. **Pesquisa FAPESP**, ed. 211, set. 2013. Disponível em: <http://revistapesquisa.fapesp.br/2013/09/12/o-voo-do-falcao/>. Acesso em: 05 jan. 2018.

BANERJEE, S. G et al. **Rise 2016 regulatory indicators for sustainable energy:** a global scorecard for policy makers. The World Bank Group, 2017. Disponível em: <http://documents.worldbank.org/curated/en/538181487106403375/pdf/112828-REVISED-PUBLIC-RISE-2016-Report.pdf>. Acesso em: 05 jan. 2018.

BEALL, A. Paralysed man is able to feel again after 10 YEARS thanks to a mind-controlled robotic hand. **Mail Online**, Science & Tech, 13 out. 2016. Disponível em: <http://www.dailymail.co.uk/sciencetech/article-3836265/Brain-chip-restores-sensation-PARALYSED-hand-Breakthrough-lead-robotic-limbs-feel.html>. Acesso em: 05 jan. 2018.

BRASIL. Ministério da Defesa. Comando da Aeronáutica. Departamento de Controle do Espaço Aéreo – DECEA. **ICA 100-40 Sistema de aeronaves remotamente pilotadas e o acesso ao espaço aéreo brasileiro**. Brasília, 2016, 55p. Disponível em: <https://publicacoes.decea.gov.br/?i=publicacao&id=4510>. Acesso em: 05 jan. 2018.

CANALTECH, No Brasil, fabricação da arma feita em impressora 3D é considerada crime. **Canaltech.** 14 maio 2013. Disponível em: <https://canaltech.com.br/juridico/No-Brasil-a-fabricacao-da-arma-feita-em-impressora-3D-e-considerada-crime/>. Acesso em: 05 jan. 2018.

CARBON. Electrifying speed: CLIP powers the production of Alta Motors' electric motorcycles. **Carbon**, Case Studies, 06 dez. 2016 Disponível em: <http://www.carbon3d.com/stories/electrifying-speed-clip-powers-the-production-of-alta-motors-electric-motorcycles/>. Acesso em: 05 jan. 2018.

CHANDRASEKHAR, A. et al. Sustainable Biomechanical Energy Scavenger toward Self-Reliant Kids' Interactive Battery-Free Smart Puzzle. **ACS Sustainable Chemistry and Engineering**, v. 5, n. 8, 28 jun. 2017, p. 7310-7316. Disponível em: <http://pubs.acs.org/doi/abs/10.1021/acssuschemeng.7b01561>. Acesso em: 05 jan. 2018.

COLLINS, T. 'In ten or twenty years, robots will be able to do every human job': Disturbing life-like droids debate the future of humanity at a Hong Kong tech show. **Mail Online**, Science, 12 jul. 2017. Disponível em: <http://www.dailymail.co.uk/sciencetech/article-4689482/Creepy-lifelike-androids-debate-future-humanity.html>. Acesso em: 05 jan. 2018.

DAY, P. Will 3D printing revolutionise manufacturing? **BBC News**, Business, 28 jul. 2011. Disponível em: <http://www.bbc.co.uk/news/business-14282091>. Acesso em: 05 jan. 2018.

DIANA, F. Disruptive Power Lies at the Intersections. **Frank Diana's Blog**, 18 maio 2015. Disponível em: <https://frankdiana.net/2015/05/18/disruptive-power-lies-at-the-intersections/>. Acesso em: 08 jan. 2018.

_____. Intersections promise to drive multiple paradigm shifts. **Frank Diana's Blog**, 16 fev. 2017. Disponível em: <https://frankdiana.net/2017/02/16/intersections-promise-to-drive-multiple-paradigm-shifts/>. Acesso em: 08 jan. 2018.

ESPINOSA, J. G. FIBRESHIP objectives and concept. **Scipedia:** open data repository of the FIBRESHIP project, 2016. Disponível em: <https://www.scipedia.com/public/García-Espinosa_2016b>. Acesso em: 08 jan. 2018.

FURRER, S. et al. 201 Gb/in2 Recording Areal Density on Sputtered Magnetic Tape. **IEEE Transactions on Magnetics**, v. PP, n. 99, 19 jul. 2017. Disponível em: <http://ieeexplore.ieee.org/document/7984852>. Acesso em: 08 jan. 2018.

GIBSON, I.; ROSEN, D. W.; STUCKER, B. **Additive manufacturing technologies:** rapid prototyping to direct digital manufacturing. New York: Springer, 2010. Disponível em: <https://link.springer.com/book/10.1007%2F978-1-4419-1120-9>. Acesso em: 08 jan. 2018.

GOOD, A. Space Fabric' links fashion and engineering. **NASA – Jet Propulsion Laboratory**, Technology, Pasadena, CA, 18 abr. 2017. Disponível em: <https://www.nasa.gov/feature/jpl/space-fabric-links-fashion-and-engineering>. Acesso em: 08 jan. 2018.

HAAS, L. F. Hans Berger (1873-1941), Richard Caton (1842-1926), and electroencephalography. **Journal of Neurology, Neurosurgery & Psychiatry**, v. 74, n. 1, p. 7-9, 2003. Disponível em: <http://jnnp.bmj.com/content/74/1/9.short>. Acesso em: 08 jan. 2018.

HASTINGS, N. Dji spark vs yuneec breeze: which portable drone should you buy? **Digital Trends**, Emerging Tech, 21 jun. 2016. Disponível em: <https://www.digitaltrends.com/cool-tech/dji-spark-vs-yuneec-breeze/>. Acesso em: 08 jan. 2018.

HULL, D. Elon Musk's Neuralink gets $27 million to build brain computers. **Bloomberg**, Technology, 25 ago. 2017. Disponível em: <https://www.bloomberg.com/news/articles/2017-08-25/elon-musk-s-neuralink-gets-27-million-to-build-brain-computers>. Acesso em 08 jan. 2018.

HURLEY, B. What's new on TechBriefs.com: 3D printing's next frontier. **Tech Briefs**, News, 06 abr. 2017. Disponível em: <http://www.techbriefs.com/component/content/article/1198-ntb/news/news/26712-what-s-new-on-techbriefs-com-3d-printing-s-next-frontier>. Acesso em: 08 jan. 2018.

INTERNATIONAL FEDERATION ROBOTICS – IFR. Executive Summary World Robotics 2016 Industrial Robots. **IFR**, 2016a. Disponível em: <https://ifr.org/img/uploads/Executive_Summary_WR_Industrial_Robots_20161.pdf>. Acesso em: 08 jan. 2018.

_____. Executive Summary World Robotics 2016 Service Robots. **IFR**, 2016b. Disponível em: <https://ifr.org/downloads/press/02_2016/Executive_Summary_Service_Robots_2016.pdf>. Acesso em: 08 jan. 2018.

_____. IFR Press Conference. **IFR**, Seoul, 12 out. 2016c. Disponível em: <https://ifr.org/downloads/press/02_2016/Presentation_12_Oct_2016__WR_Service_Robots.pdf>. Acesso em: 08 jan. 2018.

JANG, E. et al. End-to-end learning of semantic grasping. **Cornell University Library**, Computer Science, Robotics, 17 jul. 2017. Disponível em: <https://arxiv.org/abs/1707.01932>. Acesso em: 08 jan. 2018.

JAQUITH, T. (ed.); ADALID, M. (design). The Tesla revolution: how Musk's car company is building a sustainable energy ecosystem. **Futurism**, Infographics. Disponível em: <https://futurism.com/images/the-tesla-revolution-infographic/>. Acesso em: 08 jan. 2018.

KHARPAL, A. Adidas is going to sell 100,000 sneakers with 3-D printed soles. **CNBC**, Tech, 07 abr. 2017. Disponível em: <https://www.cnbc.com/2017/04/07/adidas-3d-printed-trainers-futurecraft-4d.html>. Acesso em: 08 jan. 2018.

KOTZ, F. et al. Three-dimensional printing of transparent fused silica glass. **Nature**, v. 544, p. 337-339, 20 abr. 2017. Disponível em: <http://www.nature.com/nature/journal/v544/n7650/abs/nature22061.html?foxtrotcallback=true#affil-auth>. Acesso em: 08 jan. 2018.

LAMBERT, F. Electric vehicle battery cost dropped 80% in six years down to $227/kWh – Tesla claims to be below $190/kWh. **Electrek**, Energy, 30 jan. 2017a. Disponível em: <https://electrek.co/2017/01/30/electric-vehicle-battery-cost-dropped-80-6-years-227kwh-tesla-190kwh/>. Acesso em: 08 jan. 2018.

_____. Tesla gigafactory is already producing more batteries than any other factory in the world, says Elon Musk. **Electrek**, Energy, 08 ago. 2017b. Disponível em: <https://electrek.co/2017/08/08/tesla-gigafactory-battery-cell-production-elon-musk/>. Acesso em: 08 jan. 2018.

MCKINSEY & COMPANY. McKinsey digital/Industry 4.0 model factories. **McKinsey**. Apr. 2016. Disponível em: <https://capability-center.mckinsey.com/files/mccn/2017-03/digital_4.0_model_factories_brochure_2.pdf>. Acesso em: 08 jan. 2018.

MILBERG, E. Construction of World's First Full Scale Hyperloop Capsule Begins. **Composites Manufacturing**, 03 abr. 2017. Disponível em: <http://compositesmanufacturingmagazine.com/2017/04/construction-worlds-first-full-scale-hyperloop-capsule-begins/>. Acesso em: 08 jan. 2018.

MOLITCH-HOU, M. Wohlers Report 2016 and the billion dollar 3D printing industry. **Engineering.com**, Current Articles, 20 jun. 2016. Disponível em: <http://www.engineering.com/3DPrinting/3DPrintingArticles/ArticleID/12438/Wohlers-Report-2016-and-the-Billion-Dollar-3D-Printing-Industry.aspx>. Acesso em: 08 jan. 2018.

MONTEIRO, M. T. F. **A impressão 3d no meio produtivo e o design: um estudo na fabricação de joias**. 2015. 129f. Dissertação (Mestrado em Design). Escola de Design, Universidade do Estado de Minas Gerais, Belo Horizonte, 2015. Disponível em: <http://www.ppgd.uemg.br/publicacoes/dissertacoes/>. Acesso em: 08 jan. 2018.

MUOIO, D. Tesla's rechargeable battery can power your home with solar energy – here's how it works. **Business Insider**, Finance, 12 maio 2017. Disponível em: <http://www.businessinsider.com/how-teslas-powerwall-2-works-solar-roof-2017-5/#teslas-powerwall-2-is-a-lithium-ion-battery-that-can-be-mounted-on-the-wall-or-floor-of-your-home-panasonic-makes-the-cells-for-the-powerwall-while-tesla-builds-the-battery-module-and-pack-1>. Acesso em 08 jan. 2018.

NARAYAN et al. Japan to finalize strategy for drones, self-driving trucks on June 9: government sources. **Reuters**, Innovation and intelectual property, 29 maio 2017. Disponível em: <http://www.reuters.com/article/us-japan-economy-drones/japan-to-finalize-strategy-for-drones-self-driving-trucks-on-june-9-government-sources-idUSKBN18P0LP>. Acesso em: 08 jan. 2018.

NEDER, V.; LUXEMBOURG, S. L.; POLMAN, A. Efficient colored silicon solar modules using integrated resonant dielectric nanoscatterers. **Applied Physics Letters**, v. 111, n. 7, Aug. 2017. Disponível em: <http://aip.scitation.org/doi/abs/10.1063/1.4986796>. Acesso em: 25 ago. 2017.

NESLEN, A. EU 'increasingly likely' to implement electric car quota, despite denials. **Climate Home**, World, 15 ago. 2017. Disponívelem: <http://www.climatechangenews.com/2017/08/15/eu-said-considering-electric-car-quota-despite-denials/>. Acesso em: 11 set. 2017.

PEREIRA FILHO, A. et al. Táxi voador e avião elétrico. **UOL Economia**, Especiais, Disponível em: <https://www.uol/economia/especiais/entrevista-paulo-cesar-de-souza-e-silva-embraer.htm>. Acesso em: 08 jan. 2018.

RAGAN, K. North Colorado Medical Center doctor pioneers 3D printing for radiation treatment in Greeley. **The Tribune**, News, 06 maio 2017. Disponível em: <http://www.greeleytribune.com/news/local/north-colorado-medical-center-doctor-pioneers-3d-printing-for-radiation-treatment-in-greeley/>. Acesso em: 08 jan. 2018.

RESEARCH at Google. Google Brain Team Home, Robotics, 2016. Disponível em: <https://research.google.com/teams/brain/robotics/>. Acesso em: 08 jan. 2018.

RILEY, C. Electric flying car startup gets Chinese cash. **CNN Tech**, Upstarts, 05 set. 2017. Disponível em: <http://money.cnn.com/2017/09/05/technology/lilium-electric-flying-taxi-tencent/index.html>. Acesso em: 08 jan. 2018.

SANTOS NETO, A. O que é a impressão 3D? **Wishbox technologies.** 23 fev. 2017. Disponível em: <http://blog.wishbox.net.br/2017/02/23/o-que-e-impressao-3d/>. Acesso em: 08 jan. 2018.

SELF-ASSEMBLY LAB; GUBERAN, C.; STEELCASE. Rapid Liquid Printing. **Self-Assembly Lab**, 2017c. Disponível em: <http://www.selfassemblylab.net/RapidLiquidPrinting>. Acesso em: 08 jan. 2018.

SIEBERT, M. Breakthrough with 3D printed gas turbine blades. **Siemens**, Innovation, Pictures of the Future, Industry and Automation, 06 fev. 2017. Disponível em: <https://www.siemens.com/innovation/en/home/pictures-of-the-future/industry-and-automation/additive-manufacturing-3d-printed-gas-turbine-blades.html>. Acesso em: 08 jan. 2018.

STRATASYS. 3D printing technologies from Stratasys. **Stratasys**, 2017. Disponível em: <http://www.stratasys.com/br/impressoras-3d/Technologies>. Acesso em: 08 jan. 2018.

STRICKLAND, E. DARPA Wants Brain Implants That Record From 1 Million Neurons. 2017. **IEEE Spectrum**, The Human OS, Biomedical, Biomedical Devices, 10 jul. 2017. Disponível em: <https://spectrum.ieee.org/the-human-os/biomedical/devices/darpa-wants-brain-implants-that-record-from-1-million-neurons>. Acesso em: 08 jan. 2018.

TAYLOR, E. China's Midea receives U.S. green light for Kuka takeover. **Reuters**, Business News, Frankfurt, 30 dez. 2016. Disponível em: <http://www.reuters.com/article/us-kuka-m-a-mideamidea-group/chinas-midea-receives-u-s-green-light-for-kuka-takeover-idUSKBN14J0SP>. Acesso em: 08 jan. 2018.

VELLISTE, M. et al. Cortical control of a prosthetic arm for self-feeding. **Nature**, v. 453, p. 1098-1101, 19 jun. 2008. Disponível em: <https://www.nature.com/nature/journal/v453/n7198/full/nature06996.html>. Acesso em: 08 jan. 2018.

YANG, G.-Z.; RIENER, R.; DARIO, P. To integrate and to empower: robots for rehabilitation and assistance. **Science Robotics**, v. 2, n. 6, 31 maio 2017. Disponível em: <http://robotics.sciencemag.org/content/2/6/eaan5593>. Acesso em: 08 jan. 2018.

YURCHENKO, O. FIBRESHIP project: Europe is preparing revolution in shipbuilding. **Basalt.Today**, News, 02 ago. 2017. Disponível em: <http://basalt.today/2017/08/11873/>. Acesso em: 08 jan. 2018.

Capítulo 8

Mundo Biológico

Alfredo Ferraz, Lucas Soares, Gabriela Ribeiro-dos-Santos

Este capítulo aborda uma das principais tecnologias do mundo biológico e exemplos notáveis de como está sendo aplicada em diferentes áreas da medicina e agricultura; também aborda as principais inquietações com relação ao seu domínio técnico e limites de segurança e ética.

8.1. Uma das maiores revoluções da história da humanidade

Silenciosamente. Sem grande alarde. É assim que uma das maiores revoluções da história da humanidade – a biologia sintética – tem avançado. Mesmo quando recebe destaque na mídia, são poucos os que entendem o impacto que esse conjunto de tecnologias, que permite a manipulação precisa de sistemas biológicos, pode exercer em nossas vidas. E mais, ainda que haja discussões éticas e barreiras técnicas, já se mostrou ser perfeitamente possível a correção de mutações em embriões humanos (MA et al., 2017). O homem passa, portanto, a ter um poder transformador sem precedentes.

8.2. O desenvolvimento e a evolução da biologia sintética

A humanidade vem promovendo modificações genéticas em animais e vegetais com que coabita no planeta há mais de 12 mil anos, desde a Revolução Neolítica, quando passamos de caçadores e coletores para criadores e agricultores.

A seleção do trigo mais produtivo, com grãos maiores, que não caem ao solo, iniciou-se naquela época, dando origem ao trigo domesticado – de colheita mais fácil e com propagação na natureza dependente do homem. Desde então, muitas melhorias foram alcançadas tanto no trigo como em outras culturas, notadamente no século XX, gerando variedades com resistência a pragas, melhor aproveitamento do fertilizante, resistentes a herbicidas etc.

Da mesma forma, animais tiveram seus genes selecionados pela escolha de exemplares com características mais apropriadas para o convívio com o homem ou para sua alimentação. Cães sofreram a mais longa e complexa seleção, iniciada há mais de 30.000 anos. Exemplares com características úteis para caça (olfato e audição aguçados), guarda, pastoreio ou ainda dóceis, tolerantes, obedientes e com boa capacidade de aprendizagem foram selecionados para novos cruzamentos até que se conseguisse o conjunto de características desejado num só indivíduo, gerando as múltiplas raças que conhecemos hoje.

Esse processo de seleção, conhecido como "melhoramento genético clássico", promove a perda de variabilidade genética e, frequentemente, a concentração de genes indesejáveis, tornando os animais de "raça pura" mais frágeis e mais propensos a doenças do que os mestiços "vira-latas". Portanto, se por um lado a melhoria genética de plantas como trigo, arroz, milho e de animais como cachorros, bois, cabras, porcos, ovelhas e galinhas foi fundamental para a sobrevivência e prosperidade da humanidade, por outro lado tais atividades acarretaram desequilíbrio ecológico e redução na diversidade de espécies animais e vegetais, favorecendo o aparecimento de pragas e doenças (ULUKAN, 2009; JACOBSEN et al., 2013).

Seria, então, desejável o emprego de técnicas de manipulação genética mais precisas; técnicas que permitissem a inserção de uma ou mais características sem promover alterações paralelas e não controladas. De fato, hoje presenciamos um salto na biotecnologia jamais previsto. Contamos com técnicas muito mais potentes e refinadas, mas ainda não temos uma resposta certeira para essa questão. O melhor é avaliarmos caso a caso e recorrermos ao conhecimento e à informação do estado da arte com toda isenção que a boa ciência exige.

8.3. Organismos geneticamente modificados e transgênicos

Na década de 70 já contávamos com um conjunto de técnicas para a manipulação do DNA, coletivamente chamado de "tecnologia do DNA recombinante" (TDR). A TDR possibilita a inserção e expressão de genes oriundos de um organismo em um outro organismo de outra espécie, dando origem aos conhecidos "transgênicos" ou "organismos geneticamente modificados" (OGMs). Talvez muitos não tenham se dado conta de que, desde o início da década de 80, já consumimos de forma rotineira e segura medicamentos e vacinas oriundos de OGMs, como, por exemplo, o hormônio de crescimento, a insulina e a vacina da Hepatite B.

Acumula-se hoje, na área da saúde, centenas de novas drogas, vacinas e imunobiológicos empregados com sucesso na prevenção e no tratamento de doenças infecciosas e crônicas como hepatites, diabetes, hemofilia, diferentes tipos de câncer etc. (EVENS; KAITIN, 2014).

Na área agrícola, ao final dos anos 90 foram obtidas variedades transgênicas de soja, milho, algodão e outras culturas resistentes a climas e ambientes inóspitos, resistentes a herbicidas e pragas. Hoje, mais de 80% da cultura de soja, de 70% da cultura de milho e de 70% da cultura de algodão são transgênicos (BAWA; ANILAKUMAR, 2012; BONNY, 2008).

O debate sobre riscos, questões éticas e morais é fundamental e imprescindível. Entretanto, apesar das controvérsias que ainda rondam a manipulação do DNA, muitas conquistas foram alcançadas desde os primeiros OGMs.

8.4. CRISPR-Cas9: uma biotecnologia disruptiva

Em 1987 foram encontrados no DNA da bactéria *Escherichia coli* agrupamentos de sequências curtas, palindrômicas[10], intercaladas regularmente por trechos de sequências de DNA viral que infectam a bactéria. Esses agrupamentos foram denominados "Clustered Regularly Interspaced Short Palindromic Repeats – CRISPR". Inicialmente identificadas como sequências curiosas e enigmáticas, não tiveram sua função compreendida de imediato. Somente no início dos anos 2000 sequências de CRISPR foram encontradas em outras bactérias e, finalmente, em 2005, na bactéria *Streptococcus thermophilus*, foram entendidas como parte de um mecanismo de defesa da bactéria contra infecções por vírus (SOREK; KUNIN; HUGENHOLTZ, 2008).

Em suma, CRISPR é um mecanismo extremamente eficiente de defesa de bactérias que evoluiu ao longo de bilhões de anos e que funciona da seguinte forma:

a) **Incorporação de material genético invasor:** a bactéria em questão incorpora sequências de origem viral ou exógena – qualquer material genético invasor com que teve contato – armazenando-as em seu próprio genoma, no CRISPR; essas são as sequências "espaçadoras".

b) **Formação do Complexo Cas9-CRISPR-RNA:** O trecho de DNA contendo o CRISPR é transcrito, produzindo uma molécula de RNA que contém as sequências palindrômicas intercaladas pelas sequências espaçadoras de origem exógena. As regiões palindrômicas presentes no RNA pareiam por complementaridade (autoanelamento) e dão origem a trechos de RNA dupla fita. Endonucleases batizadas de "CRISPR Associated proteins", ou CAS, reconhecem os trechos de RNA dupla fita formados pelos palíndromos anelados e promovem a quebra do RNA nesses locais, liberando os trechos de sequências espaçadoras em fragmentos isolados. Esses espaçadores, que contêm as sequências de um possível invasor, foram batizados de CRISPR-RNA e são reconhecidos por uma outra endonuclease, a proteína Cas9. O Complexo Cas9-CRISPR-RNA forma uma espécie de

---

10 Sequências palindrômicas são aquelas cujas sequências de nucleotídeos são lidas igualmente nas duas direções de forma complementar. No exemplo de palíndromo "GATCnnnnnnnnCTAG", a sequência GATC é complementar a CTAG, favorecendo o autoanelamento.

sentinela específico para aquele invasor ali representado. Poderíamos dizer que o conjunto desses "sentinelas" constitui um sistema análogo ao nosso sistema imunológico.

c) **Defesa contra vírus invasor:** havendo invasão da bactéria por um vírus previamente identificado, o complexo Cas9-CRISPR-RNA localiza o DNA do vírus invasor guiado pela complementaridade com o CRISPR-RNA e, através das atividades enzimáticas da Cas9, separa as duas fitas do DNA no segmento específico complementar ao CRISPR-RNA e as corta no ponto identificado, tornando-o inócuo (DEVEAU et al., 2010).

Em 2012, Jennifer Doudna e Emmanuelle Charpentier publicaram "A programmable dual-RNA-guided DNA endonuclease in adaptive bacterial immunity", um verdadeiro marco, porque pela primeira vez propõe-se que o sistema CRISPR-Cas9 poderia ser usado para modificar genes de forma customizada, utilizando CRISPR-RNAs sintéticos, chamados *single guide RNAs*, ou sgRNAs (figura 8.1).

O esquema da figura 8.1 mostra a enzima Cas9 cortando as duas fitas de DNA na região homóloga à sequência do RNA guia. A sequência PAM (*proto-spacer motifs*) é necessária para que o complexo Cas9-RNA guia faça o correto reconhecimento do DNA alvo. Depois de clivada, a dupla fita de DNA poderá ser reparada por uma via que leva a erro, sem a utilização de um molde, ou por uma via mediada por homologia de sequência que usa um DNA doador como molde – representada na figura. O DNA doador pode ser desenhado e sintetizado artificialmente, de acordo com as alterações desejadas, e empregado em diferentes genomas, de diferentes complexidades. Como citam as autoras, o sistema CRISPR-Cas9 de edição gênica já foi empregado em vários modelos celulares e animais – como células humanas, o peixe-zebra e bactérias (CHARPENTIER; DOUDNA, 2013).

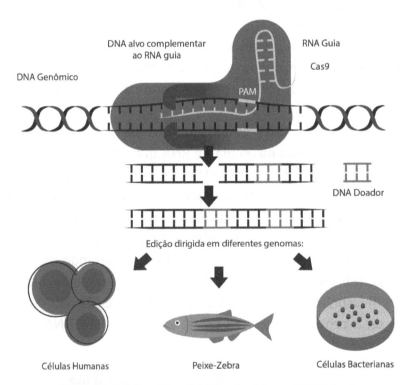

Figura 8.1. Edição gênica dirigida pelo sistema CRISPR-Cas9.
Fonte: adaptada de Charpentier; Doudna (2013).

CASO ALCHEMY

No Brasil, há já diferentes laboratórios de pesquisa investigativa e aplicada empregando a tecnologia CRISPR-Cas9. Dentre as empresas de base tecnológica, citamos o exemplo da Alchemy por se tratar de uma empresa que nasceu como uma *startup* e que teve suporte do programa PIPE, da agência FAPESP, em prol do empreendedorismo inovador (FAPESP, 2016).

A Alchemy é uma empresa farmoquímica e farmacêutica nacional que atua em dois campos: (i) desenvolvimento de projetos contratados por empresas farmacêuticas e farmoquímicas, contemplando questões e necessidades das empresas-cliente e oferecendo soluções – de uma simples consultoria ao desenvolvimento de projeto em bancada –; e (ii) projetos de planejamento e desenvolvimento de novos compostos com potencial de se tornarem novos agentes antitumorais para tratamento de tumores que respondem pouco, ou não respondem, à quimioterapia disponível.

Com o desenvolvimento da CRISPR-Cas9, a edição genômica mudou drasticamente e a utilização dessa técnica tem auxiliado pesquisadores em todo o mundo na geração de linhagens celulares isogênicas *knockout* para determinado gene. Essas linhagens laboratoriais sofreram inativação ou eliminação total da expressão do gene alvo de interesse. O nocaute de genes específicos utilizando o sistema CRISPR-Cas9 mostra-se eficaz em praticamente todos os tipos de células, incluindo células-tronco pluripotentes induzidas (iPSCs), organoides baseados em tumores e células imunes primárias.

A Alchemy utiliza o sistema CRISPR-Cas9 para selecionar e validar novos alvos moleculares em células tumorais a fim de desenvolver novas terapias e tratamentos mais específicos, com a diminuição de efeitos adversos, mais toleráveis ao paciente. A empresa também emprega esta tecnologia com a finalidade de reconhecer genes específicos que podem ser os responsáveis pela resistência ao quimioterápico disponível. Assim, as informações obtidas podem auxiliar na elucidação dos mecanismos moleculares de resistência ao quimioterápico e na busca por tratamentos alternativos.

Em suma, o conhecimento das propriedades moleculares e da sinalização intracelular é essencial para o planejamento de desenvolvimento de novos fármacos auxiliado por computação, integrado à química sintética e à biologia experimental. Essa multidisciplinaridade e integração de diferentes tecnologias trazem uma nova dimensão de possibilidades e oportunidade para a criação de novas entidades químicas candidatas a fármacos antitumorais.

Até a descoberta do sistema CRISPR-Cas9, os métodos de edição gênica eram menos precisos e sem controle. Além de laboriosas e caras, técnicas de edição do DNA como "*Nucleases Zinc Finger*" e "Nucleases sintéticas que agem como fatores de transcrição" (*transcription activator-like effector nucleases* – "TALENs") requerem o desenho e a síntese de proteínas específicas para cada sequência de DNA alvo. Além disso, o reconhecimento dessas ferramentas pelos respectivos alvos não utiliza a complementaridade natural, altamente específica, que existe entre moléculas de ácidos nucleicos DNA e/ou RNA (DOUDNA; CHARPENTIER, 2014; SANDER; JOUNG, 2014).

Já foi enunciado que a tecnologia CRISPR-Cas9 vem colocar um fim aos tiros no escuro, levando à adesão de uma grande quantidade de cientistas de diferentes áreas – da agricultura à medicina.

8.5. O poder da tecnologia CRISPR-Cas9

A tecnologia CRISPR-Cas9 permite várias maneiras de alterar o genoma, como inserir ou substituir trechos de DNA, ligar ou desligar genes, restaurando ou destruindo a expressão de genes defeituosos ou indesejáveis. Não temos como prever qual será a velocidade das transformações por ela geradas, mas já se acumulam milhares de trabalhos científicos publicados, e muitas empresas de biotecnologia estão sendo criadas no mundo todo devido às possibilidades proporcionadas pela CRISPR-Cas9.

8.6. Controle de vetores de doenças

Há vários exemplos que demonstram o poder da tecnologia CRISPR-Cas9 e seu potencial para resolver problemas que representam alto custo à saúde humana. Dentre esses, destacamos o caso do mosquito do gênero *Anopheles* – vetor do parasita causador da malária, *Plasmodium falciparum*. Cientistas introduziram em células germinativas de *Anopheles* genes que sabidamente tornam o mosquito resistente à infecção pelo *Plasmodium*. Observaram que, mesmo cruzando com parceiros selvagens, 99% da prole apresentava a resistência ao parasita, implantada pelo sistema CRISPR-Cas9 seguindo um padrão não mendeliano de segregação genética (GANTZ et al., 2015). Em outro estudo com esse mesmo mosquito, cientistas empregaram o sistema CRISPR-Cas9 para alterar a fertilidade da fêmea. Observaram taxas de conversão do selvagem para o mutante estéril em torno de 95% e ponderaram que, com esse nível de bloqueio do ciclo reprodutivo, a transmissão da malária ficaria insustentável (HAMMOND et al., 2016).

Essas e outras experiências nos mostram que já é possível promover alterações em células germinativas que se expressam em todos os tecidos do adulto e passam para a descendência. Podemos então imaginar que abordagens semelhantes possam ser empregadas na tentativa de erradicar outras doenças graves transmitidas por mosquitos, como dengue, zika, chikungunya, febre amarela etc., o que, de fato, está acontecendo (KISTLER et al., 2015; DONG et al., 2015; HALL et al., 2015).

8.7. Terapia gênica

Há inúmeras barreiras técnicas e éticas para o desenvolvimento de terapias gênicas para tratamento de doenças como HIV/AIDS e diversos tipos de câncer cujos tratamentos disponíveis não curam nem eliminam suas causas.

O câncer, como sabemos, é o nome genérico de várias doenças com diferentes causas e etiologias que têm em comum o crescimento celular desordenado. Sabe-se que em muitos casos a manifestação da doença está associada à presença de oncogenes (genes cancerígenos) de origem viral ou do próprio paciente. A tecnologia CRISPR-Cas9 inaugura uma nova dimensão de possibilidades de terapia gênica em um cenário de mais de 30 anos de pesquisa em busca de tratamentos específicos e eficazes para os diversos tipos de câncer. Diferentes combinações de CRISPR-Cas9 têm sido testadas para desativar oncogenes virais e/ou induzir a expressão de genes supressores de tumores, como o que codifica a proteína p53, por exemplo (XIAO-JIE et al., 2017).

No caso do vírus HIV, causador da AIDS, um dos maiores desafios é a eliminação completa de reservatórios do vírus inativo – que são cópias do material genético do HIV que permanecem integradas no genoma humano. A forma integrada (latente) do vírus não é atingida pelos antirretrovirais, pois esses quimioterápicos agem justamente nas formas livres (circulantes) do vírus, durante o processo de replicação viral. A propagação da infecção se dá quando formas latentes geram cópias livres do genoma do vírus, que codificam partículas virais capazes de infectar novas células do sistema imune do portador. A entrada de uma partícula viral em uma nova célula depende da interação de proteínas do envelope do vírus com receptores celulares – num encaixe específico do tipo "chave-fechadura".

Até agora nenhuma outra terapia trouxe tantas possibilidades de abordagem e acesso a esses reservatórios, ou "esconderijos", do HIV como a CRISPR-Cas9. Acumulam-se hoje na literatura vários estudos em modelos celular e animal que demonstram, por exemplo, a eficiente alteração e danificação de receptores do HIV, sem os quais o vírus não entra na célula e não sobrevive. Em outras palavras, através do CRISPR-Cas9 consegue-se alterar a "fechadura" (receptor celular) específica para a "chave" de entrada (proteína do envelope viral) do HIV (XU et al., 2017).

Sabemos que entre essas experiências e a disponibilização de um tratamento seguro e eficaz há um longo caminho a percorrer – mas uma coisa é certa: esse caminho nunca foi tão encurtado, em tão pouco tempo; até a agência reguladora de medicamentos norte-americana, FDA, já aprovou vários testes clínicos com CRISPR-Cas9 para tratamento e prevenção de HIV/AIDS (HUANG et. al., 2017).

Com todos esses feitos extraordinários, é muito tentador imaginarmos que poderemos controlar genes envolvidos no envelhecimento e que viveremos como jovens por muito mais tempo. O eminente cientista George M. Church, pioneiro da transposição de linguagem computacional em linguagem biológica (leia item 8.10 – A biotecnologia e a revolução 4.0), tem razões objetivas para acreditar que em menos de uma década estaremos controlando o nosso envelhecimento. Church declarou que com técnicas como CRISPR-Cas, capazes de editar e controlar a expressão gênica, em poucos anos testemunharemos os primeiros testes antienvelhecimento em humanos (WANG, 2017).

Esse *boom* biotecnológico pode nos levar a considerar a possibilidade de "projetar" características desejáveis em nossos filhos como ausência de genes associados a doenças ou, ainda, a controversa escolha de tipo físico, cor de olho, altura, aptidão para esportes, inteligência etc. O debate sobre ética e riscos deve, portanto, acompanhar a evolução científica e tecnológica passo a passo.

8.8. Riscos

Embora a tecnologia CRISPR-Cas9 tenha muito a oferecer, alguns cientistas estão preocupados porque o crescimento de experiências em ritmo acelerado pode não estar sendo acompanhado por ponderações éticas e medidas de segurança. Esse problema foi o centro das atenções em abril de 2015, quando surgiram notícias de que cientistas haviam usado CRISPR-Cas9 para engenharia genética de embriões humanos (LIANG et al., 2015).

Há, claro, um maior receio no que se refere a modificações que alterem células reprodutivas e que possam ser transmitidas a gerações futuras, conferindo-lhes novas características físicas, intelectuais, índole ou aparência, transformando assim a própria natureza da espécie humana.

Com essa preocupação, os governos dos Estados Unidos, Grã-Bretanha e China concordaram em estabelecer uma moratória referente a alterações permanentes do genoma humano e pediram a cientistas ao redor do mundo que se abstenham de realizar experimentos com modificações em células reprodutivas até que os riscos sejam mais bem avaliados (BALTIMORE et al., 2015).

Mesmo assim, em 2017 uma equipe de cientistas de vários países demonstrou ser possível a correção de uma mutação que causa uma malformação cardíaca (cardiomiopatia hipertrófica) responsável pela maioria das mortes súbitas de atletas jovens. Hong Ma e colaboradores produziram uma importante prova de conceito de que oócitos (gameta feminino) tratados com CRISPR-Cas9 e fertilizados com espermatozoide portador da mutação da cardiomiopatia podem gerar embriões que, em sua grande maioria, apresentam todas as células normais, sem a mutação deletéria e sem alteração genética colateral detectável (MA et al., 2017). Em princípio, se fossem implantados em útero humano, esses embriões dariam origem a "seres humanos geneticamente modificados" – ainda que, neste caso, seriam supostamente indistinguíveis de um ser humano "natural", não manipulado pelo homem.

Por outro lado, a aplicação da tecnologia CRISP-Cas9 em células não reprodutivas é menos polêmica e já tem sido testada como terapia gênica em pacientes terminais. Um grupo de cientistas chineses usou CRISPR-Cas9 para alterar a expressão de uma proteína que interfere na resposta imune contra células tumorais. A agência FDA já autorizou que testes sejam feitos em pacientes com câncer de pulmão, que terão suas células T retiradas, modificadas *in vitro* e reinjetadas no paciente na esperança de vencer a doença (CYRANOSKI, 2016; SU et al., 2017).

Como se não bastassem as preocupações com experiências que podem sair do controle ou não produzir o efeito desejável, temos que considerar o mau uso intencional de tecnologias com tanto poder transformador como a CRISPR. *Biohacking* ou biologia sintética "CRISPR faça-você-mesmo" (*do-it-yourself*, DIY) está sendo praticada por uma crescente comunidade de indivíduos que estudam e praticam CRISPR-Cas9 fora do âmbito profissional. O custo relativamente baixo dos equipamentos, instrumentos e computação necessários e o crescimento do acesso a procedimentos pela internet têm impulsionado esse movimento, permitindo o acesso de indivíduos ao sequenciamento de genomas e à modificação de genes, como alertado pela Organização para o Desenvolvimento e Cooperação Econômica (OECD, 2016).

Essa prática é perigosa pela possibilidade de liberação acidental (ou proposital) de agentes infectantes ou perigosos para o meio ambiente, como armas biológicas. Esses riscos são difíceis de quantificar devido à dificuldade de se prever a capacidade dos organismos geneticamente modificados se reproduzirem e se transmitirem de um infectado a outro. Por outro lado, muito antes das tecnologias que permitem manipulação gênica existirem, já se conheciam (e se usavam!) armas químicas com grande poder devastador (e.g.: agente laranja e gás VX) e microrganismos altamente letais que não sofreram qualquer modificação feita pelo homem (e.g.: bactéria *Anthrax* e vírus Ebola) (CAPLAN et al., 2015).

8.9. CRISPR-Cas9 e a competitividade no agronegócio

Assim como as variedades transgênicas têm dominado o cenário entre as principais culturas alimentícias, a tecnologia CRISPR-Cas9 encontrará no agronegócio aplicações revolucionárias. É provável que o maior impacto dessa tecnologia, no curto prazo, ocorra justamente nessa área porque, em parte, a agricultura se presta à experimentação sem algumas das barreiras técnicas e éticas da área da saúde, como o uso de animais em testes de toxicidade, por exemplo. Entretanto, isso não significa que a cautela e o debate possam ser relaxados, muito pelo contrário.

Com a facilidade criada pelas técnicas CRISPR-Cas9, ficou simples identificar e separar atributos desejáveis, acelerando o desenvolvimento de novas linhagens transgênicas. Empresas denominadas agrogigantes como a DuPont, a Monsanto e a Syngenta investem nessa tecnologia, acelerando suas pesquisas para criar plantas mais resistentes a pragas, mais resistentes a herbicidas, mais resistentes a doenças, mais produtivas, com melhor sabor, mais tolerantes a solos pobres e a estresses como frio, calor, seca ou inundações. Nesse sentido, novas plantas alteradas pelo CRISPR já floresceram e se encontram em fase de teste, como batatas mais duradouras, arroz resistente a inundações, milho resistente a seca e trigo resistente a fungos (MOSHELION; ALTMAN, 2015).

> **O IMPRESSIONANTE CASO DOS TOMATES**
>
> Embora nossas frutas e vegetais domesticados tenham sofrido aperfeiçoamento genético por seleção de características ao longo de milênios, nem sempre as mutações escolhidas tiveram somente efeitos positivos.
>
> Plantadores de tomate cruzaram espécimes com hastes mais fortes das ilhas Galápagos com as variedades tradicionais para facilitar a colheita, evitando assim que os tomates caíssem ao chão. No entanto, essa alteração genética teve como efeito colateral a intensificação de genes responsáveis por mais galhos e flores, que acabaram por reduzir a produtividade.
>
> Em um trabalho publicado na prestigiada revista *Cell* em 18 de maio de 2017, o geneticista Zachary Lippman detalha seu projeto para "consertar" os tomates usando a tecnologia CRISPR-Cas9. Ao examinar o DNA de 4.100 variedades de tomates, foram identificados três genes relacionados com excesso de flores e galhos, sendo um deles o responsável pela retenção de tomates nas hastes. Usando CRISPR-Cas9 esses genes foram modificados, nem sempre com os resultados pretendidos. Algumas plantas desenvolveram ramos muito finos, outras sofreram aumento no número de flores, outras ainda apresentaram um número excessivo de frutos, entretanto, após grande quantidade de experimentos, os pesquisadores conseguiram atingir um bom equilíbrio com quantidade de ramos balanceada, com muitos frutos, em plantas altamente produtivas, com tomates que não caem ao chão (SOYK et al., 2017).

8.10. A biotecnologia e a revolução 4.0

Não podemos esquecer que a revolução biotecnológica – alavancada pela biologia sintética (DE LORENZO; DANCHIN, 2008) e sua potente ferramenta CRISPR-Cas – coexiste com outras ciências e sistemas ciberfísicos, que estão transformando profundamente a nossa forma de interferir e interagir com a natureza. Não podemos olhar isoladamente para um sistema ou para o outro; é preciso entender que toda essa transformação é resultante da interação dos três mundos: digital, físico e biológico. Tecnologias como a Inteligência Artificial (tipicamente do mundo digital) já estão se aliando à química (mundo físico) das indústrias farmacêuticas para encontrar soluções de forma mais segura e eficiente. Por meio de programas e plataformas de análise computacional é possível fazer *in silicon* uma estimativa do comportamento *in vivo* de moléculas candidatas a drogas terapêuticas e da eficácia contra determinada doença, eliminando ou reduzindo etapas de estudos pré-clínicos (ZHANG et al., 2017).

Um dos exemplos mais fantásticos da interação dos mundos digital e biológico foi proposto por George M. Church e colaboradores (CHURCH; GAO; KOSURI, 2012) e aperfeiçoado por Goldman e colaboradores (GOLDMAN et al., 2013). Esses cientistas converteram a linguagem binária (0s e 1s) usada em programas de computadores em código genético composto por nucleotídeos As, Ts, Cs e Gs. Como prova de conceito, sintetizaram milhares de sequências de DNA que correspondiam a um texto de William Shakespeare; quando esses fragmentos de DNA foram sequenciados, a sequência de nucleotídeos foi convertida de volta em código binário, revelando o texto de Shakespeare acuradamente. Inventava-se então o uso do DNA como acervo de informação com uma capacidade de estocagem um milhão de vezes maior do que a de um disco rígido. Além disso, a molécula de DNA é extremamente estável e pode ser preservada por milhares de anos (CHURCH; GAO; KOSURI, 2012; GOLDMAN et al., 2013).

Recentemente, Church e colaboradores surpreenderam novamente elevando o potencial dessa via de armazenamento de informação, passando de DNA sintético para um sistema vivo. Isso foi possível aproveitando a capacidade das enzimas do sistema CRISPR-Cas, Cas1 e Cas2 de introduzir sequencias exógenas (protoespaçadores) no genoma bacteriano (sequências espaçadoras). O grupo conseguiu armazenar a codificação de um pequeno filme e uma imagem, inscrevendo os respectivos códigos no DNA de células bacterianas (SHIPMAN et al., 2017).

Com esse avanço, os pesquisadores almejam poder "gravar" no genoma da bactéria (ou de outros organismos) histórias que poderão ser levadas ao futuro por hereditariedade genética. Em outras palavras, inventaram os gravadores biológicos.

Exemplos de tecnologias como essas e outras, como as que tratam da interface cérebro-computador – capazes de usar sinais cerebrais para controlar braços robóticos, próteses e até interligar o cérebro à internet – mostram uma realidade muito mais extraordinária do que imaginávamos na ficção científica (SHIH et al., 2012)[11].

8.11. Reflexões sobre o Brasil

O Brasil tem sido extremamente bem-sucedido no agronegócio, apesar dos já conhecidos riscos e entraves jurídico, político-institucional, logístico, sanitário, volatilidade de preços, além dos riscos climáticos. Esse sucesso se deve em boa parte a instituições e empresas que investem com seriedade em pesquisa, desenvolvimento e inovação, como Embrapa, ESALQ e muitas outras. Além das instituições de PD&I, temos presenciado nos últimos anos o surgimento de milhares de segmentos de base tecnológica na indústria. Segundo levantamento de 2014 feito pelo IBGE, há no estado de São Paulo cerca de 15 mil empresas de base tecnológica (IBGE, 2016; CRUZ, 2017).

No entanto, essa liderança tecnológica pode ser ameaçada se os meios necessários à agilidade e qualidade da pesquisa inovadora – como a redução de tributos e da burocracia imposta à aquisi-

---
11 Ver capítulo Mundo Físico deste livro.

ção e importação de insumos e equipamentos para PD&I – não forem definitivamente garantidos e implementados pelos organismos regulatórios, fiscais e governamentais.

Diante desse cenário, precisamos decidir o que queremos ser. O que acontecerá com a agricultura brasileira se ficarmos atrás em (i) produtividade (peso colhido por hectare), (ii) aproveitamento de nutrientes (capacidade de uso de solos mais pobres), (iii) resistência a pragas e doenças, (iv) resistência a frio, calor, seca e excesso de chuva? Certamente continuaremos sendo submetidos ao pagamento de expressivos *royalties* pelo uso de linhagens mais sofisticadas desenvolvidas por multinacionais em outros países.

Por outro lado, existe a possibilidade de o Brasil aproveitar a vocação que tem para o agronegócio e investir competitivamente em PD&I, empregando com responsabilidade as novas tecnologias. Está ao alcance do país ocupar a vanguarda tecnológica nessa área e, enfim, aumentar a parcela do Produto Interno Bruto representada pela indústria de alto valor agregado, como nos países desenvolvidos.

Hoje não sabemos qual cenário deverá prevalecer, nem até quando. O que sabemos é que as mudanças geradas pelas novas tecnologias de edição gênica e biologia sintética em todas as áreas sociais e econômicas – da saúde à agricultura – serão profundas. Poderemos ressuscitar espécies extintas ou criar novas espécies. O impacto que as novas criações ou "criaturas" terão no ambiente e nas espécies existentes não se pode prever.

Precisamos, mais do que nunca, aprofundar esse debate. Devemos ter cautela e evitar o mau uso da biotecnologia, mas, ao mesmo tempo, não podemos frear as possibilidades de aumentar a produtividade dos alimentos e de alcançar a cura de doenças como câncer, diabetes, AIDS, doenças do coração, doenças negligenciadas e tantas outras.

Precisamos alardear e aprofundar muito essa discussão.

Referências:

BALTIMORE et al. A prudent path forward for genomic engineering and germline gene modification. **Science**, v. 348, n. 6230, p. 36-38, 03 abr. 2015. Disponível em: <http://science.sciencemag.org/content/348/6230/36>. Acesso em: 08 jan. 2018.

BAWA, S. A.; ANILAKUMAR, K. R. Genetically modified foods: safety, risks and public concerns – a review. **Journal of Food Science and Technology**, v. 50, n. 6, p. 1035-1046. Dec. 2013. Disponível em: <https://www.ncbi.nlm.nih.gov/pmc/articles/PMC3791249/>. Acesso em: 08 jan. 2018.

BONNY, S. Genetically modified glyphosate-tolerant soybean in the USA: adoption factors, impacts and prospects. A review. **Agronomy for Sustainable Development**, v. 28, n. 1, p. 21-32,

Mar. 2008. Disponível em: <https://link.springer.com/article/10.1051/agro:2007044>. Acesso em: 08 jan. 2018.

CAPLAN, A. L. et al. No time to waste – the ethical challenges created by CRISPR. **EMBO Reports,** v. 15, n. 11, p. 1421-1426, 01 nov. 2015. Disponível em: <http://embor.embopress.org/content/16/11/1421>. Acesso em: 08 jan. 2018.

CHARPENTIER, E.; DOUDNA, A. J. Biotechnology: rewriting a genome. **Nature**, v. 495, p. 50-51, 07 mar. 2013. Disponível em: <http://www.nature.com/nature/journal/v495/n7439/fig_tab/495050a_F1.html>. Acesso em: 08 jan. 2018.

CHURCH, G. M.; GAO, Y; KOSURI, S. Next-generation digital information storage in DNA. **Science**, v. 337, n. 6102, p. 1628, 28 set. 2012. Disponível em: <https://www.ncbi.nlm.nih.gov/pubmed/22903519>. Acesso em: 08 jan. 2018.

CRUZ, B. **Open Talk 1 – Inovação tecnológica em São Paulo:** Open Innovation Week. São Paulo: Wenovate, 16 maio 2017, YouTube vídeo (16 min.). Disponível em: <https://www.youtube.com/watch?v=swP8B_NzYS0&t=331s>. Acesso em: 08 jan. 2018.

CYRANOSKI, D. Chinese scientists to pioneer first human CRISPR trial. **Nature**, News, 21 jul. 2016. Disponível em: <https://www.nature.com/news/chinese-scientists-to-pioneer-first-human-crispr-trial-1.20302>. Acesso em: 08 jan. 2018.

DE LORENZO, V.; DANCHIN, A. Synthetic biology: discovering new worlds and new words. **EMBO Reports**, Viewpoint v. 9/9, p. 822-827, 22 ago. 2008. Disponível em: <http://dx.doi.org/10.1038/embor.2008.159>. Acesso em: 08 jan. 2018.

DONG et al. Heritable CRISPR/Cas9-Mediated Genome Editing in the Yellow Fever Mosquito, Aedes aegypti. **PloSOne**, v. 10, n. 3, 27 mar. 2015. Disponível em: <http://journals.plos.org/plosone/article?id=10.1371/journal.pone.0122353>. Acesso em: 08 jan. 2018.

DEVEAU, H.; GARNEAU, J. E.; MOINEAU, S. CRISPR/Cas system and its role in phage-bacteria interactions. **Annual Review of Microbiology,** vol. 64, p. 475-493, Oct. 2010. Disponível em: <http://www.annualreviews.org/doi/abs/10.1146/annurev.micro.112408.134123>. Acesso em: 08 jan. 2018.

DOUDNA, A. J.; CHARPENTIER, E. The new frontier of genome engineering with CRISPR-Cas9. **Science**, v. 346, n. 6213, 1258096, 28 nov. 2014. Disponível em: <http://science.sciencemag.org/content/346/6213/1258096>. Acesso em: 08 jan. 2018.

EVENS, R. P.; KAITIN, K. I. The Biotechnology Innovation Machine: a source of intelligent biopharmaceuticals for the pharma industry – mapping biotechnology's Success. **Clinical**

Pharmacology & Therapeutics, v. 95, p. 528-532, 21 jan. 2014. Disponível em: <http://onlinelibrary.wiley.com/doi/10.1038/clpt.2014.14/abstract>. Acesso em: 08 jan. 2018.

FAPESP. Planejamento e desenvolvimento de nova entidade química como potencial inibidor de BRAF V600E para tratamento do melanoma. **Biblioteca Virtual da FAPESP**. Disponível em: <http://www.bv.fapesp.br/pt/bolsas/162733/planejamento-e-desenvolvimento-de-nova-entidade-quimica-como-potencial-inibidor-de-braf-v600e-para-t/>. Acesso em: 08 jan. 2018.

GANTZ et al. Highly efficient Cas9-mediated gene drive for population modification of the malaria vector mosquito Anopheles stephensi. **PNAs**, v. 112 n. 49, 26 out. 2015. Disponível em: <http://www.pnas.org/content/112/49/E6736.abstract?tab=author-info>. Acesso em: 08 jan. 2018.

GOLDMAN, N. et al. Towards practical, high-capacity, low-maintenance information storage in synthesized DNA. 2013. **Nature**, 494, p. 77-80, Feb. 2013. Disponível em: <http://www.nature.com/nature/journal/v494/n7435/full/nature11875.html?foxtrotcallback=true>. Acesso em: 08 jan. 2018.

HALL et al. A male-determining factor in the mosquito Aedes aegypti. **Science**, v. 348, n. 6240, p. 1268-1270, 12 jun. 2015. Disponível em: <http://science.sciencemag.org/content/348/6240/1268>. Acesso em: 19 set. 2017.

HAMMOND, A. et al. A CRISPR-Cas9 Gene Drive System Targeting Female Reproduction in the Malaria Mosquito vector Anopheles gambiae. **Nature biotechnology**, v. 34, n. 1, p. 78-83, 16 jan. 2016. Disponível em: <https://www.ncbi.nlm.nih.gov/pmc/articles/PMC4913862/>. Acesso em: 08 jan. 2018.

HUANG, Z. et al. Current application of CRISPR/Cas9 gene-editing technique to eradication of HIV/AIDS. **Gene Therapy**, 24, p. 377-384, Jul. 2017. Disponível em: <https://www.nature.com/gt/journal/v24/n7/full/gt201735a.html>. Acesso em: 08 jan. 2018.

IBGE. **Pesquisa de Inovação:** 2014/IBGE, Coordenação de Indústria. Rio de Janeiro: IBGE, 2016. Disponível em: <http://www.pintec.ibge.gov.br/downloads/PUBLICACAO/PUBLICA%C3%87%C3%83O%20PINTEC%202014.pdf>. Acesso em: 08 jan. 2018.

JACOBSEN, S. E. et al. Feeding the world: genetically modified crops versus agricultural biodiversity. **Agronomy for Sustainable Development**, v. 33, n. 4, p. 651-662, Oct. 2013. Disponível em: <https://link.springer.com/article/10.1007%2Fs13593-013-0138-9>. Acesso em: 08 jan. 2018.

KISTLER et al. Genome Engineering with CRISPR-Cas9 in the Mosquito Aedes aegypti. **Cells Reports**, v. 11, n. 1, p. 51-60, 07 abr. 2015. Disponível em: <http://www.sciencedirect.com/science/article/pii/S2211124715002624>. Acesso em: 08 jan. 2018.

LIANG, P. et al. CRISPR/Cas9-mediated gene editing in human tripronuclear zygotes. **Protein & Cell**, v. 6, n. 5, p. 363-372, May 2015. Disponível em: <https://link.springer.com/article/10.1007/s13238-015-0153-5>. Acesso em: 08 jan. 2018.

MA, H. et al. Correction of a pathogenic gene mutation in human embryos. **Nature**, Article, v. 548, n. 7668, p. 413-418, 24 ago. 2017. Disponível em: <http://www.nature.com/nature/journal/v548/n7668/full/nature23305.html>. Acesso em: 08 jan. 2018.

MOSHELION, M.; ALTMAN, A. Current challenges and future perspectives of plant and agricultural biotechnology. **Trends in Biotechnology**, v. 3, n. 6, p. 337-342, jun. 2015. Disponível em: <http://www.sciencedirect.com/science/article/pii/S0167779915000505>. Acesso em: 08 jan. 2018.

ORGANIZAÇÃO PARA O DESENVOLVIMENTO E COOPERAÇÃO ECONÔMICA – OECD. Technology and Innovation Outlook 2016. Paris: **OECDiLibrary**, 08 dez. 2016. Disponível em: <http://dx.doi.org/10.1787/sti_in_outlook-2016-en>. Acesso em: 08 jan. 2018.

SANDER, J. D.; JOUNG, J. K. CRISPR-Cas systems for editing, regulating and targeting genomes. **Nature Biotechnology**, v. 32, p. 347-355, 02 mar. 2014. Disponível em: <https://www.nature.com/nbt/journal/v32/n4/full/nbt.2842.html>. Acesso em: 08 jan, 2018.

SHIH, J. J. et al. Brain-computer interfaces in medicine. **Mayo Clinic Proc.**, v. 87, n. 3, p. 268-279, Mar. 2012. Disponível em: <https://www.ncbi.nlm.nih.gov/pubmed/22325364>. Acesso em: 08 jan. 2018.

SHIPMAN, S. L. et al. CRISPR-Cas encoding of a digital movie into the genomes of a population of living bacteria. **Nature**, v. 547, p. 345-349, 20 jul. 2017. Disponível em: <http://www.nature.com/nature/journal/v547/n7663/full/nature23017.html?foxtrotcallback=true>. Acesso em: 08 jan. 2018.

SOREK, R.; KUNIN, V.; HUGENHOLTZ, P. CRISPR – a widespread system that provides acquired resistance against phages in bacteria and archaea. **Nature Reviews Microbiology**, v. 6, p. 181-186, 01 Mar. 2008. Disponível em: <https://www.nature.com/articles/nrmicro1793>. Acesso em: 08 jan. 2018.

SOYK, S. et al. Bypassing Negative Epistasis on Yield in Tomato Imposed by a Domestication Gene. 2017. **Cell**, v. 169, n. 6, p. 1142-1155, 01 jun. 2017. Disponível em: <http://www.cell.com/cell/abstract/S0092-8674(17)30486-5>. Acesso em: 08 jan. 2018.

SU, S. et al. CRISPR-Cas9 mediated efficient PD-1 disruption on human primary T cells from cancer patients. **Scientific Reports**, v. 6, article n. 20070, 19 jan. 2017. Disponível em: <https://www.ncbi.nlm.nih.gov/pmc/articles/PMC5244626/>. Acesso em: 08 jan. 2018.

ULUKAN, H. The evolution of cultivated plant species: classical plant breeding versus genetic engineering. **PlantSystEvol**, v. 280, n. 3-4, p. 133-142, jul. 2009. Disponível em: <https://link.springer.com/article/10.1007%2Fs00606-008-0118-8>. Acesso em: 08 jan. 2018.

WANG, B. George Church indicates reversal of aging will be a reality within ten years. **Next big future**, 17 fev. 2017. Disponível em: <https://www.nextbigfuture.com/2017/02/george-church-indicates-reversal-of.html>. Acesso em: 08 jan. 2018.

XIAO-JIE, L. et al. CRISPR-Cas9: a new and promising player in gene therapy. **Journal of Medical Genetics**, v. 52, n. 5, May 2015. Disponível em: <http://jmg.bmj.com/content/52/5/289>. Acesso em: 08 jan. 2018.

XU, L. et al. CRISPR/Cas9-Mediated CCR5 Ablation in Human Hematopoietic Stem/Progenitor Cells Confers HIV-1 Resistance In Vivo. **Molecular Therapy**, v. 25, n. 8, p. 1782-1789, 02 ago. 2017. Disponível em: <http://www.sciencedirect.com/science/article/pii/S1525001617302137#>. Acesso em: 08 jan. 2018.

ZHANG et al. From machine learning to deep learning: progress in machine intelligence for rational drug discovery. **Drug Discovery Today**, Available online, 4 set. 2017 Disponível em: <https://ac.els-cdn.com/S1359644616304366/1-s2.0-S1359644616304366-main.pdf?_tid=50331402-acf8-11e7-afd3-00000aacb35f&acdnat=1507556995_3b6cd402d5618b6b4f80c5eddb1a29af>. Acesso em: 08 jan. 2018.

PARTE III

IMPACTOS DA QUARTA REVOLUÇÃO INDUSTRIAL NA INDÚSTRIA, CADEIA DE FORNECIMENTO, SAÚDE E CIDADES

Capítulo 9

A Quarta Revolução Industrial e a Indústria 4.0

*José B. Frias Jr., Gracie C. O. M. Giacon, Mauro Mariano, Renato S. Meirelles,
Antônio C. Lot, Fabio Lima*

Este capítulo apresenta a evolução do conceito Indústria 4.0 e suas características principais. Este capítulo apresenta também a metodologia da Academia de Ciência e Engenharia Alemã (ACATECH), para avaliar o grau de desenvolvimento tecnológico de uma empresa em direção a se tornar uma Indústria 4.0. Expõe ainda um exemplo de como os conceitos de Indústria 4.0 podem transformar um dos principais setores industriais do Brasil, o agronegócio. Por fim, este capítulo discute os principais desafios que as empresas brasileiras enfrentam para se tornarem Indústria 4.0.

9.1. A evolução do conceito Indústria 4.0

Segundo Pires (1995), existem quatro modelos básicos utilizados na organização de um processo produtivo:

a) **Produção para estoque:** no processo de produção para estoque, a empresa organiza todas as suas atividades de forma a manter um estoque mínimo de produtos disponível para venda. A produção de produtos de consumo, como pasta dental, utiliza este modelo.

b) **Montagem sob encomenda:** no processo de produção de montagem sob encomenda, a empresa possui produtos semiacabados ou componentes que são combinados de forma a produzir o produto final encomendado pelo cliente. Este é o modelo, por exemplo, que encontramos em uma pizzaria.

c) **Produção sob encomenda:** no processo de produção sob encomenda, a empresa possui a engenharia e os meios para fabricar um produto, mas só começa a fabricação quando existe uma encomenda de um cliente. O processo de fabricação de automóveis segue este modelo.

d) **Engenharia sob encomenda:** no processo de engenharia sob encomenda, tanto a engenharia necessária para desenvolver o produto quanto a fabricação só se iniciam após a encomenda de um cliente. Este modelo de fabricação personalizado é utilizado como base nas atividades artesanais.

De acordo com Porter (1980), as empresas devem desenvolver uma estratégia capaz de criar uma vantagem competitiva. Segundo Koren (2010), o final do século XX foi marcado pela busca por uma customização em massa nas empresas industriais, visando criar uma vantagem competitiva. Entretanto, apesar das opções de customização, o grau de participação do cliente na definição do produto é limitado às opções de customização oferecidas pelo fabricante. Este modelo, onde o fabricante tem um alto grau de controle sobre as decisões do cliente, empurrando para o cliente sua proposta de produto, faz parte do que é conhecido na literatura técnico-científica como *Business-to-Consumer* (B2C).

Conforme Koren (2010), com o desenvolvimento tecnológico, as empresas devem agora objetivar um novo patamar de diferenciação. As empresas devem buscar a viabilidade técnica e econômica de produzir de forma personalizada em volumes industriais. A produção personalizada é a nova forma de criar uma vantagem competitiva por meio da diferenciação. Nesse cenário de produção, também chamado na literatura técnico-científica de *Consumer-to-Business* (C2B), o tamanho mínimo para se aceitar uma encomenda para fabricação de um produto é igual a uma unidade (KOREN, 2010, p. 34).

Em 2011, quando a visão de Indústria 4.0 sobre como poderia ser a indústria do século XXI foi apresentada pela primeira vez na feira de Hannover, na Alemanha, pelos membros da ACATECH (PFEIFFER, 2017), um dos pontos mais ambiciosos da proposta era uma inversão no modelo de negócios de B2C para um C2B. Tocou-se assim em um dos grandes paradigmas da indústria, que é tornar o cliente efetivamente o centro de decisão do processo de produção de forma economicamente viável. Tal viabilidade econômica, na visão da ACATECH, se tornou possível de ser alcançada graças à disponibilidade das tecnologias emergentes associadas à Quarta Revolução Industrial, apresentadas na Parte II deste livro.

Recebido inicialmente com desconfiança (PFEIFFER, 2017), o conceito de Indústria 4.0 é entendido atualmente como um processo irreversível. Hoje, fora da Alemanha, onde essa visão foi gestada, existem diversas iniciativas com nomes diferentes, mas que essencialmente possuem em suas estruturas boa parte das características observadas na proposta alemã. Nos Estados Unidos, o *Advanced Manufacturing National Program Office* é responsável por fomentar o conceito de *Smart Manufacturing*, ou manufatura inteligente. Na China, o governo lançou em 2015 o programa *Made in China 2025*. Em ambos os casos, observam-se variados graus de similaridade com o conceito alemão de Indústria 4.0. No relatório de *benchmark*, fase 1, do estudo "Internet das Coisas: no plano de ação para o Brasil", do BNDES, é possível encontrar uma análise profunda das múltiplas iniciativas nesse sentido em curso no mundo (BNDES, 2017).

Na visão de Indústria 4.0 defendida na Alemanha pelo governo, academia, empresas e entidades de classe, o principal elemento da transformação são os objetos e ambientes ciberfísicos. Os objetos e ambientes ciberfísicos representam a convergência das tecnologias do mundo físico com as tecnologias do mundo digital. Essa proposta para a indústria do século XXI foi capturada e reformulada por Schwab, tendo sido apresentada como tema principal do World Economic Forum em Davos-Kloster, Suíça, entre 20 e 23 de janeiro de 2016 (WORLD ECONOMIC FORUM, 2016). Com base na visão de Schwab, a Indústria 4.0, assim como a Cidade 4.0, o Hospital 4.0, a Logística 4.0 etc., tem o suporte de uma convergência maior do que aquela convergência apenas das tecnologias do mundo físico e digital. Para o autor, a Indústria 4.0 tem o suporte de uma convergência que inclui também as tecnologias do mundo biológico (SCHWAB, 2017, p. 23).

Segundo Berman (2012), uma transformação digital trata de modificar, por meio da tecnologia, a maneira como a empresa entrega valor para o cliente. Isso significa que uma empresa que se transformou digitalmente terá uma ou mais atividades principais de sua cadeia de valor profundamente alteradas pela tecnologia digital (BERMAN, 2012). Como ainda não existe uma definição dominante na literatura técnico-científica sobre o que significa uma Indústria 4.0, partindo da definição de Berman (2012), neste livro definimos Indústria 4.0 como uma indústria que teve a sua cadeia de valor alterada pela convergência das tecnologias emergentes dos mundos físico, digital e biológico, associadas à Quarta Revolução Industrial.

9.1.1. Objetos e ambientes ciberfísicos

Os objetos e ambientes ciberfísicos que fundamentam a Indústria 4.0 obedecem a uma hierarquia, representada por uma pirâmide, de sofisticação funcional e complexidade técnica (LEE; BAGHERI; KAO, 2015). Essa pirâmide, conforme pode ser observado na figura 9.1, possui cinco níveis:

a) **Nível de conexão inteligente:** o primeiro nível da pirâmide é a plataforma de comunicação que os objetos ciberfísicos utilizam para a troca de dados. Entre as características dessa plataforma estão a viabilização da conexão dinâmica de diferentes objetos ciberfísicos, que se comunicam com a plataforma tanto por comunicação por cabo como por comunicação sem fio.
b) **Nível de conversão de dados para informação:** no segundo nível desta pirâmide, os dados trocados entre os objetos ou ambientes ciberfísicos são tratados, passando a ser considerados como informações.
c) **Nível virtual:** no terceiro nível desta pirâmide, os objetos ou ambientes podem ser representados por modelos computacionais, os chamados gêmeos digitais, que apresentam comportamentos idênticos aos observados no mundo físico, em termos de tempo, consumo, funcionamento, produtividade, etc.
d) **Nível de cognição:** no quarto nível desta pirâmide é possível, por meio de IA, inferir comportamentos futuros dos objetos e ambientes ciberfísicos, de forma a apoiar a tomada de decisões por parte dos gestores do arranjo produtivo.

e) **Nível de configuração:** no último nível é possível tanto prescrever ações para alcançar os objetivos planejados – ações estas a serem aprovadas pelos gestores – como fazer o autoajuste dos objetos e ambientes.

No quinto nível desta pirâmide, supõe-se que os componentes desses sistemas ciberfísicos serão capazes de trocar informações autonomamente, tomando decisões e controlando-se mutuamente e de forma independente. Isso provocaria uma melhora significativa dos processos industriais, da engenharia, do uso de material, da cadeia de suprimentos e da gestão do ciclo de vida do produto, ou seja, da cadeia produtiva como um todo, materializando a inversão de processo de negócio B2C para C2B, contida na proposta de Indústria 4.0.

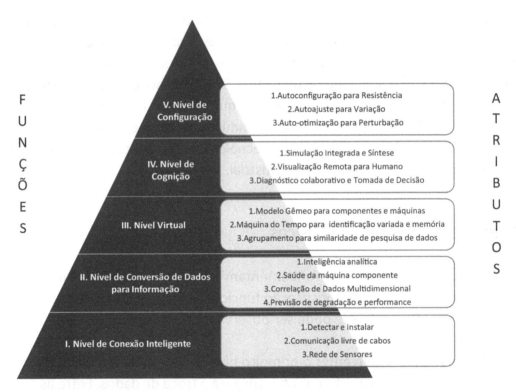

Figura 9.1. Ilustrativo da arquitetura de cinco níveis proposta para implementação de um sistema ciberfísico.
Fonte: adaptado de Lee; Bagheri; Kao (2015).

Hoje já se observam empresas que iniciaram a jornada de transformação para aderir ao conceito de Indústria 4.0. Nelas já existe um certo grau de capacidade de reorganização dinâmica do fluxo de produção. Essa reorganização regularmente é viabilizada pelo uso de sensores e chips de identificação por radiofrequência (RFID – *Radio Frequency Identification*), através dos quais os produtos informam às máquinas como devem ser produzidos. Estas, após lerem as especificações do produto, conversam entre si para produzi-lo em sintonia (THE ECONOMIST, 2017).

Outra parte do processo operacional, na qual a utilização de objetos e ambientes ciberfísicos já pode ser observada em diversas empresas, é o design e a prototipagem dos produtos e de seus meios de produção. Isso tem contribuído para a eliminação da necessidade de construção de protótipos reais e acelerado o desenvolvimento do produto e da linha de produção. Em um projeto desenvolvido e testado virtualmente, o ciclo completo entre a concepção da ideia de um produto e a sua chegada ao cliente final é muito menor.

9.1.2. Eixos de integração da Indústria 4.0

A Indústria 4.0 traz consigo um grande potencial. Fábricas inteligentes, integradas com a engenharia de processos, são capazes de atender às mudanças na produção feitas de última hora, além de proporcionar a habilidade de responder de forma flexível e ágil às descontinuidades e possíveis falhas causadas por fornecedores, por exemplo (WANG et al., 2016).

A fim de responder com a agilidade disponível na Indústria 4.0, os sistemas de manufatura são integrados verticalmente com os processos de negócios de fábricas e de empresas e horizontalmente conectados com os inúmeros elos das cadeias de valor que passam a ser gerenciadas em tempo real – desde o momento em que o pedido é colocado até a logística de despacho e entrega. Adicionalmente, viabilizam e requerem uma engenharia ponta-a-ponta (*end-to-end*) ao longo de toda a cadeia de valor.

A integração horizontal (figura 9.2) abrange o uso dos recursos contidos nos arranjos produtivos de toda a cadeia de suprimentos, para dar suporte a novos valores na cadeia e novos modelos de negócios entre as empresas envolvidas. A integração horizontal entre todos os elos da cadeia de suprimentos forma um modelo de negócio cooperativo entre as corporações envolvidas (KAGERMANN; WAHLSTER; HELBIG, 2013, p. 31).

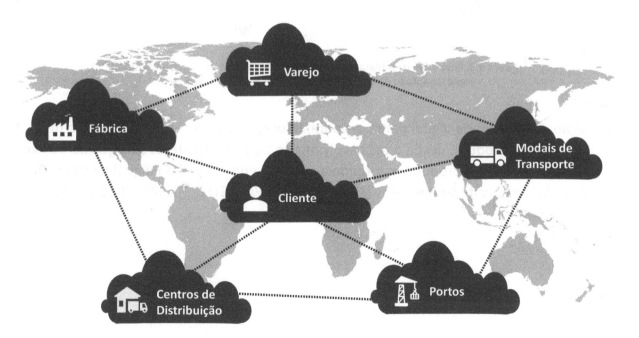

Figura 9.2. Ilustrativo da integração horizontal através da cadeia de valor.
Fonte: adaptado de Kagermann; Wahlster; Helbig (2013, p. 31).

134 Automação & Sociedade

A integração vertical, figura 9.3, da rede dos sistemas de manufatura abrange desde os sensores de equipamentos do chão de fábrica, passando pelos controladores lógicos programáveis, robôs, sistemas de gestão visual, até os sistemas de gestão empresarial corporativos. Esse tipo de integração tem por objetivo criar uma malha fechada entre o planejamento e a execução, de forma que as mudanças decididas pelos gestores alcancem imediatamente o chão de fábrica (KAGERMANN; WAHLSTER; HELBIG, 2013, p. 32).

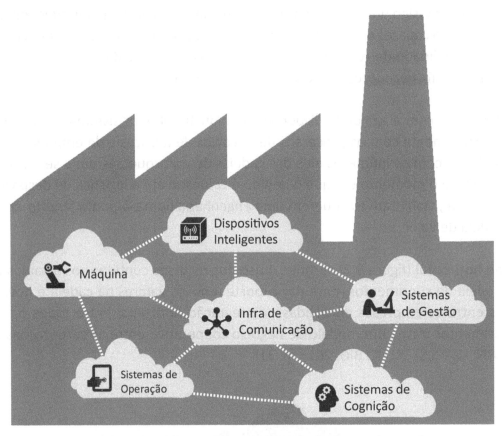

Figura 9.3. Ilustrativo da integração vertical da rede de sistemas da manufatura.
Fonte: adaptado de Kagermann; Wahlster; Helbig (2013, p. 32).

A integração de engenharia digital ponta-a-ponta, figura 9.4, objetiva todo o processo de gestão do ciclo de vida do produto, desde o desenvolvimento do produto até os serviços de pós-venda e o fim do ciclo de vida do produto, mantendo a conexão entre o mundo digital e real no ciclo de vida e em toda a cadeia de suprimentos (KAGERMANN; WAHLSTER; HELBIG, 2013, p. 31).

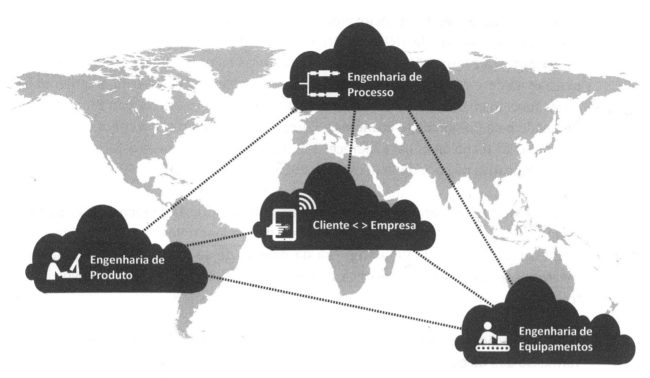

Figura 9.4. Ilustrativo da integração engenharia ponta-a-ponta.
Fonte: adaptado de Kagermann; Wahlster; Helbig (2013, p. 31).

9.2. Régua da ACATECH de avaliação de maturidade de desenvolvimento tecnológico

Em sua participação no SXSW (*South by Southwest*) em 13 de março de 2017, Bill Ford, presidente do conselho da Ford, declarou: "as montadoras precisam mudar e virar fábricas de software. Esse é nosso futuro" (MORAES, 2017). Assim como as montadoras, em um futuro breve empresas de todos os setores serão confrontadas com os desafios da Quarta Revolução Industrial.

É difícil imaginar qual indústria não terá que passar por um processo de se transformar em uma Indústria 4.0. Isso coloca em discussão não a necessidade da transformação, mas qual a sua velocidade e intensidade.

Observa-se que o caminho a ser seguido na transformação em direção à Indústria 4.0 depende do fato gerador que inicia o processo. São quatro os principais elementos desencadeadores da transformação:

a) **Produtividade:** empresas buscam aumentar a eficiência operacional, por meio da tecnologia (PORTER; HEPPELMANN, 2014).
b) **Competitividade:** empresas buscam aumentar a competitividade, utilizando a tecnologia para alterar o estado de uma ou mais forças competitivas do ambiente competitivo no qual a empresa está inserida (PORTER, 1979, p. 137; PORTER; MILLAR, 1985).

c) **Novas oportunidades de negócio:** empresas buscam novas formas de gerar valor, viabilizadas pela tecnologia (BRYNJOLFSSON; MCAFEE, 2017, p. 1-24).

d) *Moonshot*: transformações *moonshots* são aquelas cujos objetivos são avanços exponenciais no desenvolvimento tecnológico e socioeconômico, como o modelamento digital do funcionamento do cérebro humano, proposto no projeto Human Brain Project[12], fundeado pela Comunidade Econômica Europeia. Nos projetos *moonshots* as empresas buscam criar tecnologias para oferecer um novo patamar de bem-estar para uma parcela significativa da sociedade (BERMAN, 2016).

Regularmente, o processo de transformação é definido pelas empresas de tecnologia como uma jornada à Indústria 4.0. A ACATECH possui um modelo denominado Régua de Maturidade para medir o progresso tecnológico de uma empresa na direção de se tornar uma Indústria 4.0. A Régua de Maturidade da ACATECH classifica as empresas em seis graus de desenvolvimento tecnológico:

a) **Informatização:** a empresa utiliza diferentes tecnologias da informação, porém uma de forma isolada da outra.

b) **Conectividade:** os componentes do sistema de tecnologia de automação estão conectados e apresentam interoperabilidade; contudo, não existe interação entre as camadas de tecnologia de automação e tecnologia da informação.

c) **Visibilidade:** através de inúmeros sensores. Neste estágio é possível capturar os dados dos processos de fabricação desde a entrada de matéria-prima até o produto acabado ser faturado para o cliente. É possível enxergar o que está ocorrendo na empresa e tomar decisões baseadas em dados reais.

d) **Transparência:** com base nos dados armazenados sobre o processo produtivo. Neste estágio é possível descobrir novas relações do tipo causa e efeito, não facilmente observadas sem o suporte de uma tecnologia avançada.

e) **Capacidade preditiva:** após o estágio de transparência, é possível simular diversos cenários futuros e identificar quais possuem maior probabilidade de ocorrer. Neste estágio, no qual é possível prever desvios em relação ao planejado, ocorre a redução do número de eventos não esperados, deixando as operações mais robustas.

f) **Adaptabilidade:** partindo de um processo com capacidade preditiva e de um profundo conhecimento sobre as relações de causa e efeito, é possível atingir um estado prescritivo, no qual a tecnologia pode sugerir medidas a serem tomadas de forma a alcançar os objetivos da produção. Neste nível tecnológico, no qual é possível prescrever ações para atingir um objetivo, a produção consegue identificar ações necessárias para se adaptar de forma a ser capaz de atender a um pedido de fabricação de um produto personalizado.

---

12 Projeto Human Brain Project – <https://www.humanbrainproject.eu/en/>. Acesso em: 10 jan. 2018.

A figura 9.5 apresenta o ilustrativo do modelo de maturidade da ACATECH.

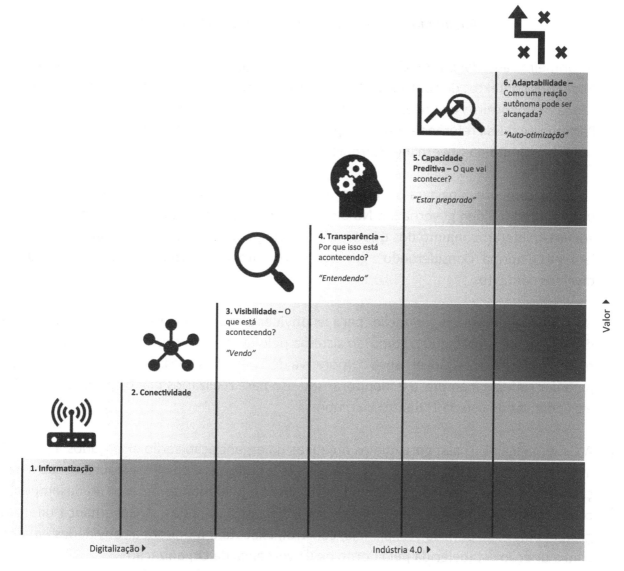

Figura 9.5. Ilustrativo da régua de maturidade da Indústria 4.0.
Fonte: adaptado de Schuh et al. (2017).

Deve-se lembrar, ainda, que para alcançar o perfeito alinhamento entre a estratégia da empresa e seu desenvolvimento tecnológico, é importante que a empresa possua também um sistema adequado de Governança de Tecnologia de Informação (TI) e Tecnologia de Automação (TA).

Box 1: Governança da TI e TA na Indústria 4.0

Aguinaldo A. Fernandes, José L. Diniz, Vladimir F. Abreu

As primeiras abordagens de Governança de Tecnologia, de uma maneira geral, foram originadas dos contextos de controles internos e riscos empresariais, em função dos grandes escândalos financeiros que ocorreram em diversas partes do mundo nas décadas de 80 e 90. Partindo-se dessa referência histórica, pode-se entender que a Governança de Tecnologia é um subconjunto da Governança Corporativa.

Etimologicamente, a palavra Governança deriva da palavra Governo e esta do latim *Gubernator* – diretor, líder, governador. No dicionário Aurélio (2010), Governo significa a ação de governar, liderar; conjunto dos que têm, a seu cargo, a administração de um Estado, regulamento e norma. Considerando a gênese do conceito, a Governança pode ser aplicada em diversos contextos.

No contexto de uma organização, para as atividades de TI, a Governança é definida pela ISO/IEC 38500 (ABNT, 2009) como: "o sistema pelo qual os usos atual e futuro da TI são dirigidos e controlados. Governança corporativa de TI significa avaliar e direcionar o uso da TI para dar suporte à empresa e monitorar seu uso para realizar os planos. Inclui a estratégia e as políticas de uso da TI dentro da empresa".

A Governança de TI assegura que os objetivos da organização serão alcançados a partir da avaliação das necessidades dos *stakeholders*, das condições e opções, estabelecendo a direção através da priorização e da tomada de decisão e pelo monitoramento do desempenho, conformidade e progresso em relação aos objetivos acordados. A Governança difere da gestão, pois esta, por sua vez, planeja, constrói, executa e monitora as atividades em linha com a direção estabelecida pelo Corpo de Governança da Organização.

Com o avanço da automação da manufatura, considerando novas tecnologias de comunicação, IoT, *big data*, *analytics*, impressão 3D, gêmeos digitais, IA, dentre outras, as organizações necessitam "governar" a TA, ou também a chamada Tecnologia de Operação (TO), visando alinhar sua aplicação à estratégia escolhida para a manufatura e reduzir os riscos de continuidade da operação de uma planta ou de uma linha de processo.

Utilizando a definição apresentada de Governança, percebe-se que ela é totalmente aplicável à TA, dado que a Governança avalia, dirige e monitora a aplicação e a gestão da TA nas empresas.

O COBIT 5, modelo desenvolvido pela ISACA (2012), pode ser perfeitamente aplicado à Governança de TA, pois aborda os processos que remetem aos principais fatores críticos da TA no contexto da Indústria 4.0. A figura 1 apresenta o modelo de referência do COBIT 5 com seus processos.

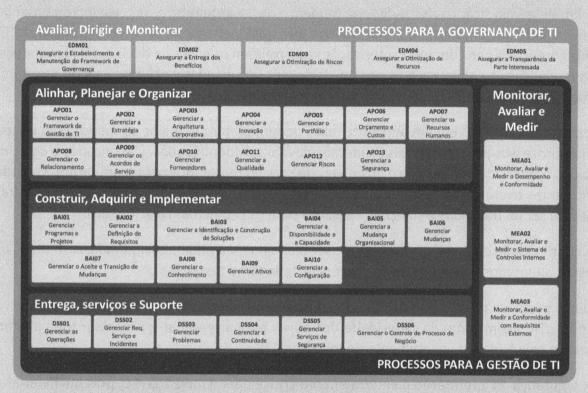

Figura 1. Modelo de referência de processos do COBIT 5. Fonte: ISACA (2012).

De acordo com Schuh et al. (2017), do ponto de vista da TA, os principais fatores críticos são, dentre outros: segurança da informação, infraestruturas de TA e TI resilientes, disponibilidade de informação, governança de dados e gestão do conhecimento.

Analisando-se o modelo COBIT 5, pode-se observar que, no contexto da Indústria 4.0, outros processos são igualmente importantes, tais como o gerenciamento da continuidade, o gerenciamento da configuração, o gerenciamento de mudanças e o gerenciamento de ativos.

A Governança de TA integra-se com os processos decisórios da alta administração, haja vista a sua importância para a estratégia da empresa. Um modelo robusto de decisão e de supervisão sobre os investimentos deve ser implementado. Os investimentos devem dar o retorno esperado. Portanto, os programas e projetos de TA devem ser diligentemente gerenciados e avaliados quanto aos benefícios esperados.

A arquitetura de TA na manufatura deve ser registrada, monitorada e mantida permanentemente atualizada, visando apoiar sua evolução assim como a gestão da configuração e dos ativos referentes a sensores, servidores, equipamentos de comunicação, software, controladores lógicos programáveis e outros dispositivos relevantes para a automação dos processos.

A fim de administrar os riscos de uma mudança nessa arquitetura, seja ela incremental ou radical, é importante adotar como política que qualquer mudança na configuração de TA seja gerenciada considerando autorizações que reflitam os níveis de decisão na manufatura. As mudanças na configuração e nos ativos devem ser testadas e aceitas, visando assegurar que não haja impactos negativos no processo produtivo.

Incidentes ocorridos em um ambiente fabril podem afetar em maior ou menor grau um ou mais processos produtivos. Tais incidentes devem ser identificados, classificados e solucionados apropriadamente dentro dos níveis de serviço requeridos pela manufatura. Quando incidentes tiverem alta frequência de recorrência ou forem de alta severidade, suas raízes devem ser identificadas e soluções aplicadas para os problemas relacionados.

A continuidade dos serviços de TA deve ser planejada, mantida e assegurada, com todos os riscos apontados e as ações de contingência definidas e testadas.

Outro processo de alta relevância é o gerenciamento da disponibilidade de todos os serviços de TA, assim como da capacidade dos ativos para armazenar e processar toda a informação envolvida em um ambiente de Indústria 4.0.

A segurança da informação é extremamente crítica para a Indústria 4.0, pois qualquer ataque externo à rede de comunicação que permite que milhares de sensores e máquinas se comuniquem entre si e com a cadeia de fornecedores e distribuidores poderá representar sérios danos ao processo produtivo.

A governança de dados, que não é representada explicitamente no COBIT 5, mas é abordada por outros modelos mais específicos como o DMBOK (DAMA, 2012) e o DGI *Framework* (DGI, 2009), deve ter em foco a qualidade dos dados que são capturados e transmitidos pela rede em tempo real.

Em suma, toda a argumentação descrita anteriormente demonstra que a Governança de TA é crítica para que a empresa evolua rumo à Indústria 4.0, visto que tem como principais objetivos alinhar a TA à estratégia da manufatura, e consequentemente à estratégia corporativa, assegurando que os benefícios pretendidos sejam atendidos, que os riscos de incidentes que causem paralisações na manufatura sejam minimizados e que os recursos aplicados sejam otimizados. Objetivando implementá-la em uma organização, vale a pena beber de fontes que já estão consagradas há vários anos nas implementações de Governança de TI, utilizando sempre como princípio adaptar as boas práticas para adotá-las apropriadamente nos ambientes de automação industrial.

Referências:

ASSOCIAÇÃO BRASILEIRA DE NORMAS TÉCNICAS – ABNT. **ABNT NBR EM/IEC 38500:2009: Governança corporativa de tecnologia da informação**. Rio de Janeiro, Associação Brasileira de Normas Técnicas, 2009.

DATA MANAGEMENT ASSOCIATION – DAMA. **Data Management Body of Knowledge.** 2nd. ed. Denville: Technics Publications, 2017.

FERREIRA, A. B. de H. **Mini Aurélio**: o dicionário da língua portuguesa. 8. ed. Curitiba: Editora Positivo, 2010.

THOMAS, G. How to Use the DGI Data Governance Framework to Configure your Program. **The Data Governance Institute**, 2009. Disponível em: <http://www.datagovernance.com/wp-content/uploads/2014/11/wp_how_to_use_the_dgi_data_governance_framework.pdf>. Acesso em: 08 jan. 2018.

ISACA. COBIT® **5:** a business framework for the governance and management of enterprise IT. Rolling Meadows: ISACA: COBIT®, 2012.

SCHUH, G., et al. (eds.). **Industrie 4.0 Maturity Index:** managing the digital transformation of companies. ACATECH STUDY, Munich: Herbert Utz Verlag, 2017.

9.3. A Agricultura 4.0

9.3.1. A agricultura de precisão

A produção de alimentos, bem como a segurança alimentar, é uma das principais preocupações que os governos de todos os países possuem. O Brasil é um dos maiores produtores de proteína animal e grãos do mundo. Assim, os impactos que a Indústria 4.0 traz para o setor devem ser encarados com muita atenção e responsabilidade.

A tecnologia contribui há tempos com a agricultura e o faz de forma impactante, pois permite a agregação de valor e benefício para as diversas áreas do agronegócio. Os primeiros registros do uso do termo "agricultura de precisão" ocorreram em 1929, em um campo experimental em Illinois, nos EUA, onde houve um extenso estudo sobre a acidez do solo para aplicação de calcário, tendo como resultado uma significante economia do uso do insumo. Importantes descrições desse trabalho foram feitas por Linsley e Bauler em informativos da Estação de Agricultura de Illinois (*apud* GOERING, 1993).

Esquecido por muito tempo, tal estudo foi retomado na década de 80, quando se passou a contar com a eletrônica incorporada a equipamentos agrícolas, além de softwares para desenhos e informações de imagens via satélite. A agricultura de precisão teve o seu momento de grande expansão durante a década de 90, com a disponibilização de sinal de *Global Positioning System* (GPS) e colheitadeiras com capacidade de mapeamento da produção, o que possibilitou a aplicação de insumos em taxas variadas.

Segundo Comparetti (2011), o processo de agricultura de precisão é formado por três etapas: coleta de dados, interpretação e aplicação. A etapa de coleta é subdividida entre mapeamento do solo, mapeamento da condição de cultivo, mapeamento da condição do solo e mapa do campo. Na etapa de interpretação ocorre a integração dos dados, provenientes dos diferentes modelos, que são estruturados nas formas de modelos de colheitas e de solo, associados a prescrições de tratamento. Na etapa de aplicação, o solo é semeado, fertilizado e protegido, em conformidade com o planejamento gerado na fase anterior (COMPARETTI, 2011).

A figura 9.6 apresenta o ilustrativo do ciclo da agricultura de precisão.

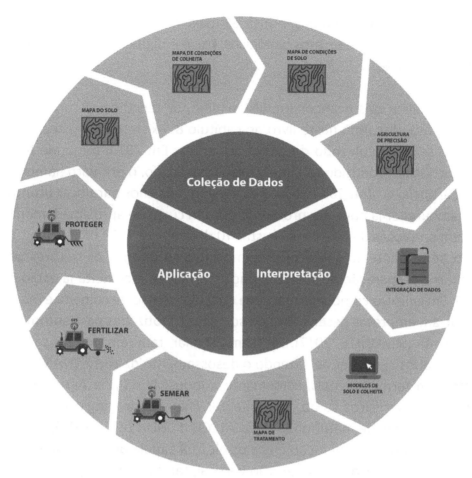

Figura 9.6. Ilustrativo do ciclo da agricultura de precisão.
Fonte: adaptado de Comparetti (2011).

9.3.2. Fundamentos e necessidades da implantação da Agricultura 4.0

Com as tecnologias emergentes associadas à Quarta Revolução Industrial, as propostas de mudar o agronegócio, por meio da tecnologia, alcançam um novo patamar. Diferentemente da agricultura de precisão, cujo foco na literatura técnico-científica é centrado principalmente no uso das tecnologias do mundo físico ou digital, no máximo na conexão entre essas tecnologias, na Agricultura 4.0 a convergência entre as tecnologias dos mundos físico, biológico e digital está na sua fundação, sendo que é enfatizada a importância da convergência com as tecnologias do mundo biológico.

A título de exemplo, conforme apresentado no capítulo 8, tomates foram alterados geneticamente pela técnica CRISPR/Cas9, de forma a ficarem muito mais tempo no pé, em condições de serem colhidos. Isso significará, para um produtor de massa de tomate, um maior controle no fluxo de envio de frutas para a fábrica. Essa mudança no fluxo da fruta da fazenda para a fábrica abre oportunidades para uma revisão completa nas atividades de logística e de produção, com o objetivo de aumentar a eficiência do processo produtivo.

Possivelmente, a agricultura é uma das indústrias mais impactadas pela quarta revolução, com transformações simultâneas em termos biológicos, físico e digital. Entre os exemplos dessas mudanças na agricultura estão:

a) **Biológico:** além dos avanços impulsionados por tecnologias surpreendentes como o CRISPR/Cas9, discutido neste livro no capítulo 8, existem outras tecnologias de grande impacto se desenvolvendo de forma acelerada. Em 2013, o mundo foi apresentado à carne artificial. Produzido totalmente em laboratório, o primeiro hambúrguer feito com carne artificial custou 300 mil dólares e levou dois anos para ficar pronto. Hoje, o mesmo hambúrguer já pode ser produzido por um custo de aproximadamente mil dólares e existem projeções de que possa custar 10 dólares em 2020 (IRELAND, 2017).

b) **Físico:** semelhante ao que ocorre com o carro autônomo, os tratores autônomos para executar a preparação do solo, plantação, proteção e colheita já estão em teste (LAW, 2017). Em culturas como a da maçã, na qual o processo de colheita é mais delicado, já se encontram empresas desenvolvendo soluções robotizadas para automatizar o processo de colheita (SIMONITE, 2017). De forma similar, também podem-se encontrar aplicações de robôs açougueiros, fazendo o desossamento da carne (NANALYZE, 2017).

c) **Digital:** em termos digitais, semelhante à Indústria 4.0, na Agricultura 4.0, objetos e ambientes ciberfísicos serão componentes-chave para atingir a auto-otimização, proposta no modelo de maturidade da ACATECH (SCHUH et al., 2017), tanto nos processos internos quanto na integração entre os elos da cadeia de valor. Utilizando os objetos e ambientes ciberfísicos na integração vertical, tarefas como o planejamento da logística da colheita poderão, por exemplo, ser otimizados. Da mesma forma, os objetos e ambientes ciberfísicos, combinados com outras tecnologias como o *blockchain* e as plataformas IoT, podem ser o caminho para viabilizar um *moonshot* no setor de alimentos. A capacidade de auto-otimização pode até, eventualmente, ser o elemento responsável por mudar o ceticismo em relação às fazendas verticais, capazes de trazer os produtos da fazenda para as cidades, aproximando-os dos consumidores (MICHAEL, 2017).

Considerando-se o aumento da população, o crescimento dos níveis de urbanização e a diminuição do percentual de terra arável, os rendimentos das colheitas e as intensidades de cultivo terão que aumentar para atender à demanda pelos produtos do setor. Soma-se a isso uma maior preocupação da população com a sua nutrição e saúde, que passa a exigir maiores cuidados com a agricultura e a produção de alimentos, com sustentabilidade, seja no uso de sementes seguras, seja na reivindicação de uma pecuária mais limpa. Tais demandas configuram um cenário no qual a agricultura precisa se tornar uma Agricultura 4.0.

Felizmente, existe um alto grau de entendimento dessa necessidade, haja vista a prioridade dada ao tema no estudo do BNDES, "Internet das Coisas: um plano de ação para o Brasil 2017", mencionado no capítulo 4 deste livro.

9.4. Desafios para a adoção da Indústria 4.0 no Brasil

Considerando a importância da Indústria 4.0 para a competitividade e a continuidade da indústria brasileira como parte das cadeias de valor, é necessário desenvolver processos que possam maximizar a transformação em direção a uma Indústria 4.0, especialmente nas Pequenas e Médias Empresas (PMEs) do Brasil

Alcançar o nível de maturidade de auto-otimização proposto no modelo de maturidade da ACATECH (SCHUH et al., 2017) não é algo a ser atingido no curto prazo (veja Box 2: caso Volkswagen). A jornada necessária para se tornar uma Indústria 4.0 é um processo extremamente complexo e desafiador. É também um processo único, simplesmente porque ocorre para dar suporte à estratégia individual de cada empresa, que está vinculada à forma como a organização enxerga as oportunidades e as ameaças do mercado. Tanto o governo quanto a academia e os Institutos de Ciência e Tecnologia (ICTs) devem se esforçar ao máximo para colaborar com o processo – e, pelo que se observa, eles têm cumprido esse papel. Não se deve desconsiderar que, evidentemente, o principal responsável pela transformação são os próprios gestores da empresa.

Box 2: Caso Volkswagen

Celso Placeres, Ricardo M. Hochheim

O objetivo da Indústria 4.0 é prover um ambiente de manufatura totalmente conectado com a cadeia de fornecedores, gerando autonomia e um sistema de autogerenciamento. Para atingir esse objetivo, a Volkswagen entende ser fundamental o investimento na migração dos modelos e processos tradicionais para o estabelecimento de fábricas inteligentes, dotadas de sistemas ciberfísicos. Nesses sistemas, tecnologias como gêmeos digitais, IoT, *big data*, robótica colaborativa etc., são utilizadas como habilitadores para a conectividade com toda a cadeia produtiva (ponta-a-ponta), com total autogerenciamento da produção.

Indústria 4.0 – Como a Volkswagen pensa a Indústria 4.0?

Entender a Indústria 4.0 na Volkswagen, em toda a sua abrangência, significa visualizar a aplicação de conceitos e tecnologias, desde os mais básicos fundamentos até as melhores práticas de negócio, com foco orientado para o processo e os produtos finais, não esquecendo jamais de considerar o elemento humano como parte fundamental da operação.

Hoje podemos classificar de forma clara a jornada de evolução do processo Volkswagen nos três pilares fundamentais: a aplicação estratégica de infraestrutura de automação e integração sistêmica, a implementação paulatina de práticas de negócio aplicadas ao *core* do processo e produto final e a adoção dos conceitos e tecnologias para fábricas digitais.

A aplicação de uma infraestrutura de automação e integração sistêmicas segue sendo a base fundamental para a consolidação das estratégias em Indústria 4.0. Isso faz parte dos investimentos da Volkswagen a cada renovação de processos nos últimos dez anos. E, cada vez mais, essa prática se vincula às possíveis aplicações de negócio, para além apenas da automatização como fim principal.

Tendo como base a infraestrutura tecnológica renovada periodicamente, a Volkswagen vem estabelecendo a implementação de soluções orientadas às práticas de negócio fundamentais para a obtenção de produtividade. A tabela 1 apresenta os principais processos da cadeia de valor da Volkswagen, seus objetivos e a forma como a Volkswagen pretende utilizar, ou utiliza, as tecnologias da Indústria 4.0 para atender aos seus objetivos.

Tabela 1. Contribuições das tecnologias da Indústria 4.0 para os principais processos da Volkswagen.

/	Objetivo	Contribuição das tecnologias
Gestão da Cadeia de Suprimentos	Melhor interação entre os fornecedores e o fluxo logístico	Melhor ajuste dos níveis de estoque com base na integração dos processos digitalizados das plantas e dos fornecedores. Evolução para modelos de estoque em trânsito e *just-in-time*.
Gestão da Produção Gestão de Recursos e Sustentabilidade	Otimização de recursos	Melhor alocação dos recursos produtivos por meio de planejamento integrado às capacidades e condições reais do processo e estoques.
	Ajuste dinâmico do fluxo de produção	Balanceamento do fluxo de produção com base em parâmetros obtidos através da coleta e integração de informações em tempo real. Suporte ao planejamento em capacidade finita, considerando gargalos, restrições de processo e paradas de linha.
	Gerenciamento da produção em tempo real	Equipamentos e processos integrados, proporcionando uma visão em tempo real do processo produtivo e permitindo um gerenciamento proativo ou mesmo autogerenciamento.
	Otimização do consumo de energia elétrica e utilidades	Equipamentos sensorizados para análise em tempo real dos gastos com energia e utilidades. Monitoramento *on-line* nas soldadoras, proporcionando controle de gastos com energia (20% de redução).
	Sustentabilidade	25% de redução por unidade produzida até 2018 (base 2010). ENERGIA, ÁGUA, RESÍDUOS, CO_2, SOLVENTES.
Gestão da Qualidade	Rastreabilidade de processo e produto	Produtos conectados com a manufatura e com os fornecedores (*tags* de Rádio Frequência, *Data Matrix*, *Handhelds/Scanners*). Rastreabilidade de torques (RFID) na montagem final. Rastreabilidade de pontos de solda, proporcionando verificações de qualidade em tempo real.
Gestão de Manutenção	Melhorias na manutenção preditiva	Rotinas de manutenção sendo elevadas de preventivas para preditivas, considerando condições coletadas diretamente de equipamentos através de sensores. Sensoriamento de vibração em equipamentos-chave com a finalidade de evitar trocas preventivas desnecessárias, ou mesmo antecipar a manutenção, em caso de risco.

Fonte: autores.

Na tabela 2 são apresentados os benefícios diretos da aplicação de estratégias da Indústria 4.0, consistindo em melhorias nos processos e na experiência do usuário.

Tabela 2. Benefícios diretos projetados para os processos e experiência.

Processos e experiência	Benefícios diretos
Gestão da Produção Experiência do Usuário	Entrega mais rápida do produto.
	Maior possibilidade de customização.
	Rastreabilidade dos pedidos.
Gestão da Produção Gestão da Qualidade	Maior segurança pela rastreabilidade de processos e produtos.
Gestão da Manutenção Experiência do Usuário	Monitoramento contínuo pela assistência técnica.

Fonte: autores

Outra estratégia fundamental consolidada na Volkswagen hoje é a adoção de conceitos e tecnologias para a operação, como a Fábrica Digital. Ao incorporá-los, a empresa atua diretamente no planejamento de processos e na gestão de ciclo de vida dos produtos, bem como na qualidade do trabalho e da saúde dos operadores.

A Fábrica Digital hoje é essencial para o aumento da competitividade, por meio do aumento de produtividade através de um processo robusto. Resulta disso a garantia da participação em projetos de nível mundial, bem como a garantia da manutenção e do gerenciamento do *know-how* técnico e do suporte às próximas etapas da Indústria 4.0. A tabela 3 apresenta as ferramentas adotadas, a atividade do processo produtivo na qual elas são aplicadas e os produtos gerados.

A figura 1 apresenta a linha do tempo relativa à evolução estratégica da Volkswagen, visando a implementação de uma Fábrica Digital eficaz para atendimento às necessidades de modernização e respondendo às pressões por aumento de produtividade:

Tabela 3. Contribuições das tecnologias da Indústria 4.0 para os principais processos da Volkswagen

Ferramenta	Atividade	Produtos
Gestão do Ciclo de Vida do Produto/Processo Manufatura Digital Simulação de Processos	Digitalização de Fábricas, Processos e Produtos Simulações Digitais Diversas	Infraestrutura e predial 3D. Simulação de fluxo e ergonomia/análise de tolerâncias. Processo digital e simulações de armação. Processo digital e simulações de montagem final. Processo digital e simulações de montagem em *PowerTrain*. Simulações de usinagem. Avaliações ergonômicas. Melhoria de produtividade na usinagem. Produto e processo em ambiente colaborativo. Economia de 350 toneladas/ano de aço em uma única simulação digital para estamparia de tampa dianteira trazendo resultado aproximado de R$ 900K/ano. Redução de tempo de troca de ferramenta em 90%, aumento de produtividade em 150% em simulação digital para otimização de prensas na estamparia. Linha de pintura: 20% de redução de consumo de energia elétrica, 30% de redução do consumo de água, otimização do consumo de matéria-prima pelo gerenciamento do *mix*, obtenção de rendimento maior igual a 90%, coleta de dados para manutenção preditiva.
Gestão de Saúde e Segurança Ambiental Manufatura Digital Simulação de Processos Experiência do Usuário	Adequações de Ergonomia Qualidade no Trabalho Ajustes de Solicitações Sindicais Redução de Ações Legais	Captura de imagens do trabalhador, permitindo a análise da ergonomia na produção, otimizando posturas e disposição dos equipamentos. Simulações digitais para apoio à melhoria de processo e qualidade do trabalho do montador em postos específicos das linhas de montagem. Case exemplo – Montagem do para-sol: utilização do equipamento raku-raku na montagem final em Taubaté. Assento apoiado em suportes móveis, "carregando" o montador para dentro do veículo, reduzindo o esforço e evitando posições inadequadas na montagem de componentes internos.

Fonte: autores

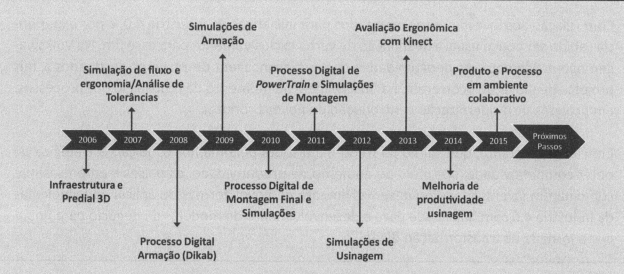

Figura 1. Evolução da fábrica digital na Volkswagen.
Fonte: autores.

Implementando a Indústria 4.0

Hoje podemos conceber as tecnologias e a maior parte dos recursos utilizados para a automação e para a interação sistêmica quase como *commodities*, cujo preço se reduz drasticamente com o passar do tempo, tornando-as cada vez mais acessíveis. Por exemplo, um determinado robô industrial que há 10 anos custava 45.000 euros pode agora ser adquirido por menos de 40% desse valor. Em resumo, a cada ano as tecnologias de automação vão se tornando mais acessíveis, viabilizando assim a consolidação de uma infraestrutura tecnológica como base fundamental para a implementação de estratégias de Indústria 4.0. Considerando a evolução das tecnologias da Indústria 4.0 e a redução do investimento necessário para a adoção dessas tecnologias, a Volkswagen projeta que na Alemanha será possível uma cadeia de valor autoajustável em 2030, figura 2, cujos passos a Volkswagen Brasil espera seguir.

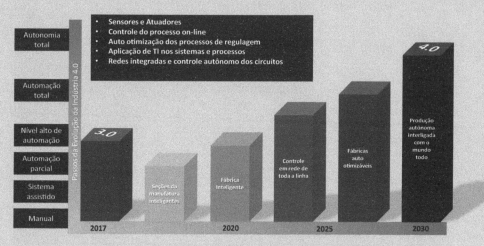

Figura 2. Plano da transformação digital da Volkswagen na Alemanha.
Fonte: Autores

Com relação aos investimentos orientados para iniciativas de Indústria 4.0, é por experiência sabido ser pouco usual a destinação de verba exclusivamente para esse fim. Na Volkswagen não é diferente. As oportunidades para a alavancagem de recursos destinados a tais projetos de inovação ocorreram, na Volkswagen, no momento da renovação dos processos, em projetos de modernização e introdução de novos produtos.

Conclui-se, portanto, que sairão na frente na disputa pela melhor condição estratégica de obter competitividade, por meio do aumento de produtividade, os países e empresas que combinarem inventividade no desenvolvimento de novas formas de aplicar as tecnologias da Indústria 4.0 com habilidade para o desenvolvimento de modelos de negócio para financiar a jornada de transformação digital.

9.5. Conclusão

Conforme apresentado neste capítulo, a Indústria 4.0 é uma consequência da Quarta Revolução Industrial e promoverá profundas transformações em toda a cadeia produtiva e nos modelos de negócio. Pode ser constatado ainda que existe atualmente a necessidade da aplicação dos conceitos e tecnologias da Indústria 4.0 na Agricultura 4.0.

Deve-se observar, contudo, que tanto para a produção industrial como para o agronegócio como um todo as questões de logística são fundamentais. Assim sendo, apenas a amplificação do desempenho da indústria ou do agronegócio não trará a competitividade necessária ao Brasil se não for acompanhada de uma evolução compatível na logística.

Tanto a Indústria 4.0 como a Agricultura 4.0, bem como a Agropecuária 4.0, dependem de uma Logística 4.0 para que a totalidade dos benefícios seja alcançada. A implantação de uma Logística 4.0 no Brasil é mais um dos importantes debates que o país deve iniciar.

Referências:

BANCO NACIONAL DO DESENVOLVIMENTO – BNDES. **Internet das Coisas:** um plano de ação para o Brasil, 2017. Disponível em: <http://www.bndes.gov.br/wps/portal/site/home/conhecimento/estudos/chamada-publica-Internet-coisas/estudo-Internet-das-coisas-um-plano-de-acao-para-o-brasil>. Acesso em: 08 jan. 2018.

BERMAN, A. E. This is how to invent radical solutions to huge problems. **Singularity Hub**, In Focus, 15 nov. 2016. Disponível em: <https://singularityhub.com/2016/11/15/this-is-how-to-invent-radical-solutions-to-huge-problems/>. Acesso em: 08 jan. 2018.

BERMAN, S. J. Digital transformation: opportunities to create new business models. **Strategy & Leadership**, v. 40, n. 2, p. 16-24, 2012. Disponível em: <http://www.emeraldinsight.com/doi/abs/10.1108/10878571211209314>. Acesso em: 08 jan. 2018.

BRYNJOLFSSON, E.; MCAFEE, A. **Machine, Platform, Crowd:** harnessing our digital future. New York: W. W. Norton &Company, 2017.

_____. **Race against the machine:** how the digital revolution is accelerating innovation, driving productivity, and irreversibly transforming employment and the economy. Lexington, MA: Digital frontier Press, 2011.

COMPARETTI, A. Precision Agriculture; Past, Present and Future. International scientific conference Agricultural Engineering and Environment – 2011. **Research Gate**, Conference Paper, set. 2011.

Disponível em: <https://www.researchgate.net/publication/280716939_Precision_Agriculture_Past_Present_and_Future>. Acesso em: 08 jan. 2018.

IRELAND, T. The artificial meat factory. **BBC Focus Magazine**, 298, 25 ago. 2017. Disponível em: <http://www.sciencefocus.com/article/future/artificial-meat-factory>. Acesso em: 08 jan. 2018.

KAGERMANN, H.; WAHLSTER, W.; HELBIG, J. **Recommendations for implementing the strategic initiative INDUSTRIE 4.0**. Final Report of the Industrie 4.0 Working Group. ACATECH Study. Frankfurt: Heilmeyer und Sernau, 2013. Disponível em: <http://www.acatech.de/fileadmin/user_upload/Baumstruktur_nach_Website/Acatech/root/de/Material_fuer_Sonderseiten/Industrie_4.0/Final_report__Industrie_4.0_accessible.pdf>. Acesso em: 08 jan. 2018.

KOREN, Y. **The global manufacturing revolution**: product-process-business integration and reconfigurable systems. Hoboken, NJ: John Wiley & Sons, 2010.

LEE, J.; BAGHERI, B.; KAO, H-A. A Cyber-Physical Systems architecture for Industry 4.0-based manufacturing systems. **Manufacturing Letters**, 3, p. 18-23, jan. 2015. Disponível em: <http://www.sciencedirect.com/science/article/pii/S221384631400025X>. Acesso em: 08 jan. 2018.

LAW, J. New Holland's NHDrive autonomous tractor concept is visiting field days. **The Weekly Times**, Machine 22 ago. 2017. Disponível em: <http://www.weeklytimesnow.com.au/machine/new-hollands-nhdrive-autonomous-tractor-concept-is-visiting-field-days/news-story/1ea545c5193fddfabad9e9e5448a9b22>. Acesso em: 08 jan. 2018.

MICHAEL, C. 9 Reasons why vertical farms fail. **Bright Agrotech**, 20 fev. 2017. Disponível em: <https://medium.com/bright-agrotech/9-reasons-why-vertical-farms-fail-244deaecd770>. Acesso em: 08 jan. 2018.

MORAES, M. SXSW 2017: para a Ford, futuro do transporte pode – ou não – incluir os carros. **Estadão**, Link, 16 mar. 2017. Disponível em: <http://link.estadao.com.br/noticias/inovacao,sxsw-2017-para-a-ford-futuro-do-transporte-pode-ou-nao-incluir-os-carros,70001702403>. Acesso em: 08 jan. 2018.

NANALYZE. Robot butchers – because humans aren't cutting it. **Nanalyze**, Articles, 12 abr. 2017. Disponível em: <http://www.nanalyze.com/2017/04/robot-butchers/>. Acesso em: 08 jan. 2018.

PFEIFFER, S. The Vision of "Industrie 4.0" in the Making – a Case of Future Told, Tamed, and Traded. **NanoEthics**, v. 11, n. 1, p. 107-121, jan. 2017. Disponível em: <https://www.ncbi.nlm.nih.gov/pmc/articles/PMC5383681/>. Acesso em: 08 jan. 2018.

PIRES, S. R. I. **Gestão estratégica da produção**. São Paulo: Editora UNIMEP, 1995.

PORTER, M. E. **Competitive Strategy**. New York: Free Press, 1980.

_____. How Competitive Forces Shape Strategy. **Harvard Business Review**, Mar.-Apr. 1979, p. 137-145.

PORTER, M. E.; HEPPELMANN, J. E. How smart, connected products are transforming competition. **Harvard Business Review**, v. 92, n. 11, p. 64-88, 2014. Disponível em: <http://www.gospi.fr/IMG/pdf/porter-2014-hbr_how-smart-connected-products-are-transforming-competitionhbr-2014.pdf>. Acesso em: 08 jan. 2018.

PORTER, M. E.; MILLAR, V. E. How information gives you competitive advantage. **Harvard Business Review**, July 1985. Disponível em: <http://www.gospi.fr/IMG/pdf/how_information_gives_you_competitive_advantage-porter-hbr-1985.pdf>. Acesso em: 08 jan. 2018.

SCHUH et al.; G. et al. (eds.). **Industrie 4.0 Maturity Index:** managing the digital transformation of companies. ACATECH Study Series. Abr., 2017. Disponível em: <http://www.acatech.de/fileadmin/user_upload/Baumstruktur_nach_Website/Acatech/root/de/Publikationen/Projektberichte/acatech_STUDIE_Maturity_Index_eng_WEB.pdf>. Acesso em: 08 jan. 2018.

SCHWAB, K. **A Quarta Revolução Industrial**. São Paulo: Edipro, 2017.

SIMONITE, T. Apple-picking robot prepares to compete for farm jobs. **MIT Technology Review**, Intelligent Machines, 03 maio 2017. Disponível em: <https://www.technologyreview.com/s/604303/apple-picking-robot-prepares-to-compete-for-farm-jobs/>. Acesso em: 08 jan. 2018.

THE ECONOMIST. O admirável mundo dos duplos digitais. **Estadão**, Economia e Negócios, 31 ago. 2017. Disponível em: <http://economia.estadao.com.br/noticias/negocios,o-admiravel-mundo-dos-duplos-digitais,70001957796>. Acesso em: 08 jan. 2018.

WANG, S. et al. Towards smart factory for industry 4.0: a self-organized multi-agent system with big data based feedback and coordination. **Computer Networks**, v. 101, p. 158-168, 2016. Disponível em: <http://www.sciencedirect.com/science/article/pii/S1389128615005046>. Acesso em: 08 jan. 2018.

WORLD ECONOMIC FORUM. Programme. **WEForum**. Davos-Klosters, Switzerland, 20-23 Jan. 2016. Disponível em: <https://www.weforum.org/events/world-economic-forum-annual-meeting-2016>. Acesso em: 08 jan. 2018.

Capítulo 10

A Quarta Revolução Industrial e a Cadeia de Suprimentos 4.0

Rodrigo Damiano, Rafael S. de Campos, Rosangela F. P. Marquesone, Ari N. R. Costa, Daniel O. Mota

Este capítulo apresenta uma análise sobre as possíveis alterações na cadeia de suprimentos, com base nos parâmetros definidos pela ACATECH em sua Régua de Maturidade. Este capítulo apresenta, também, os possíveis impactos da convergência das tecnologias emergentes, associadas à Quarta Revolução Industrial, dos mundos físico, biológico e digital nos processos-chave do modelo *Supply Chain Operations Reference* (SCOR), que é utilizado como referência para o entendimento da lógica regularmente adotada pelos agentes de uma cadeia de suprimentos.

10.1. Desenvolvimento do conceito de Cadeia de Suprimentos 4.0

Segundo Chopra e Meindl (2016), uma cadeia de suprimentos é:

> "Uma cadeia de suprimentos consiste em todas as partes envolvidas, direta ou indiretamente, na realização do pedido de um cliente. Ela inclui não apenas o fabricante e os fornecedores, mas também transportadoras, armazéns, varejistas e até mesmo os próprios clientes. Em cada organização, assim como em um fabricante, a cadeia de suprimentos abrange todas as áreas envolvidas na recepção e na realização de uma solicitação do cliente. Dentre elas podemos citar: o desenvolvimento de produto, o marketing, as operações, a distribuição, o financeiro e o serviço de atendimento ao cliente, no entanto a cadeia de suprimentos pode não se limitar apenas a elas." (CHOPRA; MEINDL, 2016, p. 12)

A gestão de todos os elos de uma cadeia de suprimentos e das interações entre eles é vital para que os objetivos de eficiência e eficácia sejam atendidos. No conceito apresentado pela ACATECH (2011) sobre Indústria 4.0, a integração horizontal da cadeia de suprimentos é apresentada como uma das características da Indústria 4.0 e denominada de integração horizontal.

Os conceitos de Indústria 4.0 devem alterar profundamente a cadeia de suprimentos, dando origem a uma Cadeia de Suprimentos 4.0. Apesar de serem aguardadas grandes transformações na cadeia de suprimentos, hoje ainda não temos uma definição na literatura técnico-científica robusta do que é uma Cadeia de Suprimentos 4.0.

Neste livro vamos definir da mesma forma como foi adotado com relação à Indústria 4.0. Assim, a Cadeia de Suprimentos 4.0 é aquela que foi transformada na forma como atende a um pedido de um cliente, pela convergência dos mundos físico, biológico e digital em função das tecnologias emergentes, associadas à Quarta Revolução Industrial.

Tendo em vista que não há um modelo de referência estruturado que defina em detalhes o que é uma Cadeia de Suprimentos 4.0, no decorrer deste capítulo serão apresentadas possíveis aplicações da tecnologia na cadeia de suprimentos, classificadas nos seis níveis de maturidade, utilizando como base o modelo de maturidade para a Indústria 4.0 desenvolvido pela ACATECH.[13] São eles: informatização, conectividade, visibilidade, transparência, capacidade preditiva e adaptabilidade.

10.2. Análise das cadeias de suprimentos segundo a ACATECH

Conforme definido neste livro, no item 9.2. Régua da ACATECH de avaliação de maturidade de desenvolvimento tecnológico, a ACATECH estabelece um parâmetro de avaliação denominado Régua de Maturidade para avaliar os seis estágios possíveis de desenvolvimento tecnológico de uma Indústria 4.0, agrupados em dois blocos:

a) **Bloco Digitalização:** estágios preparatórios, para iniciar uma jornada de transformação para se tornar uma Indústria 4.0.
b) **Bloco Indústria 4.0:** estágios de evolução tecnológicos ancorados na convergência das tecnologias emergentes, dos mundos físico, digital e biológico, associadas à Quarta Revolução Industrial.

10.2.1. Bloco Digitalização: estágio computadorização

Neste estágio de utilização de sistemas computacionais, diferentes componentes de tecnologia da informação são utilizados isolados uns dos outros ao longo da companhia (SCHUH et al., 2017), formando ilhas de controle, automação e informação.

Na cadeia de suprimentos, normalmente pressionada pela necessidade de maior confiabilidade na entrega e velocidade nos processos logísticos, a utilização de sistemas computacionais pode

---
[13] Ver capítulo 9: A Quarta Revolução Industrial e a Indústria 4.0.

ser considerada de alta importância, principalmente para as empresas do setor que operam com grandes volumes de produtos.

Inegavelmente, mesmo sendo um estágio inicial do processo de adoção de tecnologias, a utilização de equipamentos e sistemas por si só traz ganhos importantes se comparados, por exemplo, ao uso do papel ou de comunicação informal.

Como exemplos de soluções que se encaixam neste estágio, podemos citar o conceito do Canal Azul Eletrônico (CA-e) aplicado ao setor agropecuário, apresentado no Box 1 deste capítulo. O CA-e aplicado ao setor agropecuário é um sistema baseado em um documento logístico que permite que toda a informação necessária para a análise fitossanitária da carga para exportação transite eletronicamente.

Outro bom exemplo é um sistema de controle de estoque que registra onde cada item está armazenado, porém não se conecta com os demais sistemas como o *Enterprise Resource Planning* (ERP) e a Expedição. Nesse cenário, o sistema possui informações importantes e relevantes, que auxiliam no controle da armazenagem, mas atendem apenas a essa necessidade específica dos operadores do armazém.

Um terceiro exemplo seria a adoção de ferramentas de simulação para a definição da quantidade de recursos humanos e equipamentos para atender à demanda operacional do processo logístico. Com o uso dessas ferramentas, uma simples decisão pode ser testada através da análise de cenários executados em um modelo de simulação de eventos discretos (KELTON; SADOWSKI; SADOWSKI, 2002). Essas ferramentas são baseadas em modelos matemáticos, que garantem alto grau de precisão na reprodução das características operacionais do ambiente real no ambiente virtual, possibilitando a tomada da decisão mais assertiva.

Box 1: Canal Azul

Mhileizer T. A. Silva, Vidal A. Z. C. Melo

Anualmente, o Brasil perde aproximadamente R$ 160 bilhões em razão de problemas de logística, sendo que R$ 13 bilhões só com a falta de estrutura dos portos, segundo números apresentados pelo Núcleo de Infraestrutura e Logística da Fundação Dom Cabral (FDC). O valor corresponde a cerca de 4% do Produto Interno Bruto (PIB), quantia idêntica ao volume que o país precisa investir anualmente nos próximos dez anos para acabar com os gargalos do setor (TRANSESPECIALISTAS, 2015)

Desenvolvido pelo Grupo de Gestão em Automação e Gestão de Tecnologia da Informação (GAESI – Gestão & TI), da Escola Politécnica da Universidade de São Paulo (USP), o projeto Canal Azul aplicou conceitos de automação aos Sistemas de Informações Gerenciais do Trânsito Internacional de Produtos e Insumos Agropecuários do Ministério da Agricultura por meio da introdução de um documento logístico 100% eletrônico, denominado CA-e.

Testes realizados mostraram que a iniciativa poderá reduzir em média 57 horas o tempo entre a chegada dos contêineres no porto e a liberação para embarque. Com o emprego dos métodos tradicionais de análise sanitária pelo Ministério da Agricultura no Porto de Santos e de Navegantes, nenhuma carga que saia da indústria era liberada em 24 horas, e somente de 5% a 10% dos casos feitos em até 48 horas.

O CA-e é gerado no momento da lacração da carga no frigorífico e contém todas as informações necessárias para a análise fitossanitária da carga. É feita uma vinculação do documento com um lacre eletrônico que acompanha a carga. Toda a atividade de fiscalização e gerenciamento de risco pode ser antecipada enquanto a carga está em trânsito e revalidada a cada mudança de situação com base nas tecnologias que garantem a autenticidade, a integridade e o não repúdio das informações.

O emprego de tal sistemática é uma iniciativa que moderniza o processo da cadeia logística de proteína animal. O projeto teve início com o apoio da FINEP em 2008 e foi concluído em 2010. Após sua conclusão, através do apoio da Associação Brasileira das Indústrias Exportadoras de Carne (Abiec), o projeto piloto foi implementado em parceria com uma empresa da associação (POLI-USP, 2016).

O Doutor Eduardo Mário Dias, professor da Escola Politécnica da USP e pesquisador responsável pelo Canal Azul, destaca que já está em desenvolvimento um projeto denominado Fronteira Azul, uma evolução do Canal Azul, destinado para acordos bilaterais. "Seria uma ferramenta eletrônica para apoiar os processos de exportação, deixando toda a documentação em uma janela única", afirma.

Referências:

POLI-USP. 2016. Professor da Poli-USP apresenta projeto Canal Azul na Secretaria de Portos esta semana. Disponível em: <http://www.poli.usp.br/pt/comunicacao/noticias/1869-professor-da-poli-usp-apresenta-projeto-canal-azul-na-secretaria-de-portos-esta-semana.html>. Acesso em: 08 jan. 2018.

TRANSESPECIALISTAS. 2015. Em Logística, O Brasil Perde Bilhões por Falta de Investimento e Problemas de Gestão. Disponível em: <http://www.transespecialista.com.br/noticias/em-logistica--o-brasil-perde-bilhoes-por-falta-de-investimento-e-problemas-de-gestao>. Acesso em: 08 jan. 2018.

10.2.2. Bloco Digitalização: conectividade

Este estágio tem como principal diferencial o início do processo de eliminação das ilhas de informações através da adoção de redes de comunicação entre os diversos componentes de hardware e software. Partes dos sistemas de controle operacional fornecem conectividade e interoperabilidade, mas a integração completa das camadas de TI e Controle Operacional ainda não ocorreu (SCHUH et al., 2017).

É necessário um nível mínimo de padronização para estabelecer essa conectividade e interoperabilidade entre sistemas e equipamentos. Com a grande amplitude de tecnologias disponíveis, tanto de meios físicos quanto de protocolos de transporte de dados, o *Internet Protocol* (IP) apresenta-se como principal viabilizador da integração entre essas tecnologias, pois estabelece um padrão a ser seguido por todas as tecnologias, para ser utilizado para troca de dados. É o que podemos observar no modelo da ampulheta apresentado na figura 10.1. (AKHSHABI; DOVROLIS, 2013, p. 55-88).

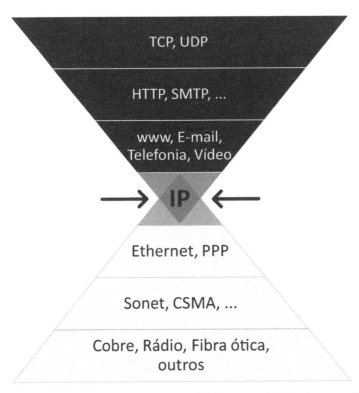

Figura 10.1. Representação de arquitetura de comunicação do protocolo IP no formato de uma ampulheta.
Fonte: adaptado de Akhshabi (2013).

É importante ressaltar que a utilização do protocolo IP em larga escala só foi possível pelo fato deste ter se tornado uma especificação aceita pela grande maioria dos fornecedores de tecnologia de hardware e software. Agora, com o *upgrade* do protocolo do padrão IPv4 para IPv6,[14] as

---
14 Ver capítulo 4, Mundo digital 1: Internet das Coisas.

restrições que existiam com relação ao número de dispositivos que poderiam utilizar esse canal de comunicação desapareceram (ver capítulo 4 deste livro), dando impulso à Internet das Coisas (IoT) e ampliando as possibilidades de conectividade com dispositivos inteligentes na Cadeia de Suprimentos 4.0.

Outro elemento fundamental nesta fase é a padronização na forma de identificação física dos produtos que são comercializados entre os agentes da cadeia de suprimentos (BARCHETTI et al., 2010). A utilização de padrões comuns de identificação dos produtos, por meio de código de barras bidirecionais, que são recomendados por organizações globais, como a GS1 através do padrão *Electronic Product Code* (EPC), permite a coleta automática de informações ao longo da cadeia, aumentando a visibilidade do processo e facilitando o compartilhamento de informações (THIESSE et al., 2009). Um exemplo de um projeto de padronização de identificação física dos produtos é a implantação do Sistema Nacional de Rastreabilidade de Medicamentos (SNCM), Box 2 deste capítulo. O SNCM tem como objetivo assegurar que os medicamentos que chegam aos pacientes sejam autênticos, ao mesmo tempo em que estabelece uma base de informações para que os agentes da cadeia de suprimentos desenvolvam novos sistemas, que impulsionem a maturidade dessa cadeia de suprimentos para o próximo estágio de maturidade de uma Cadeia de Suprimentos 4.0.

> **Box 2: Rastreabilidade de Medicamentos**
>
> *Mhileizer T. A. Silva, Vidal A. Z. C. Melo*
>
> A ANVISA (Associação Nacional de Vigilância Sanitária) e a Faculdade de Medicina da USP (FMUSP) firmaram recentemente um acordo para elaborar padrões, protótipos, simulações, testes, inovações e propor normativos para apoiar os processos de implantação, aquisição e interoperabilidade do Sistema Nacional de Controle de Medicamentos (SNCM). O projeto visa a segurança dos pacientes em relação aos remédios que consomem, sendo possível acompanhar todos os processos do medicamento após sua produção até a entrega aos pontos de dispensação autorizados pela ANVISA.
>
> Trata-se ainda de um projeto piloto, a ser testado por um período de três anos; se aprovado, deverá ser ampliado para todo o território nacional. A grande utilidade da elaboração deste sistema é permitir que se saiba onde está cada unidade específica de um medicamento, o que auxilia a detectar possíveis duplicidades, falsificações, adulterações, roubos e contrabandos. Além disso, fortalece mecanismos de fiscalização e reduz os gastos do sistema de saúde do país.
>
> Apesar de poucos países no mundo terem implementado sistemas com o mesmo objetivo, o Brasil pode se destacar nessa área. Apenas a Argentina e a Turquia têm um sistema de controle de medicamentos, porém com objetivos distintos do pretendido pela ANVISA.

Dentre as aplicações ligadas à cadeia de suprimentos que se aproveitam da conectividade e nos servem como exemplo de soluções que se encaixam nesta etapa, estão as soluções de separação de pedidos integradas ao ERP, tanto para recebimento da lista de itens para separação quanto para a liberação do pedido separado e emissão da nota fiscal. Tecnologias comumente utilizadas em processos desse tipo incluem coletores de dados móveis com rede *ethernet wireless*, RFID, identificadores 1D e 2D, indicadores luminosos para *picking-by-light*, sensores de presença para indicar necessidades de abastecimento, *beacons*, entre outras.

Esta etapa é o último estágio do bloco digitalização dentro do modelo de maturidade definido pela ACATECH (SCHUH et al., 2017). Tanto este quanto o estágio anterior são considerados requisitos básicos para a implantação da Indústria 4.0, ou, neste caso, da Cadeia de Suprimentos 4.0.

10.2.3. Bloco Indústria 4.0: visibilidade

O estágio da visibilidade só pode ser alcançado após a implantação e consolidação dos estágios anteriores. Este estágio tem como principal impacto a mudança na forma com que as empresas encaram a disponibilidade dos dados. Em vez de apenas coletar dados para permitir uma análise específica ou dar apoio a uma operação dedicada, as empresas devem criar um modelo digital atualizado (de toda a sua operação), em todos os momentos que não estejam vinculados a análises individuais de dados (SCHUH et al., 2017). No modelo da ACATECH, este modelo atualizado é chamado de Sombra Digital ou *Digital Shadow*.

O conceito de sombra digital resulta da integração entre sistemas e equipamentos em tempo real, facilitando o acesso à informação e consolidando uma única fonte como a fonte verdadeira de dados. A sombra digital pode ajudar a mostrar o que está acontecendo na empresa em qualquer momento, para que as decisões de gerenciamento possam basear-se em dados reais (idem, ibid.).

A visibilidade promove a integração e a colaboração entre os diversos sistemas, equipamentos e personagens de todas as etapas do processo, incluindo a cadeia de suprimentos, tanto em seus processos internos quanto na integração com a etapa de produção e demais participantes do processo logístico. Alguns exemplos dessa integração:

a) A disponibilização da produção ou do planejamento de vendas em tempo real, para que a logística ajuste seus recursos para atender às necessidades de recebimento de produto acabado e expedição.
b) A instrumentação da frota de veículos de entrega, possibilitando o rastreamento da entrega e a disponibilização dessa informação em tempo real para todos os envolvidos.
c) A integração dos estoques dos diversos armazéns da cadeia logística, possibilitando um planejamento da produção e da logística central para melhoria dos prazos de atendimento e redução de produtos parados no estoque.

Com o advento da Cadeia de Suprimentos 4.0, há uma tendência de que as ilhas de informações sejam desfeitas e todos os elos tenham completa visibilidade sobre as necessidades e os desafios entre si. Os sinais de demanda e abastecimento serão originados em qualquer ponto e viajarão imediatamente pela cadeia. Baixos níveis de estoque de matérias-primas críticas, interrupção na operação de plantas produtivas principais, repentino aumento nas demandas de clientes – todas essas informações estarão visíveis para todos os elos da cadeia, em tempo real. Isso, por sua vez, permitirá que todos os atores atuem de forma sincronizada.

Dentre as tecnologias que podem apoiar o aumento da visibilidade na cadeia de suprimentos aparecem aquelas que são utilizadas em objetos e aquelas utilizadas para a construção de ambientes ciberfísicos.[15]

Geisberger e colaboradores (ACATECH, 2011), no documento de posicionamento da ACATECH – "Sistemas ciberfísicos: mudando economia e sociedade" –, abordam a hierarquia dos sistemas

---

15 Ver capítulo 9, A Quarta Revolução Industrial e a Indústria 4.0.

embarcados nos quais se utilizam os termos *smart* e *intelligent*, cuja tradução em português é a mesma: inteligente. No entanto, para o entendimento do modelo conceitual da Indústria 4.0, há uma diferença: o termo *smart* é aplicado a sistemas que contêm subsistemas inteligentes, para os quais se aplica o termo *intelligent*. Dessa maneira, a evolução dos sistemas embarcados é apresentada em ordem de abrangência: sistemas embarcados, sistemas embarcados em rede, sistemas ciberfísicos, aos quais o termo *intelligent* é aplicado, e IoT, dados e serviços, aos quais o termo *smart* é aplicado.

Em um caso de integração entre atores da cadeia de suprimentos, o processo de virtualização pode representar o sistema real em uma estrutura computacional, utilizando aplicativos específicos e programação computacional, para que, através dessa representação, decisões possam ser tomadas sem o custo relacionado à estrutura física, como: obras civis, aquisição de equipamentos, mudanças de *layout*, dentre outros.

Softwares de simulação são uma das tecnologias-chave para se empregar a virtualização. Há diferentes tipos de simulação, eventos discretos, agentes, *system dynamics,* dentre outros, para diferentes tipos de aplicação, dimensionamento de recursos, lógica de sequenciamento de operação, planejamento de disposição de produtos em armazém, rotas de entrega etc., e os modelos virtuais podem ser empregados nas mais diversas etapas do processo de planejamento e execução logística.

Os modelos matemáticos que sustentam tais ferramentas permitem o uso de estatísticas coletadas a partir de operações semelhantes, que garantem uma grande aderência entre o ambiente real e o ambiente virtual, tornando as decisões mais assertivas. Embora o cenário de colaboração tenha seus benefícios e a tecnologia possibilite essa integração, ainda existem questões referentes aos impactos da troca de informações sobre aspectos comerciais e sobre o poder de negociação dos participantes da cadeia de suprimentos, ou seja, em alguns casos, não se trata apenas da aplicação da tecnologia.

10.2.4. Bloco Indústria 4.0: transparência

O estágio da transparência baseia-se na sombra digital gerada no estágio da visibilidade. Como foi visto, o estágio da visibilidade envolve a disponibilidade e o volume de dados. O estágio da transparência, por sua vez, abrange o entendimento, por parte da empresa, dos motivos que levam algo a acontecer e usar esse entendimento para produzir conhecimento por meio de análises das raízes dos acontecimentos. Os dados capturados devem ser analisados pela aplicação do conhecimento de engenharia para identificar e interpretar interações na sombra digital (SCHUH et al., 2017).

O arcabouço de conhecimento que lida com as informações propriamente ditas referentes aos processos de interpretações de dados descritos anteriormente tem sido classificado como *big data* (GANDOMI; HAIDER, 2015, p. 138). Os dados, em geral, são disponibilizados com origem difusa, com a geração de grandes volumes de informação de natureza variada e elevada taxa de crescimento. Essas particularidades se enquadram nos critérios definidos por Hurwitz e colaboradores, ao conceituar as três principais características de *big data*: (1) grandes volumes de dados; (2) alta velocidade na geração desses dados; e (3) ampla variedade nos tipos (HURWITZ et al., 2013).

O objetivo da Cadeia de Suprimentos 4.0 é integrar e tornar visíveis todos os aspectos da movimentação de produtos. A chave para este elemento crítico da Cadeia de Suprimentos 4.0 é *big data analytics*, ou análise de *big data*. As empresas têm as ferramentas para descrever grande parte do estado atual de suas cadeias de suprimentos – onde estão os produtos, de onde está vindo a demanda por itens específicos e quando os itens provavelmente serão entregues. E as empresas estão aprendendo a prever elementos críticos da cadeia. A demanda ao longo da cadeia pode ser mais bem antecipada devido a sinais mais sofisticados do mercado, o que se traduz em demanda para capacidade de produção, necessidades de armazenamento e logística e mudanças nos requisitos de matérias-primas.

Dentro do contexto da cadeia de suprimentos, técnicas específicas são fundamentais para o tratamento do elevado volume de informações geradas por IoT e que devem ser utilizadas pela virtualização. Porém, o conceito de *big data* vai além de ferramentas estatísticas de tratamento de dados. Para exemplificá-lo, observa-se o conceito apresentado pela empresa DHL (JESKE; GRÜNER; WEIß, 2013) de sua visão de como o *big data* pode ser incorporado na cadeia de suprimentos (figura 10.2).

Proposta pela ACATECH para o estágio de transparência, a utilização das ferramentas de *big data* auxilia a cadeia de suprimentos nas correlações de causa efeito. Dessa forma, a cadeia de suprimentos pode, com base no histórico armazenado, identificar as raízes do problema e trabalhar na otimização de seus processos.

O alcance de um alto grau de transparência dentro do sistema logístico não é uma tarefa fácil, requer sofisticação técnica e um grau adequado de intervenção inteligente do ser humano. Mas, uma vez alcançados, os benefícios são significativos e não se limitam a economias de estoque e melhorias de planejamento.

A fim de ilustrar os diferentes elementos da estrutura de visibilidade logística, destacamos os seguintes:

a) Dados de fontes internas e externas, tais como dispositivos de rastreamento de transportes e *social listening*, uma espécie de "mineração" de conteúdo que coleta tudo o que é dito a respeito de um produto, serviço ou marca na web, são trazidos para uma plataforma única.

b) Os dados são consolidados e enriquecidos com informações correlacionadas, tais como eventos da cadeia de suprimentos, impactando os embarques de abastecimento. Informações relevantes são "lapidadas" e registradas, como clima e tráfego. Até mesmo as redes de mídias sociais são monitoradas – empresas que prestam atenção às atividades do Twitter, por exemplo, possuem a possibilidade de antecipar a realização de uma greve dos trabalhadores.

166 Automação & Sociedade

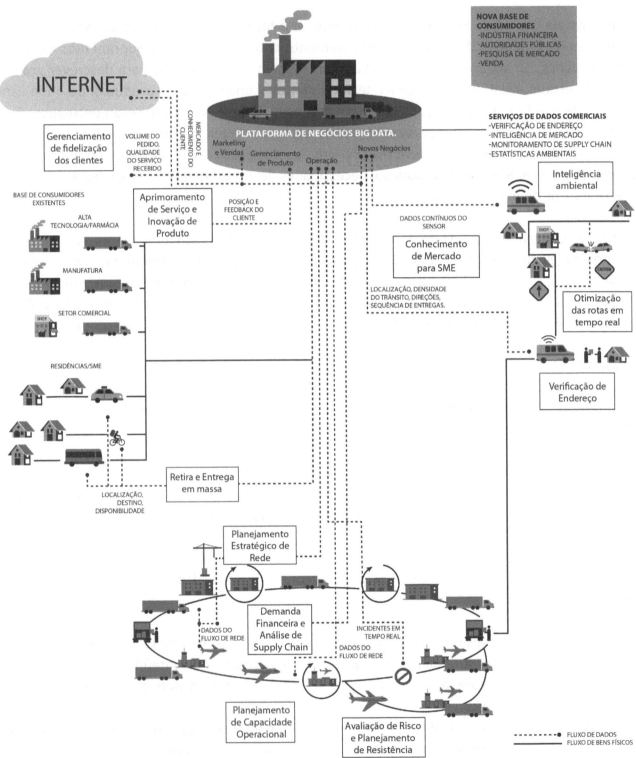

Figura 10.2. *Big data* em logística.
Fonte: Jeske; Grüner; Weiß (2013).

c) Essa informação enriquecida é então associada e colocada em uma plataforma que, através de rodadas de simulação e análises avançadas por meio de algoritmos estatísticos (*advanced analytics*), permite vários níveis de otimização estratégica, tais como melhorias nas rotas de transportes e revisão na performance das transportadoras. Para que todas essas informações sejam realmente úteis, elas precisam ser alimentadas em uma central de controle que monitore e gerencie as atividades logísticas e utilize *advanced analytics* e algoritmos prescritivos para apoiar a tomada de decisões e não somente a geração de diagnósticos da operação.

d) O resultado *single source of truth*, fonte única da verdade, permite que as empresas otimizem suas escolhas sob diferentes condições, usando a informação para alertar fábricas, armazéns e clientes sobre riscos no cumprimento de promessas de entrega, engajando-os na discussão de ações de mitigação. A visibilidade do status do transporte, dos impactos externos esperados sobre o tempo de entrega (*lead time*) e a habilidade de rápida e responsivamente alterar os planos será fundamental para empresas que busquem usar suas cadeias de suprimentos para obter vantagens competitivas e para gerenciar cuidadosamente os vários riscos associados às atividades das cadeias de suprimentos.

Outro exemplo da transparência na cadeia de suprimentos pode ser a análise dos carregamentos de expedição onde ocorrem mais atrasos e, pela análise dos dados, chegar à conclusão de que boa parte desses problemas acontecem no carregamento de um determinado produto. Com base nessa informação, a empresa pode alterar o processo para reduzir as dificuldades encontradas na operação.

10.2.5. Bloco Indústria 4.0: capacidade preditiva

O estágio da capacidade preditiva se propõe a, automaticamente, varrer a base de dados gerada pela transparência e identificar, através de ferramentas estatísticas e algoritmos de aprendizado de máquina, tendências referentes ao que pode ocorrer no futuro.

Uma vez atingido este estágio, a empresa é capaz de simular diferentes cenários futuros e identificar os mais prováveis. Isso envolve projetar a sombra digital no futuro, a fim de descrever uma variedade de cenários que podem ser avaliados em termos da probabilidade de ocorrerem. Como resultado, as empresas podem antecipar desenvolvimentos futuros para que possam tomar decisões e implementar as medidas apropriadas em tempo útil (SCHUH et al., 2017).

O uso da capacidade preditiva auxilia principalmente no planejamento da cadeia de suprimentos, antecipando, por exemplo, sazonalidades na demanda de produtos ou falhas potenciais em seus veículos (caminhões, empilhadeiras). Com essa antecipação, problemas de falta de abastecimento e falta de veículos podem ser evitados, mantendo um bom nível de serviço no processo logístico.

10.2.6. Bloco Indústria 4.0: adaptabilidade

A próxima etapa no desenvolvimento da análise da cadeia de suprimentos será a mais importante: a capacidade de prescrever como a cadeia de suprimentos deve operar. O objetivo não é apenas otimizar o planejamento da demanda; ou os pontos de distribuição da cadeia de suprimentos, rotas e ativos móveis; ou a gestão de inventário e peças sobressalentes. Em vez disso, a ação-chave reside na capacidade de prescrever uma elevada combinação de fatores em toda a cadeia, dependendo das circunstâncias, e então ser capaz de modificar ativamente a cadeia alinhadamente, em função de uma alteração na demanda.

A adaptabilidade é o conceito de utilizar soluções de software para automatizar a tomada de decisões. O objetivo da adaptabilidade é alcançado quando uma empresa é capaz de usar os dados da sombra digital para tomar decisões que tenham os melhores resultados possíveis no menor tempo possível e implementar as medidas correspondentes automaticamente, ou seja, sem assistência humana (SCHUH et al., 2017).

Os sistemas de análise prescritiva fornecem suporte à decisão para gerentes da cadeia de suprimentos e podem até agir de forma autônoma em decisões simples. Para melhorar a qualidade e eficiência de tais decisões, as empresas podem incluir informações externas, como indicadores econômicos, e empregar algoritmos de autoaprendizagem para auxiliar na automação do processo de tomada de decisão.

10.3. Possíveis impactos da convergência das tecnologias emergentes, associadas à Quarta Revolução Industrial, dos mundos físico, biológico e digital nos processos do modelo SCOR

Neste capítulo 10, apresentou-se um novo modelo de organização para cadeia de suprimentos, o *Consumer to Business* (C2B). Esse modelo de produção personalizada produzirá profundas mudanças na cadeia de suprimentos, com o objetivo de gerar mais valor para o cliente. Porém, cabe destacar que o modelo é totalmente novo e se soma ao modelo de *Business to Consumer* (B2C). A convivência entre esses dois modelos deve perdurar por muito tempo, com o C2B avançando na cadeia de produtos complexos, como automóveis e eletrônicos, e o B2C se concentrando na cadeia de produtos mais simples, como matérias-primas, semiacabados e produtos de consumo. Isso não significa que os setores que operam com base em um modelo B2C não podem se beneficiar dos conceitos da Indústria 4.0.

As cadeias de suprimentos operam através dos tradicionais processos do *Supply Chain Operations Reference* (SCOR). O SCOR é um modelo de referência que relaciona processos de negócio, métricas de desempenho e melhores práticas de gestão de cadeias de suprimentos, a fim de apoiar a descrição, a avaliação e a comparação das atividades e do desempenho dessas cadeias (SUPPLY CHAIN COUNCIL – SCC, 2012).

Estabelecendo como base para análise o modelo B2C, conforme ilustra a figura 10.3, o modelo SCOR fornece uma arquitetura baseada em seis processos de negócio, que visam apoiar as atividades de planejamento (*plan*), abastecimento (*source*), produção (*make*), entrega (*deliver*), retorno (*return*) e implantação dos processos e atividades (*enable*) ao longo de uma cadeia de suprimentos. Tais processos incluem todas as interações de mercado e com os clientes, como entrada de pedido, transações de materiais físicos com fornecedores e clientes, incluindo suprimentos, peças de reposição, equipamentos e softwares (LIMA, 2016).

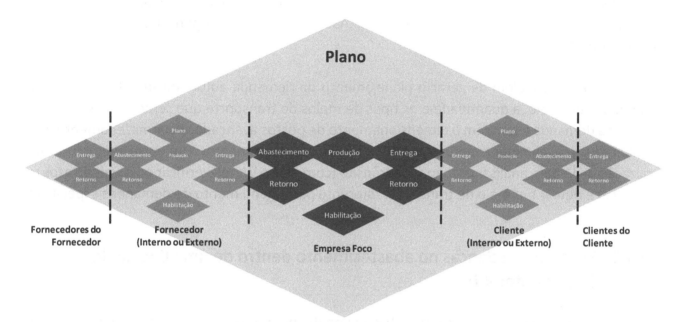

Figura 10.3. Principais processos do modelo SCOR.
Fonte: adaptado de SCC (2016).

10.3.1. Possíveis mudanças no planejamento dentro de uma Cadeia de Suprimentos 4.0

Os processos de negócio do planejamento, no modelo SCOR, descrevem as atividades associadas ao desenvolvimento de planos para operar a cadeia de suprimentos. Os processos do planejamento incluem a coleta de requisitos e a coleta de informações sobre recursos disponíveis, para determinar lacunas entre o planejado e o necessário (SCC, 2012).

O planejamento adaptativo é parte do planejamento e tem como base as informações geradas pelos diversos elos da cadeia de suprimentos, tais como tempos de abastecimento e histórico de demanda, além de informações de fontes externas, tais como análises climáticas, calendário de grandes eventos e questões tributárias e fiscais. A fim de obter algumas das informações externas, como notícias que tenham impacto sobre a cadeia de suprimentos ou sobre o produto para o qual é montado o planejamento, são utilizados robôs *crawlers*, responsáveis por navegar de uma página a outra procurando informações e armazenando-as em um repositório ou banco de dados. Todas essas informações ficam armazenadas em um *big data*, gerando uma massa de dados bastante rica para que as ferramentas de IA "entendam" os impactos gerados em função das decisões anteriormente tomadas.

Com base nesse aprendizado, a IA é capaz tomar decisões utilizando seus avançados algoritmos e gerar automaticamente seus cenários de planejamento da cadeia de suprimentos, equilibrando as necessidades identificadas com os recursos disponíveis. O mais importante é que, recebendo os novos *feedbacks* sobre as decisões tomadas, o algoritmo é capaz de analisar mais uma vez esses resultados e considerá-los em suas próximas decisões, gerando um ciclo de aprendizado e melhoria contínua.

De maneira prática, além de gerar o planejamento da demanda automaticamente, a IA poderá definir, por exemplo, a quantidade e os tipos de meios de transporte que serão necessários para atender à demanda e também o dimensionamento de postos avançados de armazenamento, buscando reduzir ou eliminar eventuais lacunas na cadeia de suprimentos. Um outro exemplo seria a utilização de IA para analisar os mapas de trânsito (como faz o Waze), verificar possíveis atrasos recorrentes e definir um meio de transporte diferente para atendimento de demandas específicas.

10.3.2. Possíveis mudanças no abastecimento dentro de uma Cadeia de Suprimentos 4.0

Os processos de negócios sob a rubrica abastecimento, no modelo SCOR, descrevem o pedido (ou o agendamento de entregas) e a recepção de bens e serviços. O processo de abastecimento incorpora a emissão de ordens de compra ou o agendamento de entregas, o recebimento, a validação e o armazenamento de bens e o aceite da fatura do fornecedor (SCC, 2012).

Em um cenário adaptativo, muito provavelmente o processo de emissão de pedidos seria uma etapa executada pela IA, visto que tal sistema pode analisar os custos e as demandas e negociar automaticamente com os fornecedores para obter o menor preço em lotes de produto. O uso desse tipo de solução traria maior confiabilidade aos processos de compras, pois seriam eliminadas quaisquer eventuais irregularidades ou preferências não justificáveis que algumas vezes afetam o processo de concorrência e seus participantes.

A etapa de abastecimento seria também impactada com a redução dos estoques, pois o planejamento executado da forma como foi apresentado no tópico 10.3.1. Possíveis mudanças no planejamento dentro de uma Cadeia de Suprimentos 4.0 seria cada vez mais acurado. Isso possibilitaria alcançar estoques mínimos com baixo risco de desabastecimento, o que reduziria os custos de armazenamento de produtos.

Ainda com base nos dados de planejamento, a etapa de abastecimento poderá ser equipada com diversos tipos de equipamentos de alta tecnologia, como drones e veículos autônomos, nos quais a IA poderá inferir se houver algum ganho em termos de velocidade e confiabilidade de entrega ou até mesmo em relação aos custos.

10.3.3. Possíveis mudanças na produção dentro de uma Cadeia de Suprimentos 4.0

Os processos de negócios de produção, no modelo SCOR, descrevem as atividades associadas à conversão de materiais ou à criação de serviços (SCC, 2012).

Um exemplo notório da evolução das empresas em direção à Cadeia de Suprimentos 4.0 é o avanço que a Pirelli, empresa multinacional que atua na fabricação de pneus, já alcançou em relação à adoção de análise prescritiva na fábrica (PIRELLI, 2016). A partir de centenas de sensores acoplados nas máquinas de linha de produção, a empresa captura parâmetros que permitem monitorar e configurar as matérias-primas utilizadas no processo. Essa abordagem proporciona a construção de modelos preditivos que informam, em tempo real, a qualidade esperada do pneu ao final da produção. A partir dessa iniciativa, a análise prescritiva pode ser adotada como uma solução na qual as próprias máquinas sugerem continuamente (conforme vão aprendendo as mudanças ocorridas) correções de parâmetros durante o processo de produção, sem a necessidade de uma intervenção humana. Como resultado, tem-se a melhor qualidade e eficiência do processo, resultando em menor custo e desperdício de materiais.

Embora significativo, o caso de uso da Pirelli está limitado à fábrica e demonstra apenas uma das possibilidades que os dados oferecem atualmente para as empresas que buscam otimizar o gerenciamento da cadeira de suprimentos. Atualmente, a partir da avalanche de dados disponíveis nesse contexto, oriundos de fontes internas e externas, somada à capacidade analítica de algoritmos de IA e aos recursos computacionais disponíveis, as empresas estão se tornando capazes de tomar decisões totalmente guiadas por dados, em todos os níveis da cadeia. Essa abordagem tende a impactar diretamente a maneira como a cadeia de suprimentos é gerenciada, colaborando para a existência de um processo de aprendizado contínuo, uma visão em tempo real das ocorrências e o aumento de percepção na produção de novos e existentes produtos, criando assim um ambiente mais inteligente e colaborativo para os humanos.

O futuro da etapa de produção foi largamente discutido nos capítulos anteriores deste livro, mas vale a pena destacar aqui o avanço da impressão 3D (ou manufatura aditiva – MA), tratada no item 7.3. Impressão 3D. Já começamos a experimentar o impacto da impressão 3D na produção de peças sobressalentes, que possibilitará às empresas repensarem suas malhas logísticas globais, hoje muito pautadas em manufaturas *offshore,* devido à grande disponibilidade de mão de obra barata no continente asiático. Em muitos armazéns, grande parte de todos os pedidos embarcados são solicitações únicas de peças sobressalentes, e a demanda por elas é altamente errática, quase impossível de prever. É por isso que as empresas normalmente mantêm enormes inventários de peças, muitas das quais devem ser mantidas por trinta anos ou mais, se os clientes continuarem operando máquinas antigas.

Com a impressão 3D, as peças sobressalentes poderão ser fabricadas conforme a necessidade, em instalações próximas às demandas, se a demanda for suficientemente alta ou suficientemente crítica. Para isso, serão necessárias impressoras 3D, o software, um modelo com as especificações corretas para cada peça e os materiais necessários para produzi-las. As especificações para qualquer peça, incluindo aquelas de peças de máquinas muito antigas para ter as especificações no arquivo, podem ser criadas usando *scanners laser* 3D e automaticamente traduzidas em códigos compreendidos pelas impressoras.

Os benefícios incluem dramáticas reduções nos estoques de peças sobressalentes e custos associados, além dos custos de transporte. Mas será que a impressão 3D será limitada apenas à produção de peças sobressalentes? Hoje já se discute a impressão 3D como uma nova forma viável de produção. No capítulo 2 discutimos, por exemplo, o impacto dessa tecnologia na moda. Esses avanços impõem um questionamento: semelhantemente ao que aconteceu com as indústrias que foram digitalizadas, como a da música, qual será a primeira cadeia de suprimentos a ser dissolvida pela impressão 3D?

10.3.4. Possíveis mudanças na entrega dentro de uma Cadeia de Suprimentos 4.0

Os processos de negócios de entrega, no modelo SCOR, descrevem as atividades associadas à gestão de pedidos, armazenagem e transportes. Os processos de entrega incorporam o recebimento, a movimentação e a armazenagem dos estoques, a validação e a criação de pedidos de clientes, o agendamento de entrega de ordens, a separação, a embalagem, o transporte (envio dos produtos) e o faturamento do cliente (SCC, 2012).

A gestão dos armazéns promete se tornar uma ferramenta estratégica na forma como as empresas operam e geram valor para seus clientes. O grande objetivo é melhorar a eficiência e a segurança através da automação de praticamente todas as atividades comuns de armazenagem. Na verdade, o armazém da Indústria 4.0. provavelmente não se parecerá nada com os nossos edifícios atuais, que incluem o uso intensivo de mão de obra. A transformação do armazém do futuro começa com a logística de entrada e recebimento do armazém.

Os caminhões a caminho do armazém comunicarão sua posição e hora de chegada ao sistema inteligente de gerenciamento de armazéns, que escolherá e preparará uma doca, otimizando a entrega. O sistema de gestão alocará automaticamente o espaço de armazenamento para a entrega e atribuirá o equipamento autônomo apropriado para mover os produtos para os locais certos. Dentro do armazém, o software de gerenciamento atualizará constantemente o inventário em tempo real, através do uso de sensores incorporados nos produtos e no próprio armazém.

Em última análise, o sistema poderá fazer uso de drones para auxiliar a contagem de inventário, avaliando regularmente o paradeiro das mercadorias através de dados dos sensores, mapeando toda a instalação.

Além da logística de entrada aprimorada, transporte autônomo e processos logísticos otimizados, as tecnologias inovadoras transformarão as atividades operacionais como a separação (*picking*) para atendimento a pedidos. Algumas empresas já estão experimentando sistemas com dispositivos vestíveis (*wearables*) e realidade aumentada para ajudar nesse processo caro e intensivo em mão de obra, que muitas vezes ainda é executado com papel e propenso a erros humanos. Utilizam também robôs em processos de embalagem e embarque, que podem manusear uma ampla gama de tamanhos de produto, considerando seus dados e os requisitos de embalagem do cliente.

Atualmente, com a tecnologia disponível, podemos ter o software também controlando o ambiente interno do armazém, incluindo as configurações de temperatura, luz e umidade adequadas de acordo com os requisitos predefinidos. Isso possibilita desligar as luzes e o aquecimento de áreas onde todo o trabalho está sendo feito por robôs e veículos autônomos, contribuindo, por exemplo, para a redução significativa do consumo de energia. Algumas empresas como a Amazon já adotam muitas dessas soluções, que são denominadas armazéns inteligentes ou *Smart Warehouse*. Com a velocidade do desenvolvimento e da adoção da tecnologia, cada vez fica mais difícil prever por quanto tempo ainda teremos a convivência entre a operação humana e aquela a cargo de dispositivos eletrônicos e robôs nos armazéns, até que esta última substitua a primeira por completo.

Na Cadeia de Suprimentos 4.0, alcançando um cenário colaborativo, uma possibilidade que a IA oferece é a otimização de cargas, utilizando a economia compartilhada (Uber, por exemplo). Nesse caso, podemos chegar a um nível de granularidade de entregas a baixo custo e abrir novas rotas antes impossíveis. Alguns dos possíveis resultados desse cenário de integração e colaboração é a redução de custos, o aumento da eficiência e até mesmo melhores condições de trabalho para os condutores de veículos de transporte, uma vez que, com um processo integrado, estes passariam a cobrir trechos mais curtos, reduzindo riscos de acidentes e ainda assim melhorando os prazos de entrega. Com a enorme variedade de cenários, a aplicação da IA torna-se necessária para atingir esse nível de integração.

10.3.5. Possíveis mudanças no retorno dentro de uma Cadeia de Suprimentos 4.0

Os processos de negócios de retorno, no modelo SCOR, descrevem as atividades associadas ao fluxo reverso de mercadorias. O processo de retorno incorpora a identificação da necessidade de devolução, a decisão de descarte, o agendamento do retorno e o transporte e a recepção dos bens devolvidos (SCC, 2012).

Com a adoção das tecnologias emergentes, associadas à Quarta Revolução Industrial, a tendência é que os níveis de retorno sejam drasticamente reduzidos, e os participantes da cadeia de suprimentos poderão utilizar ferramentas de IA para, por exemplo, analisar o perfil do cliente no momento da compra e informá-lo se aquele produto é adequado para ele ou não e, caso não seja, sugerir algum outro produto mais adequado ao perfil do consumidor.

10.3.6. Possíveis mudanças na implantação dos processos e atividades dentro de uma Cadeia de Suprimentos 4.0

Os processos de negócios de implantação dos processos e atividades, no modelo SCOR, incluem o gerenciamento de regras de negócios, o gerenciamento de desempenho, o gerenciamento de dados, o gerenciamento de recursos, o gerenciamento de instalações, o gerenciamento de contratos, o gerenciamento de rede de cadeia de suprimentos, o gerenciamento de conformidade regulatória e o gerenciamento de riscos (SCC, 2012).

O processo de implantação será bastante impactado pelas novas tecnologias que serão capazes de fazer um gerenciamento específico para as regras de negócio e de definir novas regras que auxiliem nos processos de gerenciamento das atividades da cadeia de suprimentos.

10.4. Conclusão

As cadeias de suprimentos são organismos extremamente complexos, e estruturar uma Cadeia de Suprimentos 4.0 é um processo longo, que depende não só da tecnologia, mas também da colaboração dos seus diversos agentes. De fato, se isolarmos apenas o fator tecnologia, muitas das soluções e tecnologias necessárias ainda não são amplamente utilizadas. Mas isso provavelmente mudará de forma radical nos próximos anos, com as diferentes indústrias digitalizando suas cadeias de suprimentos em diferentes níveis e velocidades. As empresas que chegarem primeiro atingirão uma vantagem difícil de desafiar na corrida da Quarta Revolução Industrial e poderão estabelecer, ou pelo menos influenciar, padrões técnicos para sua indústria específica.

Toda essa jornada em direção ao patamar de Cadeia de Suprimentos 4.0 será fundamental para a viabilização de alternativas de solução para os gargalos da logística brasileira, ajudando as empresas a se defenderem das dificuldades atuais, minimizando a grande dependência de investimentos em infraestrutura logística que existe hoje. A Cadeia de Suprimentos 4.0 pode também colaborar para a desburocratização, a eliminação de perdas – por exemplo, no setor de alimentos – e até para o aumento da arrecadação, na medida em que fornece visibilidade para a cadeia, facilitando a fiscalização.

A Cadeia de Suprimentos 4.0 pode se tornar uma cadeia de suprimentos no modelo B2C, na qual se pode contar com o suporte da IA para tomar decisões. Poderá ser uma cadeia C2B, na qual os produtos são personalizados para cada um de nós. Poderá ser algo que não se concretizou, pois tudo será produzido, no limite, por impressoras 3D, no ponto de uso, ou, provavelmente, uma junção de todas essas alternativas.

O conceito 4.0 vai muito além de um conjunto de práticas de automação e não se limita aos equipamentos que são incorporados ao sistema produtivo. Trata-se de uma nova abordagem na forma de fazer negócios. A Cadeia de Suprimentos 4.0 põe em prática muitos anseios dos profissionais de logística pela abundância de algo que sempre foi muito limitado: INFORMAÇÃO. Sejam elas informações dos clientes, produtos, indústria, transporte, operações, riscos, balança comercial e até mesmo militares. Dessa forma, o conceito de logística proposto por Ballou (2007), que preconiza que "(...) a logística deve se preparar para entregar o produto certo, no momento certo e na quantidade certa (...)", pode ser potencializado através dos conceitos 4.0, incluindo "com total informação de suas etapas, e ampla visibilidade em tempo real". Quais as consequências disso tudo? Começaremos a experimentá-las em breve.

Referências:

ACATECH (ed.). **Cyber-physical systems:** driving force for innovation in mobility, hewalth, energy, and production. (acatech Position Paper) Sankt Augustin, Alemanha: ACATECH, dez. 2011. Disponível em: <http://www.acatech.de/fileadmin/user_upload/Baumstruktur_nach_Website/Acatech/root/de/Publikationen/Stellungnahmen/acatech_POSITION_CPS_Englisch_WEB.pdf>. Acesso em: 08 jan. 2018.

AKHSHABI, S.; DOVROLIS, C. The evolution of layered protocol stacks leads to an hourglass-shaped architecture. **Dynamics On and Of Complex Networks**, v. 2. New York: Springer, 2013, p. 55-88.

BALLOU, R.H. **Business logistics/supply chain management.** Planning, organizing, and controlling the supply chain. 5th. ed. New Delhi: Pearson Education India, 2007.

BARCHETTI, U. et al. RFID, EPC and B2B Convergence towards an Item-Level Traceability in the Pharmaceutical Supply Chain. **IEEE International Conference on RFID-Technology and Applications**. Guangzhou, China, 2010, p. 194-199.

CHOPRA, S.; MEINDL, P. **Gestão da cadeia de suprimentos:** estratégia, planejamento e operações. 6. ed. São Paulo: Pearson Education do Brasil, 2016.

GANDOMI, A.; HAIDER, M. Beyond the hype: big data concepts, methods, and analytics. **International Journal of Information Management**, v. 35, n. 2, p. 137-144, 2015. Disponível em: <http://www.sciencedirect.com/science/article/pii/S0268401214001066>. Acesso em: 08 jan. 2018.

HURWITZ, J. et al. **Big data for dummies**. Hoboken, NJ: John Wiley & Sons, 2013.

JESKE, M.; GRÜNER, M.; WEIß, F. **Big data in logistics**: A DHL perspective on how to move beyond the hype. Troisdorf, Germany: DHL Customer Solutions & Innovation, Dec. 2013. Disponível em: <https://delivering-tomorrow.com/wp-content/uploads/2015/08/CSI_Studie_BIG_DATA_FINAL-ONLINE.pdf>> Acesso em: 08 jan. 2018.

KELTON, W. D.; SADOWSKI, R. P.; SADOWSKI, D. A. **Simulation with ARENA**. New York: McGraw-Hill, 2002.

LIMA JUNIOR, F. R. **Avaliação da adequabilidade de redes neurais artificiais e sistemas neuro-fuzzy no apoio à predição de desempenho de cadeias de suprimento baseada no SCOR**. 2016. Tese. (Doutorado em Engenharia de Produção) – Escola de Engenharia de São Carlos, USP São Carlos, São Paulo.

PIRELLI. How Pirelli is becoming data driven. **Pirelli**, Home, Life, 23 mar. 2016. Disponível em: <https://www.pirelli.com/global/en-ww/life/how-pirelli-is-becoming-data-driven#>. Acesso em: 08 jan. 2018.

SUPPLY CHAIN COUNCIL – SCC. **Supply Chain Operations Reference Model, version 11.0**. Supply Chain Council, Oct. 2012. Disponível em: <http://docs.huihoo.com/scm/supply-chain-operations-reference-model-r11.0.pdf>. Acesso em: 08 jan. 2018.

SCHUH, G. et al. (eds.). **Industrie 4.0 Maturity Index:** managing the digital transformation of companies. ACATECH Study Series. Abr., 2017. Disponível em: <http://www.acatech.de/fileadmin/user_upload/Baumstruktur_nach_Website/Acatech/root/de/Publikationen/Projektberichte/acatech_STUDIE_Maturity_Index_eng_WEB.pdf>. Acesso em: 08 jan. 2018.

SCHWAB, K. **A Quarta Revolução Industrial**. São Paulo: Edipro, 2017.

THIESSE, F. et al. Technology, Standards, and Real-World Deployments of the EPC Network. **IEEE Internet Computing**, v. 13, n. 2, 2009, p.36-43.

Capítulo 11

A Quarta Revolução Industrial e a Saúde 4.0

*Patrícia V. Marrone, Marco Bego, Matheus Vieira, Lucas Soares, Anna M. Morais,
Beatriz Perondi, Leila S. H. Letaif*

Este capítulo trata da evolução do conceito de Saúde 4.0. Apresenta também exemplos de aplicações das tecnologias emergentes dos mundos físico, biológico e digital, associadas à Quarta Revolução Industrial, no setor da saúde no Brasil. Este capítulo aborda ainda os principais desafios para o desenvolvimento da Saúde 4.0 e, por fim, apresenta um exemplo de como os conceitos de Saúde 4.0 podem transformar os hospitais, um dos elementos centrais do setor de saúde.

11.1. Evolução dos conceitos Saúde 4.0

O setor de saúde é possivelmente o setor que mais precisa da convergência tecnológica da Quarta Revolução Industrial. Exemplos das formas como as tecnologias emergentes pertencentes à Quarta Revolução Industrial estão transformando a saúde podem ser facilmente encontrados nos processos de diagnóstico (diagnóstico precoce e diagnóstico) e tratamento:

a) **Diagnóstico:** segundo o dicionário Ferreira (2017, p. 52), é o "conhecimento ou determinação de uma doença pelos seus sintomas, sinais e/ou exame". A atividade e a velocidade com que os processos de diagnósticos são efetuados são dois índices de desempenho vitais para a excelência da qualidade dos serviços de saúde prestados. Os processos de diagnóstico na medicina podem ser divididos em dois grupos:

   i. **Diagnóstico precoce:** o processo de diagnóstico precoce tem como objetivo identificar uma doença em seu estágio de sintomas iniciais. Hoje em dia, os dispositivos móveis já permitem monitorar, em tempo real, diversos parâmetros relacionados aos hábitos de vida das pessoas, como o pedômetro, controle de frequência cardíaca, alimentação e atividade física. A avaliação desses itens é útil no que diz respeito à prevenção de doenças cardiovasculares e neoplasias. Outro desenvolvimento, que fornece demonstrações do aumento da capacidade de monitoramento da saúde pelo paciente, ou seu responsável, é o sistema Vital Radio, que permite, utilizando o eco de ondas de rádio, monitorar a respiração e o batimento cardíaco, sem necessidade de utilização de nenhum sensor (HODSON, 2015).

ii. **Diagnóstico:** o processo de diagnóstico refere-se à descoberta de uma doença em um estágio mais avançado de evolução. Assim como o diagnóstico precoce, este processo também está sendo impactado profundamente pelas tecnologias associadas à Quarta Revolução Industrial. Por exemplo, a informação molecular e o perfil genômico abrangente passaram a desempenhar um papel fundamental no modo como medicamentos e soluções de diagnóstico são desenvolvidos e utilizados. Através da coleta de materiais biológicos de fácil obtenção, como sangue, saliva ou urina, já é possível detectar a presença de material genético de células tumorais. Este método já vem sendo estudado em diversos tipos de neoplasias, como na detecção precoce do câncer de pulmão (SUN et al., 2017).

iii. O aplicativo europeu CardioSecur é outro exemplo da adoção das tecnologias emergentes associadas à Quarta Revolução Industrial nos processos de Diagnóstico. O aplicativo permite realizar um eletrocardiograma com o uso do celular. Nele, há um conjunto de eletrodos adaptados para a entrada dos fones de ouvido, de modo que, se o paciente se sentir mal, ele mesmo posicionará os eletrodos e acionará as funcionalidades. Diante disso, em caso de suspeita de infarto, o diagnóstico e o direcionamento para o tratamento são feitos de forma rápida, melhorando os desfechos clínicos (CARDIOSECUR, 2017).

d) **Tratamento:** as tecnologias emergentes associadas à Quarta Revolução Industrial, como a IA, são ferramentas-chave no tratamento e na criação de novas drogas.[16] Essas tecnologias-chave também começam a apresentar seu potencial no planejamento individualizado de procedimentos. Simulações digitais, realidade virtual e realidade aumentada já se tornaram temas comuns na medicina. Agora gêmeos digitais, como na indústria, passam a ser inseridos no dia a dia da medicina, permitindo validações digitais de tratamentos e procedimentos (BAILLARGEON, 2014). Para que esses modelos digitais possam ser empregados de forma efetiva, é necessário que tenham uma capacidade de representar, de forma bastante fidedigna, o comportamento dos órgãos tratados. Por exemplo, no caso do coração humano, modelos computacionais já existiam há algum tempo, mas com a capacidade de representar apenas uma câmara do coração de cada vez e representando apenas o modelo mecânico ou elétrico do órgão. Apenas com o avanço da modelagem, que culminou com o desenvolvimento em *crowdfunding* do projeto *Living Heart*, foi possível obter um modelo do coração humano completo, com todas as câmaras e válvulas, e representando a resposta eletromecânica integrada do órgão em suas mais diversas condições de funcionamento.

Apesar de ser mais frequente encontrar no setor da saúde do que em outros setores da economia exemplos de como a convergência das tecnologias emergentes dos mundos físico, biológico e digital, associadas à Quarta Revolução Industrial, podem transformar o setor, semelhantemente ao

---
16 Ver capítulo 8, Mundo Biológico.

que ocorre com a Indústria 4.0, não existe uma definição largamente aceita na literatura técnico-científica sobre o que significa o termo Saúde 4.0. Portanto, neste livro, vamos considerar que o termo Saúde 4.0 significa o processo de transformação dos agentes do setor de saúde, por meio da convergência das tecnologias emergentes dos mundos físico, biológico e digital, associadas à Quarta Revolução Industrial.

11.2. Exemplos de adoção das tecnologias emergentes associadas à Quarta Revolução Industrial no setor da saúde

Os exemplos dos resultados obtidos com a adoção das tecnologias emergentes associadas à Quarta Revolução Industrial no setor da saúde são fonte de esperança para diversos pacientes e familiares. Pela análise genômica, por exemplo, tornou-se possível apoiar decisões clínicas baseadas num profundo entendimento do perfil genômico tumoral. A partir do Sequenciamento Genômico Abrangente do câncer ou *Comprehensive Genomic Profiling* (CGP), da farmacêutica Roche, por exemplo, o médico passou a dispor de uma das mais avançadas opções de terapia disponíveis globalmente para cada paciente, complementando as ferramentas tradicionais de decisão de tratamento de câncer e expandindo as opções desses tratamentos. Com esse tipo de sequenciamento, é possível adequar cada paciente às terapias direcionadas e aos exames clínicos relevantes para as alterações moleculares em seu tumor, com base nas pesquisas científicas e médicas mais recentes. Essa técnica de análise genômica, que foi desenvolvida nos Estados Unidos, hoje já está disponível no Brasil (FOUNDATION MEDICINE, 2017).

No Brasil, de modo semelhante ao que ocorre nos demais países, as tecnologias emergentes associadas à Quarta Revolução Industrial estão conduzindo a avanços significativos. Entretanto, é preciso melhorar, considerando que o Brasil conta com um dos maiores sistemas de saúde pública do mundo.

Grandes problemas de saúde pública no Brasil poderiam ser resolvidos nesse setor já nos primeiros estágios de desenvolvimento tecnológico da Régua de Maturidade da ACATECH (SCHUH, 2017). Um exemplo do atraso na adoção de tecnologia na saúde no Brasil são os projetos de prontuários eletrônicos. Os prontuários dos hospitais e laboratórios são de grande importância para planejar o atendimento e realizar ações de prevenção e promoção da saúde. Até julho de 2017, o Brasil possuía 42.488 Unidades Básicas de Saúde, ou UBS, em funcionamento. Desse total, 15.158 (35,7%) UBSs enviam dados por meio do Prontuário Eletrônico; destas, 6.373 utilizam o e-SUS AB, prontuário fornecido gratuitamente pelo Ministério da Saúde. Hoje, 27.330 (64,3%) UBSs não utilizam Prontuário Eletrônico (BRASIL, 2017).

Por outro lado, um avanço recente foi o lançamento em junho de 2017 do aplicativo e-Saúde, novo canal de comunicação entre o Ministério da Saúde e o cidadão. A ferramenta está disponível nos principais sistemas operacionais do mercado, Apple iOS e Google Android, e pode ser acessada por *tablets* e *smartphones*. O aplicativo foi criado pelo Departamento de Informática do SUS (DATASUS) e oferece informações de saúde de uso pessoal e restrito a cada cidadão brasileiro, como o acesso aos dados do cartão nacional de saúde, lista de medicamentos retirados nas unidades de saúde, acompanhamento do cartão de vacinação, lista de exames realizados, além de outras informações.

A grande demanda de pacientes no SUS e o atendimento insuficiente abrem espaço para a tendência da saúde digital, que busca atender pacientes que exigem cada vez mais informações e lançam mão de dispositivos tecnológicos como computadores, celulares e acessórios "vestíveis". As inovações poderão melhorar a qualidade e a velocidade dos serviços do governo na saúde, por meio de soluções que supram o atendimento deficitário (PRADO, 2016).

Hoje mais da metade da população brasileira acessa a internet. Conexões à rede via *smartphones* atingiram 136,6 milhões de brasileiros, o que totaliza 77,9% da população. Isso demonstra a grande viabilidade de se utilizarem essas ferramentas digitais para melhorar o atendimento e expandir a cobertura do SUS, principalmente em regiões onde o acesso é mais difícil (SALES, 2016).

A tabela 11.1 apresenta alguns exemplos de aplicações das tecnologias emergentes associadas à Quarta Revolução Industrial desenvolvidas no setor privado brasileiro que podem ser utilizadas no setor público.

Tabela 11.1. Exemplos de aplicações das tecnologias emergentes no setor de saúde privado brasileiro.

Aplicação	Objetivo	Referência
Practo	Software que permite o agendamento de consultas *on-line*. No momento, o lançamento do serviço está disponível apenas para médicos e pacientes na cidade de São Paulo, e cerca de 5 mil profissionais já se cadastraram. O Practo pretende cobrar dos médicos uma mensalidade para que eles possam gerenciar o agendamento de consultas por meio do aplicativo. Para os pacientes, o agendamento e a consulta das informações são gratuitos.	(MANS, 2017)
Mais Leitos	Software que possibilita o acompanhamento do paciente, desde a internação até a alta. Com o programa, o corpo clínico pode ter um mapa de localização de pacientes, facilitando a identificação de pendências e a resolução rápida de problemas.	(BICUDO, 2016)
Consulta do Bem	Software que permite ao cliente agendar uma consulta particular a preços acessíveis, variando de R$ 58,00 a R$ 150,00. Através do aplicativo, o paciente escolhe a especialidade e o médico que quer consultar a partir de um mapa. Quando um médico é selecionado, uma janela com informações sobre os horários disponíveis aparece. Hoje o Consulta do Bem já conta com mais de 2 mil médicos cadastrados.	(RIBEIRO, 2016)
Pega Plantão	Software para hospitais que ajuda a acionar os médicos quando ocorrem mudanças nos plantões. O programa existe há cinco anos e é utilizado pelo Hospital Santa Marcelina.	(RIBEIRO, 2016)
Epitrack	Plataformas *on-line* para detecção digital de doenças. Os usuários descrevem os seus sintomas, a empresa coleta os dados e cria mapas interativos que mostram os locais afetados por doenças como dengue e zika. A intenção do Epitrack é identificar o risco de surtos e epidemias de doenças infecciosas rapidamente e gerenciar a resposta efetivamente.	(BRASKEM, 2016)
Receita Segura	Plataforma *on-line* que reúne médicos, pacientes e redes credenciadas (farmácias e laboratórios) e que garante a prescrição segura e legível de medicamentos. Hoje a plataforma conta com seis mil usuários, mas pretende ampliar seu alcance para 14 mil.	(CONTROLE, 2016)
Catálogo Aliança Brasileira da Indústria Inovadora em Saúde (ABIIS)	Catálogo *on-line* sobre dispositivos médicos disponíveis no mercado brasileiro que se utilizam de tecnologias de comunicação e informação, caracterizados como e-saúde, saúde eletrônica ou saúde digital.	(ABIIS, s.d.)

Fonte: autores.

Atualmente existe um grande interesse no desenvolvimento de tecnologia para saúde. Estima-se que os fundos de investimentos e empresas do ramo de saúde devam investir até 2017 cerca de R$ 17,43 bilhões em projetos de inovação (TAMAMAR, 2015). Marrone (2015) apresenta 31 propostas de melhorias no setor de saúde brasileiro, tanto para o setor público como para o privado, viabilizadas pelas tecnologias emergentes associadas à Quarta Revolução Industrial.

11.3. Desafios mundiais da Saúde 4.0

Segundo Buchanan et al. (2017), um ponto central para o avanço na adoção das tecnologias emergentes associadas à Quarta Revolução Industrial na saúde, em escala global, é o desenvolvimento de plataformas digitais que deem suporte à colaboração entres os diferentes elementos tecnológicos dos mundos físico, biológico e digital. Segundo Thuemmler (2017), existem duas categorias de barreiras para o avanço no desenvolvimento dessas plataformas: as barreiras sociais e as técnicas. A intensidade e a resistência dessas barreiras é que determinarão a velocidade com que o setor de saúde evoluirá para a Saúde 4.0. Entretanto, é fato que os países do primeiro mundo buscam desenvolver essas plataformas de forma acelerada (BUCHANAN et al., 2017, p. 220). A figura 11.1 ilustra e detalha essas barreiras:

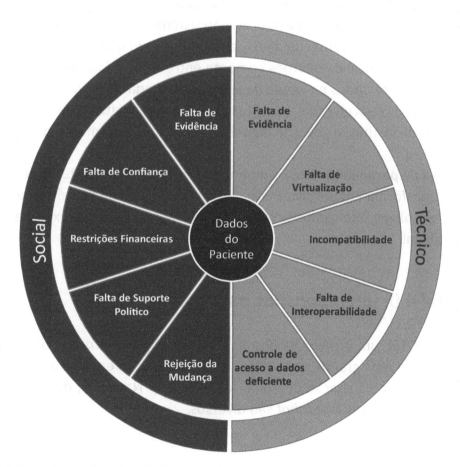

Figura 11.1. Ilustrativo das barreiras técnicas e sociais para adoção de plataformas digitais no setor de saúde.
Fonte: adaptado de Thuemmler (2017).

Conforme pode ser observado na figura 11.1, os dois tipos de barreiras podem ser descritos da seguinte maneira:

a) **Barreiras sociais:** as barreiras sociais para a adoção de plataformas digitais na saúde são a falta de evidências do funcionamento da solução, a falta de confiança suficiente entre os participantes para permitir o compartilhamento de informações, o montante de investimento financeiro, a resistência a mudanças e a falta de poder político suficiente para forçar a adoção da plataforma digital.

b) **Barreiras técnicas:** as principais barreiras técnicas para a adoção dessas plataformas são a necessidade de vencer o desafio da normalização e padronização, além de garantir que haja conectividade nos sítios de atenção à saúde, falta de virtualização, incompatibilidade, falta de interoperabilidade.

De acordo com Paulin, a Saúde 4.0 poderá trilhar três caminhos possíveis no futuro (2017, p. 56-58):

a) **Estabilização:** as coisas poderão ficar como estão, similarmente ao que tem ocorrido com a ciência e a tecnologia em casos de descobertas ocasionais, uma vez atingido o chamado platô de produtividade, de acordo com a consultoria Gartner.[17]

b) **Progresso em forma de colcha de retalhos (*patchwork progress*):** a segunda linha possível de evolução é a de uma evolução não sistêmica determinada por progressos localizados, com forte heterogeneidade da tecnologia em uso ao longo do domínio. Neste cenário, uma miríade de padrões compete entre si, com fornecedores e provedores de tecnologia interessados na venda de soluções fechadas, com o objetivo de recuperar, a longo prazo, os seus investimentos. Esse fenômeno é muito conhecido, pois foi visto nas tentativas de instituir o governo digital, onde uma transformação disruptiva do sistema não ocorreu.

c) **Mudança de paradigma:** este caminho seria o ideal. Nele, o sistema centrado no provedor se transforma em um sistema/paradigma centrado no paciente, sendo a base para que a tecnologia inteligente sirva para a interligação/interconexão de um sistema de saúde global.

11.4. Hospital 4.0: um *moonshot* para o Brasil

Segundo Berman (2016), um projeto *moonshot* tem por objetivo propor soluções radicais para problemas que afetam uma grande população, e sua construção envolve a colaboração de diferentes agentes, bem como a criação de novas tecnologias.[18] Na saúde, os exemplos de desafios globais que requerem projetos *moonshot* são diversos.

---

17 Ver o capítulo 4, Mundo Digital 1: Internet das Coisas para explicações sobre a definição de platô de produtividade da Gartner.
18 Ver o item 9.2. Régua da ACATECH de avaliação de maturidade de desenvolvimento tecnológico para a definição de *moonshot*.

No que diz respeito à necessidade de tratamento cirúrgico, um levantamento realizado pela *Commission on Global Surgery* em 2015 demonstrou que há um déficit global (MEARA, 2015). Esse déficit envolve:

a) **Recursos humanos:** faltam equipes de cirurgia e de anestesia.
b) **Fatores sociais:** os usuários eventualmente demoram para procurar os serviços de saúde. Existem características como: mobilidade, grandes distâncias, dificuldade de acesso a serviços de saúde e desinformação.
c) **Fatores estruturais:** o déficit de hospitais, clínicas, postos de saúde e mesmo de materiais cirúrgicos e de medicamentos é ainda muito elevado.

A soma de todos esses fatores aumenta em muito as taxas de morbidade e a mortalidade de pacientes com patologias facilmente tratáveis se o recurso fosse disponibilizado de forma adequada.

Essa mesma pesquisa constata e projeta, em países em desenvolvimento, que para manter 80% do atual nível de cobertura de cirurgias básicas no ano de 2030, a infraestrutura atual terá que ser dobrada. Estima-se que apenas para manter o atual nível de atendimento, que já é insuficiente, serão necessários investimentos da ordem de 350 bilhões de dólares. É evidente que a falta de recursos é um grande limitador para que os investimentos sejam feitos. Entretanto, o lado mais perverso dessa equação financeira é que o não atendimento dessas necessidades levará a um custo ainda maior com gastos com seguridade pública.

Fica evidente que existe a necessidade urgente de que projetos *moonshot* relacionados à saúde sejam desenvolvidos e implantados. No Brasil os desafios são proporcionalmente ainda maiores. Uma estratégia para a mudança do atual estágio da saúde para o estágio de Saúde 4.0 é começar com o desenvolvimento e a implantação do Hospital 4.0, de forma a concentrar os esforços e irradiar os desenvolvimentos tecnológicos para todo o sistema de saúde. Esse desenvolvimento e sua implantação são um projeto *moonshot* que o Brasil tem condições de liderar.

Diante desse cenário, no *Workshop* Estratégico: Serviços, Agro, Saúde e Indústria 4.0 (SASI 4.0), realizado em 06 de outubro de 2016 na USP, foi formulada a proposta de utilizar as tecnologias da Quarta Revolução Industrial para implantar um Hospital 4.0. no país, tendo a estrutura do Hospital das Clínicas da Faculdade de Medicina da Universidade de São Paulo (HC-FMUSP) como ambiente para o desenvolvimento do projeto.

A estratégia adotada pelos pesquisadores, que se incumbiram de realizar o projeto, é baseada em dois eixos:

a) **Tecnologia:** a complexidade do ambiente hospitalar é enorme. Aumentar a eficiência e a eficácia exige eliminar as barreiras para que ocorra uma perfeita integração entre os diferentes processos no hospital, de forma que haja um perfeito sincronismo entre o que é planejado e o efetivamente executado.[19] Para viabilizar tal integração, a arquitetura de tecnologia do projeto é baseada numa plataforma de IoT, capaz de suportar a convergência das tecnologias emergentes, associadas à Quarta Revolução Industrial, adotadas nos mundos físico, biológico e digital do hospital.

b) **Modelo de negócio:** um dos pontos principais para se justificar qualquer investimento é o retorno financeiro. Nesse contexto, é fundamental facilitar as soluções tecnológicas desenvolvidas para o Hospital 4.0, a fim de que possam alcançar escala de uso, de forma a se tornarem viáveis financeiramente. Para tanto, na arquitetura do projeto de Hospital 4.0 do HC-FMUSP, é previsto um Supermercado virtual (*Marketplace*). O Supermercado virtual do HC-FMUSP, em função da representatividade da instituição, tem a capacidade de atrair a atenção necessária de potenciais usuários para as soluções tecnológicas desenvolvidas para o projeto, de forma a criar as condições para que os participantes do projeto obtenham a escala necessária para alcançar um retorno financeiro adequado.

A figura 11.2 apresenta a arquitetura proposta para o Hospital 4.0, construída com base no modelo desenvolvido pela ACATECH (KAGERMANN, 2014). A arquitetura é formada por três camadas:

a) **Camada inferior:** na camada inferior estão os ambientes ciberfísicos (Transporte, Ambulatório, Central de Materiais, Central de Diagnóstico, Centro Cirúrgico, Unidade de Tratamento Intensivo etc.) conectados ao barramento de IoT, que orquestra a comunicação entre os componentes da arquitetura.

b) **Camada intermediária:** o núcleo da arquitetura é o barramento de IoT, responsável pela interoperabilidade semântica entre as informações geradas pelos diferentes ambientes ciberfísicos que se conectam à plataforma e aos espaços virtuais.

c) **Camada superior:** a última camada da arquitetura é formada pelos espaços virtuais: Supermercado, Colaboração, Cognição, Integração e Serviços. Os Supermercados são repositórios, onde podem ser encontrados diferentes aplicativos para assinatura. A assinatura de uma aplicação no Supermercado dá direito ao seu uso no espaço virtual específico. O espaço virtual Colaboração é para uso de aplicações com foco em suporte ao fluxo de trabalho. O espaço virtual Cognição serve para a mineração de dados. O espaço virtual Integração, para a conexão com outras plataformas. O espaço virtual Serviços, para atender às consultas do paciente e de familiares.

Conforme é ilustrado na figura 11.2, o Hospital 4.0 envolve a integração de diversos objetos e ambientes ciberfísicos. No setor de transporte, por exemplo, as atividades básicas como planejamento, mobilização, execução e encerramento são totalmente remodeladas. A seguir, uma breve explicação de como se dará essa remodelagem.

---

19 Ver capítulo 9, A Quarta Revolução Industrial e a Indústria 4.0.

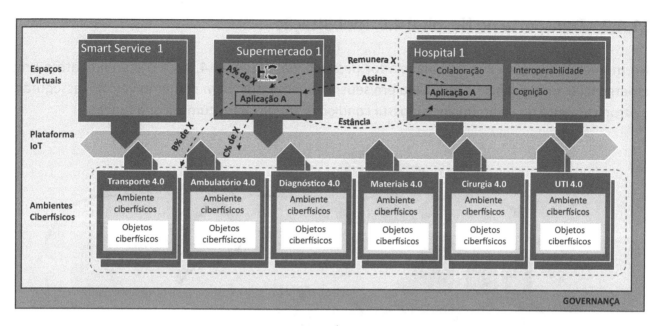

Figura 11.2. Ilustrativo da arquitetura do Hospital 4.0.
Fonte: autores.

11.4.1. Transporte no Hospital 4.0: planejamento

O planejamento da alocação de ambulâncias, figura 11.3, para atender à população poderá ser gerado por aplicações de colaboração disponíveis no Supermercado, considerando múltiplas alternativas de cenário, visando uma relação ótima entre nível de serviços e custos.

Figura 11.3. Etapa de planejamento na alocação de ambulâncias.
Fonte: autores.

11.4.2. Transporte no Hospital 4.0: mobilização

No momento em que uma ambulância for despachada, figura 11.4, para o atendimento a uma emergência, a inteligência embarcada em seus equipamentos, bem como no veículo, assegurará eletronicamente que a ambulância possui condições amplas para cumprir sua função.

Figura 11.4. Etapa de mobilização no despacho de ambulância para o resgate.
Fonte: autores.

11.4.3. Transporte no Hospital 4.0: execução

A execução do resgate terá todo o seu ciclo (percurso até o ponto de resgate, resgate e percurso até o hospital) transformado pela tecnologia.

a) **Percurso até o resgate:** no percurso até o local do resgate, figura 11.5, o condutor da ambulância contará com o auxílio da comunicação embarcada para obter suporte sobre o melhor percurso.

Figura 11.5. Percurso até o resgate.
Fonte: autores.

b) **Resgate:** no momento do resgate, figura 11.6, a comunicação viabilizará que os socorristas tenham suporte médico remoto, possibilitado por dispositivos de realidade aumentada, como o Google Glass, um acessório em forma de óculos que permite a interação dos usuários com diversos conteúdos em realidade aumentada e é capaz de tirar fotos a partir de comandos de voz, enviar mensagens instantâneas e realizar videoconferências. O suporte remoto ao resgate também poderá ocorrer por meio de outras aplicações a serem disponibilizadas no *Marketplace* com essa finalidade. A assertividade do suporte remoto poderá ser maximizada por meio de transferências de informações críticas do paciente *on-line* para o médico, coletadas automaticamente pelos dispositivos inteligentes de suporte à vida.

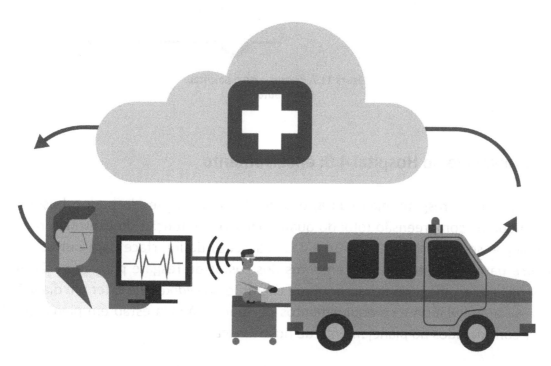

Figura 11.6. Etapa de execução no resgate.
Fonte: autores.

c) **Percurso até o hospital:** no percurso até o hospital, figura 11.7, da mesma forma que ocorreu durante o percurso de regate e no resgate, a equipe da ambulância contará com apoios tanto em relação ao percurso como em relação ao hospital com melhores condições de receber o paciente. Além das informações coletadas pelos equipamentos de suporte à vida, os socorristas poderão transmitir voz e imagens do paciente durante todo o resgate.

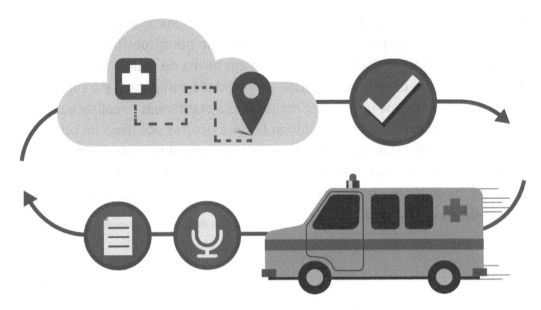

Figura 11.7. Percurso até o hospital.
Fonte: autores.

11.4.4. Transporte no Hospital 4.0: encerramento

No encerramento do resgate, figura 11.8, o paciente será transferido para o hospital, em um cenário em que há compreensão total do quadro clínico. Em função do controle proporcionado pela tecnologia, será possível utilizar uma das aplicações de interface para outros sistemas do *Marketplace* para estabelecer os lançamentos dos custos do resgate para apuração financeira. Será possível, ainda, utilizando ferramentas de cognição do *Marketplace*, ter um diagnóstico preciso sobre se a ambulância e os equipamentos de suporte à vida estão em plenas condições e podem ser considerados no planejamento de novos resgates.

Figura 11.8. Etapa de encerramento no resgate.
Fonte: autores.

11.5. Iniciativas de implantação do Hospital 4.0 no Brasil

A arquitetura desenvolvida após o SASI 4.0, que está sendo implantada no HC-FMUSP, é uma arquitetura aberta. A arquitetura permite que as soluções desenvolvidas para o HC-FMUSP possam ser adotadas de forma ampla por hospitais públicos e privados, bem como que as soluções de outras instituições possam ser adicionadas à arquitetura, construindo desse modo um ambiente de colaboração riquíssimo para a evolução do projeto. Para as empresas de tecnologia que se engajarem na construção do Hospital 4.0, a participação no projeto pode ser uma importante alavanca para acelerar ganhos de escala e equilíbrio financeiro para a inovação. Do ponto de vista da indústria que produz equipamentos e materiais para o setor hospitalar, o Hospital 4.0 estabelece padrões para orientar o desenvolvimento de novos produtos com mais inteligência. Na perspectiva da ciência, a construção do Hospital 4.0 é uma forma de fomentar, dentro de um ambiente acadêmico, a integração de diferentes tecnologias com segurança, maximizando a interoperabilidade e mitigando o risco do fenômeno colcha de retalhos.

11.6. Conclusão

Conforme foi exposto neste capítulo, é de grande valia e estratégico que a Saúde 4.0 seja implementada no Brasil. Essa implantação depende primeiramente de que sejam criados os seguintes elementos: os padrões e as especificações tecnológicas, as diretrizes, as estruturas de governança, os modelos de negócios e as políticas públicas e regulamentações.

Caso o Brasil caminhe com eficácia e eficiência nessa direção, certamente gerará o "*moonshot brasileiro*", que será exportado globalmente e que, além de contribuir para a melhoria da saúde global, também será uma importante fonte de divisas.

Referências:

ABIIS. Aliança Brasileira da Indústria Inovadora em Saúde. **Catálogo de produtos e-Health – Saúde 4.0**. Disponível em: <http://ehealth.indusphera.com.br/Products/msf_index>. Acesso em: 08 jan. 2018.

BAILLARGEON, B. et al. The living heart project: a robust and integrative simulator for human heart function. **European Journal of Mechanics-A/Solids**, v. 48, p. 38-47, 2014. Disponível em: <http://www.sciencedirect.com/science/article/pii/S0997753814000564>. Acesso em: 08 jan. 2018.

BERMAN, A. E. This is how to invent radical solutions to huge problems. **SingularityHub, In Focus**, 15 nov. 2016. Disponível em: <https://singularityhub.com/2016/11/15/this-is-how-to-invent-radical-solutions-to-huge-problems/>. Acesso em: 08 jan. 2018.

BICUDO, L. Startup acompanha e analisa todos os passos da internação de um paciente. **StartSe**, Mercado, 01 nov. 2016. Disponível em: <https://conteudo.startse.com.br/mercado/lucas-bicudo/startup-acompanha-e-analisa-todos-os-passos-de-internacao-de-um-paciente/>. Acesso em: 01 ago. 2017.

BRASIL. Ministério da Saúde. Ministério da Saúde anuncia chamada pública para informatização de UBS. **Portal do Ministério da Saúde**, Informatização, 12 jul. 2017. Disponível em: <http://bvsms.saude.gov.br/ultimas-noticias/2470-ministerio-da-saude-anuncia-chamada-publica-para-informatizacao-de-ubs>. Acesso em: 08 jan. 2018.

BRASKEM lança segunda edição de programa de incentivo para empreendedores com soluções inovadoras. **StartSe**, Startups, 19 abr. 2016. Disponível em: <https://conteudo.startse.com.br/startups/redacao/braskem-lana-segunda-edio-de-programa-de-incentivo-para-empreendedores-com-solues-inovadoras/>. Acesso em: 08 jan. 2018.

BUCHANAN, W. et al. Towards trust and governance in integrated health and social care platforms. *In*: THUEMMLER, C.; BAI, C. (eds.). **Health 4.0:** how virtualization and big data are revolutionizing healthcare. Cham, Switzerland: Springer International Publishing, 2017, p. 219-231.

CARDIOSECUR. Disponível em: <https://www.cardiosecur.com/en/>. Acesso em: 08 jan. 2018.

CONTROLE está na palma da mão do paciente. **Valor Econômico**, São Paulo, 01 ago. 2016. Disponível em: <https://www.pressreader.com/brazil/valor-econ%C3%B4mico/20160801/282235190032398>. Acesso em: 08 jan. 2018.

FERREIRA, A. B. de H. **Mini Aurélio:** o dicionário da língua portuguesa. 8. ed. Curitiba: Editora Positivo, 2010.

FOUNDATION MEDICINE. Disponível em: <www.foundationmedicine.com.br/?gclid=CLuXk-_Ix9QCFZFahgod300D0g>. Acesso em: 08 jan. 2018.

HODSON, H. Wireless routers could spy on your breathing and heartbeat. **New Scientist**, 2015. Disponível em: <https://www.newscientist.com/article/mg22630182-100-wireless-routers-could-spy-on-your-breathing-and-heartbeat/>. Acesso em: 08 jan. 2018.

KAGERMANN, H. et al. Berlim: **ACATECH**, mar. 2014. Disponível em: <http://www.acatech.de/fileadmin/user_upload/Baumstruktur_nach_Website/Acatech/root/de/Projekte/Laufende_Projekte/Smart_Service_Welt/BerichtSmartService_engl.pdf>. Acesso em: 08 jan. 2018.

MANS, M. Startup indiana lança no Brasil 'TripAdvisor' para médicos. **Estadão**, Link, São Paulo, 17 mar. 2016. Disponível em: <http://link.estadao.com.br/noticias/cultura-digital,startup-indiana-lanca-no-brasil-trip-advisor-para-medicos,10000047988>. Acesso em: 08 jan. 2018.

Marrone, P. V. (coord.). **Health 4.0:** proposals to boost the innovation cycle in Medical Technology (MedTech). São Paulo: ABIIS – Brazilian Alliance for Innovative Health Industry, 2015.

MEARA, J. G. et al. GlobalSurgery 2030: evidence and solutions for achieving health, welfare, and economic development. **The Lancet**, v. 386, n. 9993, p. 569-624, ago. 2015. Disponível em: <http://www.thelancet.com/journals/lancet/article/PIIS0140-6736(15)60160-X/abstract>. Acesso em: 08 jan. 2018.

PAULIN, A. Data Traffic Forecast in Health 4.0. *In*: THUEMMLER, C.; BAI, C. (eds.). **Health 4.0:** how virtualization and big data are revolutionizing healthcare. Cham, Switzerland: Springer International Publishing, 2017, p. 39-60.

PRADO, E. Saúde preventiva através de smartphone e big data. **Blog Saúde Business**, Gestão, TI e Inovação, Coluna Saúde 3.0, 29 abr. 2016. Disponível em: <http://saudebusiness.com/saude-preventiva-atraves-de-smartphone-e-big-data/>. Acesso em: 08 jan. 2018.

RIBEIRO JR., V. 3 Startups brasileiras que estão inovando na saúde. **Pequenas Empresas & Grandes Negócios**, Startups, Saúde, 19 maio 2016. Disponível em: <http://revistapegn.globo.com/Startups/noticia/2016/05/3-startups-brasileiras-que-estao-inovando-na-saude.html>. Acesso em: 08 jan. 2018.

SALES, R. Acesso à Internet cresce no país puxada (sic) por smartphones, diz IBGE. **Valor Econômico**, Empresas, São Paulo, 22 dez. 2016. Disponível em: <http://www.valor.com.br/empresas/4815696/acesso-Internet-cresce-no-pais-puxada-por-smartphones-diz-ibge>. Acesso em: 08 jan. 2018.

SCHUH, G. et al. (eds.). **Industrie 4.0 Maturity Index:** managing the digital transformation of companies. ACATECH Study Series. Abr., 2017. Disponível em: <http://www.acatech.de/fileadmin/user_upload/Baumstruktur_nach_Website/Acatech/root/de/Publikationen/Projektberichte/acatech_STUDIE_Maturity_Index_eng_WEB.pdf>. Acesso em: 08 jan. 2018.

SUN, Y. et al. Systematic comparison of exosomal proteomes from human saliva and serum for the detection of lung cancer. **Analytica Chimica Acta**, v. 982, p. 84-95, 22 ago. 2017. Disponível em: <https://doi.org/10.1016/j.aca.2017.06.005>. Acesso em: 08 jan. 2018.

TAMAMAR, G. Por inovação, hospitais buscam aproximação com startups. **Estadão PME**, Informação, São Paulo, 10 nov. 2015. Disponível em: <http://pme.estadao.com.br/noticias/noticias,por-inovacao-hospitais-buscam-aproximacao-com-startups,6111,0.htm>. Acesso em: 08 jan. 2018.

THUEMMLER, C. The Case for Health 4.0. *In*: THUEMMLER, C.; BAI,.C (eds.). **Health 4.0:** how virtualization and big data are revolutionizing healthcare. Cham, Switzerland: Springer International Publishing, 2017, p. 1-22.

THUEMMLER, C.; BAI, C. (eds.). **Health 4.0:** how virtualization and big data are revolutionizing healthcare. Cham, Switzerland: Springer International Publishing, 2017. Disponível em: <http://download.e-bookshelf.de/download/0008/4956/16/L-G-0008495616-0017630146.pdf>. Acesso em: 08 jan. 2018.

Capítulo 12

A Quarta Revolução Industrial e as Cidades 4.0

Jilmar A. Tatto, Marcel F. Dallaqua, Luiz R. Egreja, Lucas B. Guimarães, Rosangela F. P. Marquesone

Este capítulo apresenta uma discussão sobre a cidade no contexto da Quarta Revolução Industrial. Inicialmente, propõe uma definição de cidade, relacionando os principais sistemas e elementos que a formam e discutindo alguns dos principais desafios e problemas enfrentados por cidades tradicionais. Em seguida, apresenta o conceito de Cidades Inteligentes, destacando seus principais componentes e ilustrando algumas de suas vantagens com exemplos práticos. Por fim, antes das conclusões finais, através de uma correlação entre a Indústria 4.0 e as Cidades Inteligentes, este capítulo sugere o conceito de Cidade 4.0 como sua contribuição para discussão sobre o impacto da Quarta Revolução Industrial nas cidades.

12.1. Definição de cidade

As cidades podem ser observadas e analisadas por perspectivas diferentes. Para alguns autores a definição de cidade é essencialmente social, para outros ela é essencialmente física e para terceiros é essencialmente jurídica. Contudo, seja qual for a perspectiva, é fundamental que a cidade seja definida sob a luz do pensamento sistêmico.

Para Bertalanffy (1972), a tecnologia moderna e a sociedade se tornaram tão complexas que as abordagens científicas sistêmicas passaram a ser fundamentais. Segundo este autor, um sistema pode ser definido como um conjunto de elementos que estão em interação entre si e com o ambiente em que estão inseridos. Nota-se que a exploração científica do todo e da totalidade do sistema consiste na Teoria Geral dos Sistemas (TGS), que, por sua vez, destaca a necessidade de um entendimento não apenas dos elementos do sistema estudado, mas também das suas inter-relações.

Alinhado à abordagem sistêmica, Maunier (1910) define cidade como "uma comunidade composta de um conjunto de comunidades menores, tais como famílias, grupos profissionais etc." (p. 543). Essa comunidade "em relação ao seu tamanho – ou, se preferindo, em relação ao número de seus elementos humanos – ocupa uma área especialmente limitada" (p. 544). A cidade é, então, definida como "uma comunidade complexa da qual a localização geográfica é limitada especialmente em relação ao tamanho (volume) da cidade, do qual a quantidade de território é relativamente pequena com referência ao número de seres humanos" (p. 545). Ou seja, para este autor, uma cidade é "um todo complexo, composto por partes; é um grupo social formado por grupos secundários" (p. 548). Nota-se que ele propõe uma definição de cidade essencialmente social.

Já segundo Parr (2007), a definição de cidade "se preocupa com sua área construída, isto é, uma extensão de terreno contínua (ou quase contínua) destinada predominantemente a tais usos como habitação, atividades de comércio e manufatura, transporte e espaços públicos" (p. 383). Este autor chama essa definição de "cidade construída" e, arbitrariamente, determina que a "cidade construída" deve possuir, pelo menos, cinquenta mil habitantes. Nota-se que a "cidade construída" é "essencialmente uma visão física da cidade, embora tenha um significado econômico importante" (p. 390).

Parr (2007) também menciona o conceito de "cidade jurídica", que, segundo Poindexter (1997), trata da cidade como uma entidade jurídica, que "é vista em relação aos seus habitantes ou em relação a formas superiores de governo" (p. 609). Nota-se que essa definição é essencialmente jurídica.

A análise de definições dos principais autores permite contribuir ou complementar que uma cidade é um sistema complexo que ocupa uma área geograficamente limitada e é formado por sistemas menores como sistemas físicos, sistemas de serviços e sistemas de governo.

12.1.1. Principais sistemas e elementos que formam uma cidade

Uma cidade é, portanto, constituída por sistemas físicos, sistemas de serviços e sistemas de governo. Todos esses sistemas são interdependentes e interferem entre si.

O conjunto dos sistemas físicos é constituído por três elementos principais, como ilustra a figura 12.1.

Figura 12.1. Principais elementos do conjunto dos sistemas físicos.
Fonte: autores.

a) **Meio ambiente:** refere-se aos recursos naturais disponíveis ou utilizados nos processos de transformação, compreendendo a fauna e a flora da cidade. Inclui: animais, plantas, água, ar, terra, entre outros.
b) **População:** refere-se aos agentes responsáveis pelos processos de transformação, compreendendo os seres humanos da cidade. Inclui as pessoas.
c) **Materiais:** refere-se aos resultados materiais produzidos pelos processos de transformação, compreendendo os produtos físicos da cidade. Inclui: edificações, veículos, máquinas, alimentos industrializados, resíduos, entre outros.

O conjunto dos sistemas de serviços, por sua vez, é mais amplo. Entretanto, é possível destacar nove elementos principais, como ilustra a próxima figura.

Figura 12.2. Principais elementos do conjunto dos sistemas de serviços.
Fonte: autores.

a) **Serviços de abastecimento:** compreendem os serviços de suprimento e de abastecimento de utilidades destinados principalmente aos elementos população e materiais. Incluem: serviços de abastecimento de água, abastecimento de energia elétrica, de gás, alimentos, medicamentos, entre outros.

b) **Serviços ao cidadão:** compreendem os serviços de administração pública destinados principalmente ao elemento população. Incluem: serviços de informações gerais ao cidadão, serviços de registro e produção de documentos, serviços de declaração de imposto de renda, serviços de agendamento *on-line* com instituições públicas, entre outros.

c) **Serviços de cultura e lazer:** compreendem os serviços relacionados ao desenvolvimento da cultura e lazer destinados ao elemento população. Incluem: eventos culturais, eventos esportivos com foco em diversão e entretenimento, eventos artísticos com foco em diversão e entretenimento, eventos gastronômicos, eventos históricos, entre outros.

d) **Serviços de Defesa Civil:** compreendem os serviços que têm por objetivo prevenir e remediar os resultados de eventos desastrosos, tais como: guerras, enchentes e terremotos. Incluem: serviços de apoio a desabrigados, serviços de reconstrução de cidades, serviços de tratamento de epidemias, serviços de socorrimento de populações atingidas, entre outros.

e) **Serviços de educação:** compreendem os serviços educacionais oferecidos pela cidade ao elemento população. Incluem: serviços de ensino em todos os níveis, serviços de apoio pedagógico, serviços de avaliação e medição de desempenho, entre outros.

f) **Serviços de tratamento de resíduos:** compreendem os serviços de gestão de resíduos originados dos elementos população e materiais. Incluem: serviços de saneamento básico, serviços de coleta e descarte de resíduos sólidos, serviços de reciclagem, entre outros.

g) **Serviços de saúde:** compreendem os serviços relacionados a prevenção, tratamento e promoção da saúde destinados principalmente ao elemento população. Incluem: serviços de consultas médicas, serviços de internação e tratamento hospitalar, serviços de vacinação, serviços de conscientização para a população, entre outros.

h) **Serviços de segurança:** compreendem os serviços destinados à manutenção e ao desenvolvimento da segurança dos três elementos (meio ambiente, população e materiais). Incluem: serviços de policiamento, serviços de monitoramento, serviços de delegacia, entre outros.

i) **Serviços de transporte e mobilidade:** incluem os serviços destinados ao transporte e à mobilidade dos três elementos (meio ambiente, população e materiais). Incluem: serviços de estacionamento, serviços de fiscalização de trânsito, serviços logísticos, entre outros.

Por fim, o conjunto de sistemas de governo abrange basicamente os três poderes: Executivo, Legislativo e Judiciário.

12.1.2. Principais desafios e problemas que as cidades tradicionais enfrentam

As cidades, com seus principais sistemas e elementos, se encontram em um contexto mundial de urbanização crescente e acelerada. Para ilustrar, segundo projeções da Organização das Nações Unidas – ONU (2014), 70% da população mundial viverá em cidades em 2050. Esses processos de urbanização resultam na formação de grandes cidades, denominadas megacidades.

As megacidades – por definição, cidades com mais de dez milhões de habitantes vivendo em áreas metropolitanas (PEARCE, 2006) –, por sua vez, elevam a dimensão dos desafios e problemas tradicionais que as cidades enfrentam. Entre os principais estão: pobreza e desigualdade social (WILSON, 1991), diminuição dos espaços verdes (WOLCH et al., 2014), aumento da geração de resíduos sólidos (GUERRERO et al., 2013), aumento das demandas e, consequentemente, do consumo, por moradia, transporte e alimentação (HOLDEN; NORLAND, 2005), pressão excessiva sobre a infraestrutura urbana (NAPHADE et al., 2011), aumento da necessidade pelo desenvolvimento urbano sustentável (CHEN et al., 2008), condições precárias de moradia e, consequentemente, problemas de saúde (SCLAR et al., 2005), aumento do número de veículos nas ruas e, portanto, mais congestionamento, acidentes e poluição (DJAHEL, 2015).

Contudo, é importante observar que os desafios e problemas que as cidades tradicionais enfrentam não são gerados apenas pelo seu crescimento. São gerados também pelo seu encolhimento. Segundo Martinez-Fernandez et al. (2012), os fluxos negativos de recursos financeiros e humanos, por exemplo, afetam centros urbanos, cidades e até regiões inteiras, resultando em desafios e problemas diversos, como falta de empreendedorismo, níveis de inovação e de engajamento intelectual reduzidos. Os autores apresentam o conceito de "cidade encolhida", que, segundo eles, "pode ser definida como uma área urbana – uma cidade, parte de uma cidade, uma área ou centro metropolitano inteiro – que tem sofrido perda populacional, crise econômica, declínio de empregos e problemas sociais como sintomas de uma crise estrutural" (p. 214).

Da análise dos principais problemas e desafios, nota-se que solução de um elemento ou de um subsistema pode significar um novo problema para outro(s), assim como a solução de uma cidade pode significar um novo problema para outra(s). Assim, permite-se complementar que esses problemas e desafios não devem ser enfrentados isoladamente por cada cidade. Ao contrário, se espera que as soluções propostas sejam mais eficazes e eficientes se desenvolvidas e implementadas, de forma integrada, por grupos de cidades ou nos níveis estadual e federal. Por fim, também se observa que o problema da escassez de recursos (tanto da cidade que cresce como da cidade que encolhe) reforça a necessidade de que as soluções sejam desenvolvidas e implementadas em conjunto, reduzindo assim os esforços duplicados (desperdício) para solucionar problemas similares de cidades diferentes.

12.2. Cidades inteligentes

Segundo Albino et al. (2015), "o cenário atual demanda que as cidades encontrem formas de gerenciar novos desafios" (p. 4), como os que foram apresentados no tópico anterior.

Nesse sentido, ainda segundo este autor, "cidades ao redor do mundo têm começado a procurar soluções que habilitem a conexão dos transportes, os usos mistos dos terrenos e serviços de alta qualidade com benefícios de longo prazo para a economia" (p. 4). A tabela 12.1 apresenta iniciativas ilustrativas que foram implementadas em cidades ao redor do mundo e são consideradas inteligentes.

Das iniciativas da tabela 12.1, nota-se uma utilização extensa de tecnologias de informação e comunicação (TIC) nas cidades. Contudo, segundo Albino et al. (2015), o conceito de cidade inteligente "está longe de ser limitado à aplicação de tecnologias nas cidades" (p. 4). Conforme apresenta a tabela 12.2, as diferentes definições e os significados dados ao conceito de cidade inteligente retratam um olhar que se estende às necessidades das pessoas e das comunidades.

Tabela 12.1. Iniciativas de Cidades Inteligentes.

Cidade, país	Iniciativa	Referência(s)
Amsterdã, Holanda	Por meio do programa *Amsterdam Smart City*, esta cidade age para (i) "estimular o desenvolvimento de novos produtos e serviços que melhorem a qualidade de vida das pessoas que vivem e trabalham na cidade e contribuem para a solução de desafios societários" e (ii) "assegurar que as infraestruturas sejam abertas e de ponta".	BARON, 2013, p. 98
Cidades do estado de São Paulo, Brasil	Através de uma intensa aplicação da tecnologia da informação e de um trabalho de organização de processos, o Programa Poupatempo, do Governo do Estado de São Paulo, oferece uma ampla gama de serviços ao cidadão (*e-government*). Entre eles: expedição de documentos (carteira de identidade, carteira de motorista, licenciamento de veículos, etc.), serviços de agendamento (*on-line* e presencial), serviços *on-line* de informações gerais ao cidadão, entre outros.	TECIANO, 2014
Southampton, Reino Unido	"Southampton declarou ser a primeira cidade inteligente do Reino Unido após o desenvolvimento de seu cartão inteligente com aplicações múltiplas para transporte público, recreação e transações relacionadas ao lazer".	ALBINO et al., 2015, p. 15
Tallinn, Estônia	Esta cidade "tem desenvolvido um programa de treinamento de habilidades digitais em larga escala, *e-government* extenso e um premiado cartão de identidade inteligente". Além disso, Tallinn "é o centro do desenvolvimento econômico de toda a Estônia, aproveitando as TIC por meio da promoção de estacionamentos *high-tech*".	ALBINO et al., 2015, p. 15-16
Ottawa, Canadá	"O projeto *Smart Capital* envolve a melhoria dos negócios, do governo local e da comunidade através do uso de recursos da internet".	ALBINO et al., 2015, p. 15
Quebec, Canadá	"Quebec era uma cidade altamente dependente de seu governo da província em função de sua fraca indústria até o início da década de 90, quando o governo da cidade lançou uma parceria público-privada para apoiar o crescente setor de multimídia e empreendedorismo de alta tecnologia".	ALBINO et al., 2015, p. 15
Riverside (Califórnia), EUA	"A cidade de Riverside (Califórnia) tem melhorado o fluxo de veículos e vem substituindo as infraestruturas de eletricidade, de esgoto e de água antigas através de uma transformação baseada em tecnologia".	ALBINO et al., 2015, p. 15
São Diego e São Francisco (Califórnia), EUA	"Nessas cidades as tecnologias de informação e comunicação (TIC) têm sido o principal fator a permitir que elas se declarassem ser "Cidades do Futuro" pelos próximos 15 anos".	ALBINO et al., 2015, p. 15

Fonte: autores.

Tabela 12.2. Definições de Cidades Inteligentes.

Definição	Fonte
"Cidade inteligente é uma cidade avançada e de tecnologia intensiva que conecta pessoas, informação e elementos da cidade usando novas tecnologias com o objetivo de criar uma cidade sustentável e mais verde, um mercado inovador e competitivo, e aumentar a qualidade de vida".	BAKICI et al., 2012, p. 139
"Ser uma cidade inteligente significa usar todos os recursos e tecnologias disponíveis de uma maneira coordenada e inteligente para desenvolver centros urbanos que são pelo menos uma vez integrados, habitáveis e sustentáveis".	BARRIONUEVO et al., 2012, p. 50
"Uma cidade é inteligente quando investimentos em capital social e humano e em infraestrutura de comunicação moderna (TIC) e tradicional (transportes) dão combustível para o crescimento econômico sustentável e elevada qualidade de vida, com uma gestão dos recursos naturais perspicaz, através da governança participativa".	CARAGLIU et al., 2011, p. 70
"Cidades inteligentes vão tirar vantagem das capacidades dos sensores e das comunicações, costuradas nas infraestruturas das cidades, para otimizar operações elétricas, de transporte e logísticas, apoiando a rotina diária e, a partir daí, melhorando a qualidade de vida para todos".	CHEN, 2010, p. 3
"Duas correntes principais de pesquisa: 1) cidades inteligentes deveriam fazer tudo relacionado à governança e à economia usando novos paradigmas de pensamento e 2) cidades inteligentes têm tudo a ver com redes de sensores, dispositivos inteligentes, dados em tempo real e integração de TIC em todo aspecto da vida humana".	CRETU, 2012, p. 57

Definição	Fonte
"Comunidade inteligente – uma comunidade que faz uma decisão consciente de implementar tecnologia agressivamente como catalisador para satisfazer suas necessidades de negócio e sociais – sem dúvida focará em construir sua infraestrutura de banda larga de alta velocidade, mas a oportunidade real está em reconstruir e renovar um senso de espaço, e no processo um senso de orgulho cívico. [...] Comunidades inteligentes não são, em sua essência, exercícios no desenvolvimento e uso de tecnologia, mas na promoção de desenvolvimento econômico, crescimento do emprego e de uma alta qualidade de vida. Em outras palavras, a propagação tecnológica de comunidades inteligentes não é o fim em si mesma, mas apenas um caminho de reinventar cidades para uma nova sociedade e uma nova economia com benefícios comunitários claros e atraentes".	EGER, 2009, p. 47-53 *apud* ALBINO et al., 2015, p. 6
"Uma cidade performando bem de uma forma que olha para o futuro em economia, pessoas, governança, mobilidade, meio ambiente, e vida, construída sobre uma combinação de doações e atividades de cidadãos conscientes, independentes e autodecididos".	GIFFINGER et al., 2007, p. 11
"Uma cidade inteligente, de acordo com ICLEI, é uma cidade que está preparada para oferecer condições para uma comunidade feliz e saudável sob as condições desafiadoras que as tendências sociais, econômicas, ambientais e globais possam trazer".	GUAN, 2012, p. 24-27 *apud* ALBINO et al., 2015, p. 6
"Uma cidade que monitora e integra as condições de todas as suas infraestruturas críticas, incluindo ruas, pontes, túneis, trilhos, metrôs, aeroportos, portos, comunicações, água, energia elétrica, e até edificações principais, pode melhor otimizar seus recursos, planejar suas atividades de manutenção preventiva e monitorar os aspectos de segurança enquanto maximiza os serviços aos cidadãos".	HALL, 2000, p. 1
"Uma cidade conectando a infraestrutura física, a infraestrutura de TI, a infraestrutura social e a infraestrutura de negócios para alavancar a inteligência coletiva da cidade".	HARRISON et al., 2010, p. 2
"Cidades (inteligentes) como territórios com alta capacidade para aprendizado e inovação, da qual é incorporada a criatividade de sua população, de suas instituições de criação de conhecimento e de suas infraestruturas digitais para comunicação e gestão do conhecimento".	KOMNINOS, 2011, p. 175
"Cidades inteligentes são o resultado de estratégias criativas e de conhecimento intensivo que objetivam a melhoria do desempenho competitivo, logístico, ecológico e socioeconômico de cidades. Tais cidades inteligentes são baseadas em uma mistura promissora de capital humano (força de trabalho competente), capital de infraestrutura (instalações de comunicação de alta tecnologia), capital social (conexões de rede abertas e intensas) e capital empreendedor (atividades de negócio de risco e criativas)".	KOURTIT; NIJKAMP, 2012, p. 93
"Cidades inteligentes apresentam elevada produtividade à medida que elas apresentam relativamente uma alta participação de pessoas altamente educadas, empregos de conhecimento intensivo, sistemas de planejamento orientados aos resultados, atividades criativas e iniciativas orientadas à sustentabilidade".	KOURTIT et al., 2012, p. 232
"Cidade inteligente [refere-se a] uma entidade local – um distrito, cidade, região ou pequeno país – que apresenta uma abordagem holística na aplicação de tecnologias de informação com análises em tempo real que encorajam o desenvolvimento econômico sustentável".	IDA, 2012 *apud* ALBINO et al., 2015, p. 7
"Uma comunidade de tamanho tecnológico médio, interconectada e sustentável, confortável, atrativa e segura".	LAZAROIU; ROSCIA, 2012, p. 326
"A aplicação da tecnologia de informação e comunicação (TIC) com seus efeitos sobre o capital humano/educação, capital social e relacional, e problemas ambientais é frequentemente indicada pela noção de cidade inteligente".	LOMBARDI et al., 2012, p. 137
"Uma cidade inteligente infunde informação em sua infraestrutura física para melhorar conveniências, facilitar mobilidade, adicionar eficiências, conservar energia, melhorar a qualidade da água e do ar, identificar problemas e consertá-los rapidamente, recuperar de desastres rapidamente, coletar dados para tomar decisões melhores, empregar recursos eficientemente e compartilhar dados para habilitar colaboração através de entidades e domínios".	NAM; PARDO, 2011, p. 282-291 *apud* ALBINO et al., 2015, p. 7
"Experimentos de cidades inteligentes ou criativas [...] destinados a nutrir uma economia criativa através de investimentos em qualidade de vida, por sua vez, atraem trabalhadores com conhecimento para viver e trabalhar nas cidades inteligentes. O nexo da vantagem competitiva tem [...] se voltado para aquelas regiões capazes de gerar, reter e atrair os melhores talentos".	THITE, 2011, p. 623

Definição	Fonte
"Cidades inteligentes do futuro demandarão políticas de desenvolvimento urbano sustentável onde todos os cidadãos, incluindo os pobres, possam viver bem e as atrações dos centros e cidades sejam preservadas [...] Cidades inteligentes são cidades que **apresentam elevada qualidade de vida**; aquelas que perseguem o desenvolvimento econômico sustentável através de investimentos em capital humano e social e em infraestruturas de comunicação modernas e em infraestruturas tradicionais (tecnologias de informação e comunicação e transportes); e gerenciam recursos naturais através de políticas participativas. Cidades inteligentes deveriam também ser sustentáveis, convergindo objetivos ambientais, sociais e econômicos".	THUZAR, 2011, p. 96
"Uma cidade inteligente é entendida como uma certa habilidade intelectual que trata de diversos aspectos socioeconômicos e sociotécnicos inovadores de crescimento. Esses aspectos levam a conceitos de cidades inteligentes, tais como "verde" se referindo à infraestrutura urbana para proteção ambiental e redução da emissão de CO_2, "interconectado" relacionado à revolução da economia da banda larga, "inteligente" declarando a capacidade de produzir informação de valor agregado do processamento dos dados em tempo real da cidade dos sensores e ativadores, enquanto que os termos cidades "inovadoras" e de "conhecimento" intercambiavelmente se referem a habilidade da cidade em gerar inovação baseada em capital humano criativo e cheio de conhecimento".	ZYGIARIS, 2013, p. 218
"O uso de tecnologias de Computação Inteligente para tornar os serviços e componentes de infraestrutura críticos de uma cidade – os quais incluem a administração da cidade, educação, saúde, segurança pública, mercado imobiliário, transporte e utilidades – mais inteligentes, interconectados e eficientes".	WASHBURN et al., 2010, p. 2
"Iniciativas de Cidades Inteligentes buscam melhorar o desempenho urbano pela utilização de dados, informação e tecnologias de informação (TI) para oferecer serviços mais eficientes aos cidadãos, para monitorar e otimizar a infraestrutura existente, para aumentar a colaboração entre diferentes atores econômicos e para encorajar modelos de negócio inovadores em ambos setores público e privado".	MARSAL-LLACUNA et al., 2014, p. 618

Fonte: adaptado de Albino et al., 2015 (p. 6-8).

A partir da tabela 12.2 nota-se também que ainda não há consenso completamente definido sobre o termo cidade inteligente. Albino et al. (2015, p. 10) sugerem que "o motivo de não haver consenso geral sobre o termo 'cidade inteligente' é que o termo tem sido aplicado em dois tipos diferentes de 'domínios'": um domínio *hard* (compreendendo os campos das "edificações, redes de energia, recursos naturais, gestão hídrica, gestão de resíduos, mobilidade e logística") e outro domínio *soft* (compreendendo os campos da "educação, cultura, inovações de políticas, inclusão social e governo"). O autor observa que a aplicação das TIC é mais decisiva para os campos do domínio *hard* do que para os campos do domínio *soft*.

Essa falta de consenso acerca da definição de Cidade Inteligente obriga a escolha de uma definição. Sendo assim, este livro considera que as Cidades Inteligentes se apresentam com o propósito de melhorar a qualidade de vida dos seus cidadãos e também de "tornar os serviços prestados mais eficientes" e são uma "visão de desenvolvimento urbano com o objetivo de integrar múltiplas soluções de tecnologias de informação e comunicação (TIC) de uma forma segura para gerenciar" os principais sistemas e elementos que formam a cidade (apresentados no item 12.1.1. Principais sistemas e elementos que formam uma cidade). Para isso, nessas cidades, sensores e sistemas integrados coletam dados (dos cidadãos e dos equipamentos) que são processados, analisados e utilizados para tomar decisões[20].

---
20 Informações dadas pelo Prof. Dr. Leandro Alves Patah na aula sobre Cidades Inteligentes. Aula ministrada no curso "Gestão Integrada de Cidades Inteligentes" da EAESP-FGV em São Paulo em 26 de agosto de 2016. Notas de aula.

A falta de consenso não é presente apenas na definição de Cidade Inteligente. Também não há consenso completamente definido acerca de suas dimensões. Para ilustrar, a tabela 12.3 apresenta diversas propostas para as dimensões da Cidade Inteligente.

Tabela 12.3. Dimensões de Cidades Inteligentes.

Dimensões	Referência
Economia Inteligente *(Smart Economy)* Pessoas Inteligentes *(Smart People)* Governança Inteligente *(Smart Governance)* Mobilidade Inteligente *(Smart Mobility)* Meio ambiente Inteligente *(Smart Environment)* Modo de vida Inteligente *(Smart Living)*	LOMBARDI et al., 2012
Educação de TI Infraestrutura de TI Economia de TI Qualidade de Vida	MAHIZHNAN, 1999
Economia Mobilidade Meio ambiente Pessoas Governança	GIFFINGER et al., 2007
Tecnologia Desenvolvimento econômico Criação de empregos Elevada qualidade de vida	EGER, 2009
Qualidade de vida Desenvolvimento econômico sustentável Gestão de recursos naturais através de políticas participativas Convergência de objetivos ambientais, sociais e econômicos	THUZAR, 2011
Problemas econômicos e sociopolíticos da cidade Problemas econômicos-técnicos-sociais do meio ambiente Interconexão Instrumentação Integração Aplicações Inovações	NAM; PARDO, 2011
Econômico (PIB, força do setor, transações internacionais, investimento estrangeiro) Humano (talento, inovação, criatividade, educação) Social (tradições, hábitos, religiões, família) Ambiental (energia, políticas, resíduos e gestão hídrica, paisagem) Institucional (engajamento cívico, autoridade administrativa, eleições)	BARRIONUEVO et al., 2012
Capital humano (força de trabalho competente) Capital de infraestrutura (instalações de comunicação de alta tecnologia) Capital social (conexões em rede abertas e intensas) Capital empreendedor (atividades de negócio de risco e criativas)	KOURTIT; NIJKAMP, 2012
Organizações e gestão Tecnologia Governança Contexto político Comunidades e pessoas Economia Infraestrutura construída Meio ambiente natural	CHOURABI et al., 2012

Fonte: adaptado de Albino et al., 2015 (p. 12)

Da análise das dimensões de Cidades Inteligentes apresentadas na tabela 12.3, notam-se quatro características mais comuns: (i) presença de "uma infraestrutura em rede da cidade que habilita eficiência política e desenvolvimento social e cultural"; (ii) "ênfase no desenvolvimento urbano liderado por empresas e atividades criativas para a promoção do crescimento urbano"; (iii) "inclusão social de vários cidadãos urbanos e capital social no desenvolvimento urbano"; e (iv) "o meio ambiente natural como um componente estratégico para o futuro" (ALBINO et al., 2015, p. 13).

12.3. Cidades Inteligentes, Indústria 4.0 e Cidades 4.0

Para compreender a relação entre a Cidade Inteligente e a Indústria 4.0, é importante, primeiramente, resgatar alguns conceitos apresentados anteriormente neste livro.

Em linha com a visão apresentada por Schwab sobre a Quarta Revolução Industrial, a Parte II – Tecnologias Emergentes Associadas à Quarta Revolução Industrial – apresentou as principais tecnologias dos mundos digital, físico e biológico da Quarta Revolução Industrial. Em resumo, no mundo digital, são destacadas a internet das coisas (*Internet of Things*, IoT), o *blockchain* e as plataformas digitais. No mundo físico, são destacados os veículos autônomos, a impressão 3D, a robótica avançada e os novos materiais. Já no mundo biológico são destacadas as tecnologias ligadas à manipulação genética. Esses capítulos também observam que a Quarta Revolução Industrial é impulsionada pelo fim dos limites entre os mundos digital, físico e biológico, ou seja, por uma convergência entre esses três mundos.

O capítulo 9, por sua vez, apresentou a definição de Indústria 4.0 adotada neste livro (embora ainda não exista uma definição dominante na literatura técnico-científica): uma indústria que teve a sua cadeia de valor alterada pela convergência das tecnologias emergentes dos mundos físico, digital e biológico, associadas à Quarta Revolução Industrial.

O capítulo 12, por fim, apresentou a definição de Cidade Inteligente adotada neste livro (embora também ainda não haja consenso sobre o termo): visão de desenvolvimento urbano com o objetivo de integrar múltiplas soluções de TIC de uma forma segura para gerenciar os principais sistemas e elementos que formam a cidade.

A análise dos conceitos apresentados nos capítulos 4 ao 9 e 12 permite sugerir o conceito de Cidade 4.0. Assim como a Cidade Inteligente, a Cidade 4.0 utiliza as TIC de uma forma segura para gerenciar os principais sistemas e elementos que a formam; assim como a Cidade Inteligente, a Cidade 4.0 compartilha da visão de desenvolvimento urbano com o objetivo de integrar as múltiplas soluções tecnológicas; e, assim como a Cidade Inteligente, a Cidade 4.0 retrata um olhar que se estende às necessidades das pessoas e das comunidades, com o propósito de contribuir positivamente para a qualidade de vida dos cidadãos. Contudo, diferentemente da Cidade Inteligente, a Cidade 4.0 incorpora o raciocínio da Indústria 4.0, isto é, a Cidade 4.0 é também uma cidade que teve sua cadeia de valor alterada pela convergência das tecnologias emergentes dos mundos físico, digital e biológico, associadas à Quarta Revolução Industrial. A figura 12.3 apresenta a diferença sugerida.

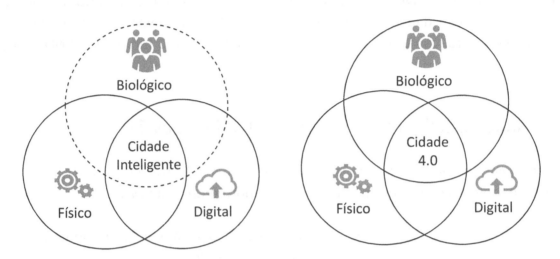

Figura 12.3. Diferença entre Cidade Inteligente e Cidade 4.0.

Em outras palavras, o conceito de Cidade 4.0 não se preocupa com a aplicação das tecnologias dos mundos físico e digital somente; se preocupa com as tecnologias dos mundos físico, digital e, também, biológico; e, além disso, busca a transformação tecnológica de todos os processos que constituem as cadeias de valor dos sistemas da cidade.

12.4. Conclusão

Este capítulo apresenta uma discussão sobre a cidade no contexto da Quarta Revolução Industrial. Inicialmente, propõe uma definição de cidade, relacionando os principais sistemas e elementos que a formam e discutindo alguns dos principais desafios e problemas enfrentados por cidades tradicionais. Nota-se que as principais definições de cidade apresentam diferentes perspectivas, e os desafios e problemas das cidades possuem características sistêmicas. Por isso, sugere-se que eles não devem ser enfrentados de forma isolada. Ao contrário, precisam ser enfrentados globalmente, isto é, por grupos de cidades, pelos estados ou pela federação.

Em outras palavras, devem ser enfrentados de um nível superior ao nível municipal, mas ainda assim não se deve deixar de incluir os municípios (conhecedores das necessidades locais). Isso porque observa-se que quando uma cidade "vence" um de seus desafios ou "resolve" um de seus problemas, na verdade, ela pode ter criado um desafio ou um problema para outra cidade. Não são raros os exemplos de cidades que, por oferecerem serviços públicos de qualidade, seja na área da saúde, educação ou segurança, acabam atendendo a populações vizinhas, sofrendo uma sobrecarga de seus sistemas de serviços e, consequentemente, reduzindo a qualidade de vida naquela cidade. Conclui-se assim que os desafios e problemas que as cidades enfrentam, na verdade, não devem ser enfrentados isoladamente por uma cidade ou outra. É preciso que as cidades trabalhem juntas, de forma integrada.

Esse raciocínio também se aplica aos elementos e sistemas que formam a cidade. Não é difícil perceber que o mau funcionamento de um elemento ou de um sistema pode causar a sobrecarga de outro e, consequentemente, o seu mau funcionamento. Por exemplo, falhas nos sistemas de segurança ou de transportes podem sobrecarregar o sistema de saúde (elevação dos níveis de homicídio, no caso da segurança, ou elevação nos índices de acidentes, no caso de transporte, podem gerar demanda excessiva para os hospitais da cidade). Conclui-se assim que os desafios e problemas que as cidades enfrentam também não devem ser enfrentados isoladamente por uma secretaria ou outra. É preciso que as secretarias trabalhem juntas, de forma integrada.

Em seguida, apresentou-se o conceito de Cidades Inteligentes, destacando seus principais componentes e ilustrando algumas de suas vantagens com exemplos práticos. Nota-se que diversas cidades têm buscado solucionar seus problemas e vencer desafios por meio da aplicação de tecnologia. Contudo, ainda não há consenso na literatura acadêmica sobre o termo Cidade Inteligente ou sobre as dimensões que compõem uma Cidade Inteligente. Destaca-se também aqui a importância e necessidade de integração sob a ótica dos projetos de desenvolvimento e operação de Cidades Inteligentes. É a integração que faz com que a cidade seja inteligente.

Por fim, por meio de uma correlação entre a Cidade Inteligente e a Indústria 4.0, este capítulo sugere o conceito de Cidade 4.0. É importante observar, contudo, que os conceitos estão em constante evolução.

Referências:

ALBINO, V.; BERARDI, U.; DANGELICO, R. M. Smart Cities: defnitions, dimensions, performance, and initiatives. **Journal of Urban Technology**, vol. 22, n. 1, 2015, p. 3-21.

BAKICI, T.; ALMIRALL, E.; WAREHAM, J. A Smart City Initiative: the case of Barcelona. **Journal of the Knowledge Economy**, vol. 2, ed. 1, 2012, p. 1-14.

BARON, G. 'Smartness' From The Bottom Up: a few insights into the Amsterdam Smart City programme. **Metering International**, 2013, p. 98-101.

BARRIONUEVO, J. M.; BERRONE, P.; RICART, J. E. SmartCities, Sustainable Progress. **IESE Insight**, vol. 14, 2012, p. 50-57.

BERTALANFFY, L. V. The History and Status of General Systems Theory. **The Academy of Management Journal**, vol. 15, n. 4, General Systems Theory, 1972, p. 407-426.

CARAGLIU, A.; DEL-BO, C.; NIJKAMP, P. SmartCities in Europe. **Journal of Urban Technology**, vol. 18, ed. 2, 2011, p. 65-82.

CHEN, H. Y.; JIA, B. S.; LAU, S. S. Y. Sustainable Urban Form for Chinese Compact Cities: Challenges of a Rapid Urbanized Economy. **Habitat International**, vol. 32, ed. 1, 2008, p. 28-40.

CHEN, T. M. Smart Grids, Smart Cities Need Better Networks. **IEEE Network**, vol. 24, ed. 2, 2010, p. 2-3.

CHOURABI, H.; TAEWOO, N.; WALKER, S.; GIL-GARCIA, J.R.; MELLOULI, S.; NAHON, K.; PARDO, T. A.; SCHOLL, H. J. Understanding Smart Cities: an integrative framework. **Proc. of HICSS, 45th Hawaii Conference**, 2012, p. 2289-2297.

CRETU, G. L. Smart Cities Design Using Event-driven Paradigm and Semantic Web. **Informatica Economica**, vol. 16, ed. 4, 2012, p. 57-67.

DJAHEL, S.; DOOLAN, R.; MUNTEAN, G. M.; MURPHY, J. A. Communications-Oriented Perspective on Traffic Management Systems for Smart Cities: challenges and innovative approaches. **IEEE Communications Surveys and Tutorials**, vol. 17, ed. 1, 2015, p. 125-151.

EGER, J. M. Smart Growth, Smart Cities, and the Crisis at the Pump: a worldwide phenomenon. **I-Ways**, vol. 32, ed. 1, 2009, p. 47-53.

GIFFINGER, R.; FERTNER, C.; KRAMAR, H.; KALASEK, R.; PICHLER-MILANOVIC, N.; MEIJERS, E. **Smart Cities:** ranking of european medium-sized cities. Vienna: Centre of Regional Science, 2007.

GUAN, L. Smart Steps to A Battery City. **Government News**, vol. 32, ed. 2, 2012, p. 24-27.

GUERRERO, L. A.; MASS, G.; HOGLAND, W. Solid Waste Management Challenges for Cities in Developing Countries. **Waste Management**, vol. 33, ed. 1, 2013, p. 220-232.

HALL, R. E. The Vision of a Smart City. **Proc. of the 2nd International Life Extension Technology Workshop**, Paris, France, 2000.

HARRISON, C.; ECKMAN, B.; HAMILTON, R.; HARTSWICK, P.; KALAGNANAM, J.; PARASZCZAK, J.; WILLIAMS, P. Foundations for Smarter Cities. **IBM Journal of Research and Development**, vol. 54, ed. 4, 2010.

HOLDEN, E.; NORLAND, I. T. Three Challenges for the Compact City as a Sustainable Urban Form: household consumption of energy and transport in eight residential areas in the greater Oslo region. **Urban Studies**, vol. 42, ed. 12, 2005, p. 2145-2166.

KOMNINOS, N. Intelligent Cities: variable geometries of spatial intelligence. **Intelligent Buildings International**, vol. 3, ed. 3, 2011, p. 172-188.

KOURTIT, K.; NIJKAMP, P.; ARRIBAS, D. Smart Cities in Perspective: a comparative european study by means of self-organizing maps. **Innovation: The European Journal of Social Science Research**, vol. 25, ed. 2, 2012, p. 229-246.

KOURTIT, K.; NIJKAMP, P. Smart Cities in the Innovation Age. **Innovation: The European Journal of Social Science Research**, vol. 25, ed. 2, 2012, p. 93-95.

LAZAROIU, G. C.; ROSCIA, M. Definition Methodology for the Smart Cities Model. **Energy**, vol. 47, ed. 1, 2012, p. 326-332.

LOMBARDI, P.; GIORDANO, S.; FAROUH, H.; YOUSEF, W. Modelling the Smart City Performance. **Innovation: The European Journal of Social Science Research**, vol. 25, ed. 2, 2012, p. 137-149.

MAHIZHNAN, A. Smart Cities: the Singapore case. **Cities**, vol. 16, ed. 1, 1999, p 13-18.

MARSAL-LLACUNA, M. L.; COLOMER-LLINA'S. J.; MELENDEZ-FRIGOLA, J. Lessons in Urban Monitoring Taken from Sustainable and Livable Cities to Better Address the Smart Cities Initiative. **Technological Forecasting and Social Change**, 2014.

MARTINEZ-FERNANDEZ, C.; AUDIRAC, I.; FOL, S.; CUNNINGHAM-SABOT, E. Shrinking Cities: urban challenges of globalization. **International Journal of Urban and Regional Research**, vol. 36, ed. 2, 2012, p. 213-225.

MAUNIER, R. The Definition of The City. **American Journal of Sociology**, vol. 15, ed. 4, 1910, p. 536-548.

NAM, T.; PARDO, T. A. Conceptualizing Smart City with Dimensions of Technology, People, and Institutions. **Proc. 12th Conference on Digital Government Research**, College Park, MD, 2011, p. 12-15.

NAPHADE, M.; BANAVAR, G.; HARRISON, C.; PARASZCZAK, J.; MORRIS, R. Smarter Cities and Their Innovation Challenges. **Computer**, vol. 44, ed. 6, 2011, p. 32-39.

ORGANIZAÇÃO DAS NAÇÕES UNIDAS (ONU). **World's Population Increasingly Urban with More than Half Living in Urban Areas.** New York, 2014. Disponível em: <http://www.un.org/en/development/desa/news/population/world-urbanization-prospects-2014.html>. Acesso em: 08 jan. 2018.

PARR, J. B. Spatial Definitions of The City: four perspectives. **Urban Studies**, vol. 44, ed. 2, 2007, p. 381-392.

PEARCE, F. How Big Can Cities Get? **New scientist magazine**, vol. 190, issue 2556, 2006, p. 41.

POINDEXTER, G. C. Collective Individualism: deconstructing the legal city. **University of Pennsylvania Law Review**, vol. 145, ed. 3, 1997, p. 607-664.

SCLAR, E. D.; GARAU, P.; CAROLINI, G. The 21st Century Health Challenge of Slums and Cities. **Lancet**, vol. 365, ed. 9462, 2005, p. 901-903.

TECIANO, L. C. G. **Inovação em Serviços Públicos:** o caso Poupatempo. São Carlos: UFSCar, 2014.

THITE, M. Smart Cities: implications of urban planning for human resource development. **Human Resource Development International**, vol. 14, ed. 5, 2011, p. 623-631.

THUZAR, M. Urbanization in South East Asia: developing smart cities for the future? **Regional Outlook**, 2011, p. 96-100.

WASHBURN, D.; SINDHU, U.; BALAOURAS, S.; DINES, R. A.; HAYES, N. M.; NELSON, L. E. **Helping CIOs Understand "Smart City" Initiatives:** defining the smart city, its drivers, and the role of the CIO. Cambridge, MA: Forrester Research, 2010.

WILSON, W. J. Studying Inner-City Social Dislocations: the challenge of public agenda research – 1990 Presidential-Address. **American Sociological Review**, vol. 53, ed. 1, 1991, p. 1-14.

WOLCH, J. R.; BYRNE, J.; NEWELL, J. P. Urban Green Space, Public Health, and Environmental Justice: the challenge of making cities 'just green enough'. **Landscape and Urban Planning**, vol. 125, Edição Especial: SI, 2014, p. 234-244.

ZYGIARIS, S. Smart City Reference Model: assisting planners to conceptualize the building of smart city innovation ecosystems. **Journal of the Knowledge Economy**, vol. 4, ed. 2, 2013, p. 217-231.

PARTE IV

IMPACTOS DA QUARTA REVOLUÇÃO INDUSTRIAL NA INDÚSTRIA, NOS EMPREGOS, NA EDUCAÇÃO E NA INOVAÇÃO

Capítulo 13

O Desafio dos Empregos na Quarta Revolução Industrial

João Roncati, Mhileizer T. A. Silva, Felipe Madeira

A Quarta Revolução Industrial, que reúne IA, robótica, impressão 3D, nanotecnologia e outras tecnologias, deverá provocar a perda líquida de cinco milhões de empregos nos próximos cinco anos. Tal perda ocorrerá em 15 grandes economias, incluindo o Brasil, avalia o Fórum Econômico Mundial, na antevéspera da abertura do encontro anual de Davos, nos Alpes suíços. Essa nova revolução, unindo mudanças socioeconômicas e demográficas, terá impacto nos modelos de negócios e no mercado do trabalho, afetando todos os setores e regiões geográficas (SETECO, 2016).

Neste capítulo, são discutidos os desafios impostos pela Quarta Revolução Industrial ao modo como se trabalha e como se adquire conhecimento, além dos possíveis impactos que a Industria 4.0 terá na geração e manutenção dos empregos. Todo o campo do trabalho, empregos e relações laborais está sendo afetado por essa revolução; trata-se aqui de ver como isso vem ocorrendo no mundo e no Brasil e levantar as questões e possíveis respostas a tais mudanças.

Como parte das respostas indicam que as alterações nos modos de trabalho levam forçosamente a uma abordagem sobre novas habilidades, novos treinamentos e retreinamentos da mão de obra, é na educação que se buscarão algumas respostas e se formularão questionamentos sobre os melhores caminhos a serem adotados, a fim de não se deixar escapar a oportunidade de preparar as futuras gerações para um mundo que já se presentifica.

13.1. Breve histórico das quatro revoluções industriais

A Revolução Industrial vai além da ideia de grande desenvolvimento dos mecanismos tecnológicos aplicados à produção, na medida em que: consolidou o capitalismo; aumentou de forma rapidíssima a produtividade do trabalho; originou novos comportamentos sociais, novas formas de acumulação de capital, novos modelos políticos e uma nova visão do mundo; e, talvez o mais importante, contribuiu de maneira decisiva para dividir a imensa maioria das sociedades humanas em duas classes sociais opostas e antagônicas: a burguesia capitalista e o proletariado (CAVALCANTE; SILVA, 2011).

Ao longo da história houve muitos momentos disruptivos graças aos avanços técnicos. A diferença do momento atual é a velocidade com que as mudanças se sucedem, em um ritmo jamais visto. A primeira revolução industrial (1760) trouxe inovações mecânicas como a máquina a vapor e a ferrovia; a segunda (1910 – século XX) abrangeu a produção em massa através da eletrificação; a terceira (1950 – século XX) popularizou os computadores e a internet. "Agora estamos às portas da Quarta Revolução Industrial, que seria caracterizada pela conectividade dos aparelhos, as comunicações móveis, as redes sociais e a IA. Trata-se de uma época em que as barreiras entre o mundo físico e o digital são mais confusas, e o consumidor está sempre conectado", descreve Guillermo Padilla, sócio-diretor de Consultoria de Gestão da KPMG Espanha (FERNANDEZ, 2016).

A ascensão industrial substituiu as manufaturas e a produção artesanal e acentuou o aumento da produção de mercadorias e a crescente busca por mercados consumidores. Com a ascensão de novas tecnologias (produção do aço, do automóvel, da energia elétrica), as indústrias substituíram a mão de obra humana pela mecanizada. A partir de então, o número de trabalhadores desempregados aumentou significativamente, ocorrendo, também, a redução salarial. Então, o primeiro modelo de emprego prevalecente nos tempos atuais (o modelo que garante estabilidade e seguridade social e um plano de carreira) é aplicado nos países desenvolvidos, onde o governo financia e investe grandes recursos na qualificação profissional dos trabalhadores. Já o segundo modelo, que é o emprego fácil, com carga horária variável e contrato temporário, é o que prevalece no Brasil e nos demais países emergentes, onde o governo não destina grandes partes dos recursos para a formação e a qualificação profissional dos trabalhadores, restando a estes um subemprego e péssimas condições de vida (CARVALHO, 2016).

13.2. Panorama do crescimento econômico e dos empregos nas principais potências econômicas do mundo

A nova edição do relatório "World in 2050" apresenta as projeções de longo prazo da PwC Brasil (2017) sobre o crescimento econômico global. A análise abrange 32 das maiores economias do planeta, que representam cerca de 84% do PIB mundial. O estudo, com o título "Visão de Longo Prazo: Como a Ordem Econômica Global Mudará até 2050", mostra que as grandes economias emergentes poderão crescer a um ritmo médio mais intenso, de 3,5%, nas próximas décadas, enquanto as maiores nações desenvolvidas deverão se expandir em 1,6%. O levantamento leva em conta o PIB pelo método de paridade do poder de compra. A figura 13.1 apresenta o ranking das 10 maiores economias para o ano de 2050:

Em 2050, o ranking das 10 maiores economias terá seis países emergentes

2016			2050
China	1	1	China
EUA	2	2	Índia
Índia	3	3	EUA
Japão	4	4	Indonésia
Alemanha	5	5	Brasil
Rússia	6	6	Rússia
Brasil	7	7	México
Indonésia	8	8	Japão
Reino Unido	9	9	Alemanha
França	10	10	Reino Unido

■ Economias do E7   ■ Economias do G7

**Figura 13.1. Estimativas do ano 2016 do Fundo Monetário Internacional, análise da PwC para projeções até 2050.
Fonte: adaptado de PwC Brasil, 2017.**

O impacto potencial da automação do trabalho também varia de acordo com as características dos trabalhadores individuais. Em média, a PwC UK (2017) estima que uma maior proporção de empregos masculinos (35%), particularmente aqueles de homens com níveis mais baixos de educação, estão em maior risco potencial de automação do que os de trabalhadoras femininas (26%). Isso reflete o fato de que setores relativamente automatizáveis, como transporte, armazenamento e fabricação, tendem a ter uma alta proporção de homens que trabalham neles. Em contrapartida, as trabalhadoras estão mais concentradas em ocupações que exigem níveis mais elevados de habilidades sociais.

Um dos maiores impactos dessa nova revolução industrial será logo sentido no mercado de trabalho. O Relatório do Fórum Econômico Mundial – WEF, do inglês *World Economic Forum* (2016), com base em pesquisa em 15 grandes países desenvolvidos e emergentes, prevê a perda líquida de 7,1 milhões de empregos até 2020, devido a redundância, automação ou desintermediação, afetando principalmente certos empregos administrativos. Essa perda poderá ser parcialmente compensada pela criação de 2,1 milhões de empregos em áreas mais especializadas, como computação, matemática, arquitetura e engenharia, além de mídia e entretenimento (WEF, 2016).

O que os teóricos esperam que se torne uma realidade em curto espaço de tempo é a "fábrica inteligente". O princípio básico é que as empresas criarão redes inteligentes que poderão controlar a si mesmas.[21] Os números econômicos são impressionantes: segundo calculou a consultoria Accenture em 2015, uma versão em escala industrial dessa revolução poderia agregar US$ 14,2 bilhões à economia mundial nos próximos 15 anos. Mas esses também serão os causadores da parte mais controversa da quarta revolução: a possibilidade de acabar com cinco milhões de vagas de trabalho nos 15 países mais industrializados do mundo (PERASSO, 2016).

---
21 Para mais informações a respeito deste assunto, ver o capítulo 2 deste livro.

A expectativa é que trabalhos intelectuais mais repetitivos sejam substituídos pela robotização. A tecnologia não ameaça apenas os trabalhos de "produção", ela também já impacta diversas profissões tradicionais. O relatório indica, ainda, que até 2025 um em cada quatro empregos conhecidos hoje deverá ser substituído por softwares e robôs. Em dez anos, prevê Schwab (2016), o consultor financeiro de um banco será provavelmente um robô equipado com IA para aconselhar o cliente a investir. Reparadores de robôs e lançadores de drones estão entre as profissões de mais futuro, assim como aquelas nas áreas de saúde, educação e serviço social, no rastro do envelhecimento da população e do aumento de casos de assistência social. A cultura também sairá ganhando com o aumento da capacidade de inovação e criação de valor, que não se concentrará apenas no plano tecnológico.

Conforme a pesquisa feita pelo WEF, a estratégia mais popular nas empresas é investir em melhorar a qualificação dos atuais empregados. Elas também favorecem outras práticas, como apoiar a mobilidade e a rotação no emprego, atraindo mais mulheres e talentos estrangeiros e oferecendo aprendizado. As contratações de curto prazo ou o empregado virtual são bem menos populares, nas respostas dos executivos. Se a produção e o trabalho manual serão feitos por máquinas, o trabalho humano será requisitado em tarefas menos repetitivas (WEF, 2016).

"O futuro do emprego será feito por vagas que não existem, em indústrias que usam tecnologias novas, em condições planetárias que nenhum ser humano jamais experimentou", diz David Ritter (2016), CEO do Greenpeace Austrália/Pacífico em uma coluna sobre a Quarta Revolução Industrial para o jornal britânico *The Guardian*. O avanço tecnológico está a acontecer a um ritmo exponencial, com impactos visíveis na sociedade. Muitos interrogam-se sobre o que acontecerá ao trabalho em um futuro cada vez mais automatizado e interligado. O risco de computadores substituírem o ser humano é maior em áreas como a dos transportes, produção, administrativa ou vendas. Na figura 13.2 mostra-se uma seleção de exemplos a partir dos estudos feitos sobre o futuro do trabalho no WEF (2016).

Figura 13.2. Empregos a mais e a menos.
Fonte: adaptado de pesquisa futuro dos empregos, WEF (2016).

13.3. Empregos 4.0 e realidade brasileira

Segundo o relatório "World in 2050", que apresenta as projeções de longo prazo da PwC (2017) sobre o crescimento econômico global, em 2050 o Brasil será a quinta maior economia do mundo na medição do PIB por paridade do poder de compra e em dólares constantes de 2016; o PIB *per capita* do Brasil sairá de US$ 3.135 para US$ 7.540 em 2050.

Dos 91,3 milhões de pessoas ocupadas no trimestre encerrado em setembro do 2017, 22,9 milhões trabalhavam por conta própria e 10,9 milhões eram empregadas no setor privado sem carteira de trabalho, um crescimento de, respectivamente, 1,8% e 2,7%, na comparação com o trimestre imediatamente anterior. Entre os setores, o aumento do emprego se deve principalmente à indústria (1,9% ou mais 227 mil pessoas), à construção (2,9% ou mais 191 mil pessoas) e à administração pública, defesa, seguridade social, educação, saúde humana e serviços sociais (2,7% ou mais 414 mil pessoas). Os dados são da Pesquisa Nacional por Amostra de Domicílios Contínua (PNADC). Dados divulgados pelo IBGE (2017) apresentam que a taxa de desocupação de 12,4% no trimestre (jul./ago./set) teve uma queda de 0,6 ponto percentual frente ao trimestre imediatamente anterior. Nesse mesmo período de comparação, o rendimento médio real foi de R$ 2,1 mil, como se mostra na figura 13.3.

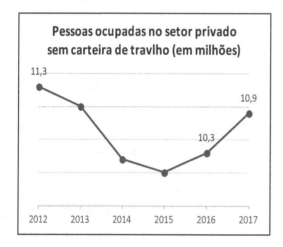

Figura 13.3. Pesquisa Nacional por Amostra de Domicílios Contínua. Trimestre jul./ago./set.
Fonte: IBGE – Diretoria de Pesquisa, DPE, 2017.

A Quarta Revolução Industrial pede profissionais com maior destreza social, gente mais criativa e com capacidade de tomada de decisão em ambientes de incerteza. O novo trabalhador deve ser propositivo e não reativo, será mister saber lidar com novas ideias, que não terão alicerces ou jurisprudência consolidada. Segundo Gabriel Mário Rodrigues: "o maior desafio a ser vencido na Quarta Revolução Industrial será a transformação das mentes dos que, tendo responsabilidade nos vários setores que atuam na educação brasileira, deverão perceber que o mundo mudou e que terão um papel de suma importância, para atender às novas realidades das instituições" (RODRIGUES, 2017).

Para Silveira e Santos (2002), a automação compensava os empregos perdidos porque gerava maior produtividade aumentando o poder de compra do trabalhador e consequentemente o consumo em outros setores, o que aumentaria o número de postos de trabalho.

13.4. Contribuição dos estudos realizados no Fórum Econômico Mundial

O tema sobre empregos na Quarta Revolução Industrial é importantíssimo, pois o trabalho faz parte da identidade da humanidade e é a base da sociedade e da forma como o homem mais "comum" organiza o seu cotidiano. Sua relevância levou os organizadores do último Fórum Econômico Mundial de Davos a instalar um Comitê Permanente para refletir sobre o tema. Esse comitê gerou um primeiro documento chamado "Impact of Jobs", que apresenta de início a importância do tema e a dimensão de preocupação que ele gera.

Neste documento, disponível ao público, alguns fatos importantes sobressaem (WORLD ECONOMIC FORUM – WEF, 2016):

a) Estima-se que 65% das crianças que entram na escola primária hoje acabarão trabalhando em tipos de trabalho completamente novos, atualmente inexistentes.
b) A perspectiva para os próximos cinco anos é predominantemente de substituição de funções: haverá um deslocamento das funções mais operacionais para aquelas que exigem uma qualificação maior, devido ao crescimento e ao potencial das transformações da Indústria 4.0.
c) Ainda assim, teremos impactos negativos sobre o emprego: "(...) perda total de 7,1 milhões de empregos – dois terços dos quais concentrados em escritório e funções administrativas – e um ganho total de 2 milhões de empregos, em várias outras áreas menores de trabalho" (p. 13). Os trabalhos mais operacionais e com maior "redundância" nas tarefas serão os mais impactados.
d) Crescerão muito as oportunidades para analistas de dados e representantes comerciais, especializados nas novas soluções que passarão a ser oferecidas ao mercado.

A figura 13.4 apresenta os "fatores de mudança: tempo para impactar os modelos de negócios". Ela lista os principais fatores industriais de mudanças e interrupções nos modelos de negócios.

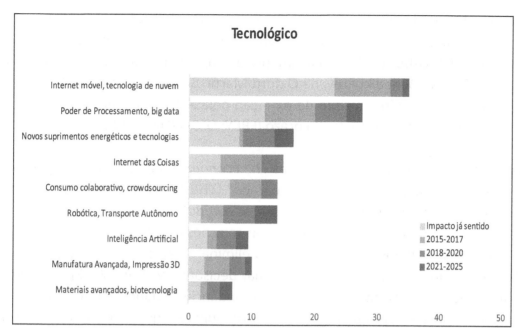

Figura 13.4. Fatores de mudança: tempo para impactar os modelos de negócio.
Fonte: pesquisa futuro dos empregos, WEF (2016).

A figura 13.5 apresenta os "fatores de mudança: tempo para impactar as habilidades dos empregados". Nela os participantes dessa pesquisa relataram que o impacto tangível de muitas dessas interrupções na adequação dos conjuntos de habilidades existentes dos funcionários hoje já pode ser sentido em uma ampla gama de empregos e indústrias. O texto e as conclusões do WEF, em especial neste estudo sobre o trabalho nos próximos cinco anos, são otimistas. Eles sugerem que o deslocamento será mais significativo do que a extinção de trabalho.

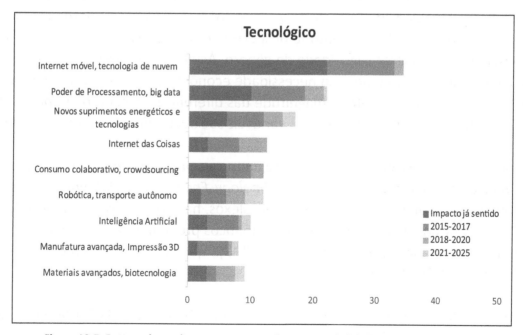

Figura 13.5. Fatores de mudança: tempo para impactar as habilidades dos empregados.
Fonte: pesquisa futuro dos empregos, WEF (2016).

Nessa sociedade 4.0 que se apresenta, quais são as aptidões e habilidades do profissional do futuro? No estudo intitulado "The Future of Employment: How Susceptible Are Jobs to Computerization?", o Dr. Michael A. Osborne, do Departamento de Engenharia da Universidade de Oxford, em coautoria com o Dr. Carl Benedikt Frey, da Oxford Martin School, estima que 47% dos empregos da economia americana estão em risco de extinção pela automatização nos próximos 20 anos. Uma perspectiva não tão otimista a longo prazo (FREY; OSBORNE, 2013).

Com a divulgação desse estudo, o jornal inglês *The Economist* publicou um artigo com uma conclusão alarmante: "nenhum governo está preparado" (THE ECONOMIST, 2014). Recentemente a importância do tema foi novamente reforçada. Um estudo publicado na revista *Nature* sobre a posição dos governos em relação às alterações nas relações de trabalho e aos tipos de empregos que estarão disponíveis depois que a automação eliminar postos de trabalho em diversas áreas expõe a desorientação dos responsáveis por tomar decisões (WATERS, 2017). Não existe nenhuma linha clara de ação e, ironicamente, na era da abundância de dados, parecem faltar dados para orientar os governantes em suas políticas. Os autores sugerem que se usem os dados de empregos gerados por empresas como Uber e LinkedIn, que parecem estar muito mais aptas a mostrar uma imagem mais precisa das mudanças no mundo do trabalho hoje (idem, ibid.).

13.5. A equidade de gênero no mundo STEM (*Science, Technology, Engineering, Mathematics*)

Para construir economias futuras que sejam dinâmicas e inclusivas, deve-se garantir que todos tenham igualdades de oportunidades. Na última edição de "The Global Gender Gap Report 2017", ou Índice Global da Igualdade de Gênero, no WEF de 2017, esse tema foi abordado, com o intuito de que as informações contidas no relatório despertem os governos para a formulação de políticas mais ousadas para acelerar a igualdade de gênero. Aspira-se também que as empresas priorizem a igualdade de gênero como uma necessidade econômica e moral. Tudo isso impulsionará a igualdade de gênero globalmente. A magnitude das diferenças de gênero em países de todo o mundo é o resultado combinado de diversas variáveis socioeconômicas, políticas e culturais.

Com o aumento do número de mulheres que seguem carreiras em Ciência, Tecnologia, Engenharia e Matemática – STEM (sigla para *Science, Technology, Engineering, Mathematics*), gerou-se um problema qualitativo e quantitativo que deixa perplexos, há vários anos, os conhecedores e acadêmicos. Por essa razão, alguns cientistas e matemáticos proeminentes da atualidade defendem que as mulheres permaneçam firmes na área STEM, já que servem como modelo para futuras gerações femininas (CONGER, 2011).

Usada também para assuntos associados às mulheres na Ciência, a sigla STEM refere-se a áreas onde há o predomínio masculino, principalmente em cargos de liderança. Nesse caso, as informações são obtidas de diversas partes do mundo, como, por exemplo, as informações extraídas de um infográfico do Reino Unido (UK), no qual é possível observar a quantidade de mulheres presentes nos campos STEM no período de 2012-2015 e a sua participação em áreas como Ciência, Engenharias e Tecnologia da Informação (figura 13.6). A Figura 13.6 ilustra que as mulheres representam 47% da força de trabalho do Reino Unido, mas apenas 13% encontram-se no campo STEM (um aumento de 8.2% em 2012). Dessas mulheres, 27% encontram-se como técnicas em Ciência e Engenharia, 15% são profissionais das áreas de Comunicação e Tecnologia de Informação e 5,5% correspondem a profissionais da Engenharia.

Figura 13.6. Mulheres em STEM – Estatísticas e fatos.
Fonte: adaptado de *The Institution of Engineering and Technology* (*reporting period* 2012-2015).

13.6. Renda em um mundo sem empregos

Na atualidade estudam-se duas ações preventivas com vistas a minorar o impacto da chegada dos robôs no mercado de trabalho. A primeira delas é a incidência de impostos sobre os robôs e a IA para compensar perdas de empregos dos humanos, e a segunda é analisar uma possível introdução de uma renda básica mínima.

A ideia de um imposto sobre os robôs foi levantada em maio do ano passado em um projeto de relatório ao Parlamento Europeu preparado pela deputada Mady Delvaux, da comissão sobre assuntos jurídicos, apoiada por Bill Gates, ícone de inovação das últimas décadas. Enfatizando como os robôs poderiam aumentar a desigualdade, o relatório propôs que poderia haver uma "necessidade de introduzir requisitos de relatórios corporativos sobre a extensão e a proporção da contribuição da robótica e da Inteligência Artificial (IA) para os resultados econômicos de uma empresa para efeitos de tributação e contribuições para a segurança social" (SHILLER, 2017).

Os críticos de um imposto sobre robôs apontaram que a ambiguidade do termo "robô" torna a definição da base de impostos difícil. Além disso, também enfatizaram os benefícios enormes e inegáveis da nova robótica para o crescimento da produtividade. Aumentar a tributação sobre esse campo da inovação não apenas inibiria o progresso, mas desestimularia o desenvolvimento de tecnologias e sistemas capazes de melhorar a vida cotidiana. Os detratores da taxa argumentam que penalizar fiscalmente a robotização equivaleria a desencorajar a inovação e, portanto, o progresso. Gates considera que uma taxa poderia retardar o salto tecnológico, mas pensa que poderia ser positivo, pois permitiria que os mercados de trabalho ganhem tempo para se adaptar à nova realidade (CARBAJOSA, 2017).

A renda básica universal (*Universal Basic Income* – UBI), por sua vez, é vista como uma possível solução para o desemprego generalizado que a automação provavelmente causará, já que ela é um sistema no qual todos os cidadãos recebem uma quantia padrão de dinheiro mensalmente para cobrir despesas básicas como comida, moradia e roupas. De acordo com Elon Musk, a solução econômica para essa realidade poderia estar simplesmente em pagar as pessoas, independentemente de encontrarem ou não trabalho; funcionaria como um sistema de distribuição de riqueza para todos, daí seu nome de renda básica universal. Seus defensores imaginam que as máquinas podem criar tanta riqueza que haverá dinheiro suficiente para uma distribuição universal e equitativa, sem a contrapartida de um trabalho (WELLER, 2017).

Há uma grande controvérsia em torno da ideia da renda básica. Questiona-se se ela seria muito cara para o estado e se levaria as pessoas ao comodismo, fazendo com que deixassem de buscar empregos ou mesmo que gastassem esse valor com drogas e álcool. Por outro lado, seus defensores argumentam que seria uma maneira de garantir o bem-estar e os requisitos mínimos de uma vida digna para as pessoas, concedendo-lhes oportunidade de cursar a faculdade ou cursos de profissionalização, por exemplo. O criador do Facebook, Mark Zuckerberg, em seu discurso na Universidade de Harvard, em 25 de maio de 2017, disse: "chegou a hora de nossa geração definir um novo contrato social. Deveríamos explorar ideias como a da renda básica universal para garantir que todos tenham segurança para testar novas ideias". A renda básica universal é, portanto, um caminho que está sendo pensado no mundo inteiro (MERELES, 2017).

13.7. Como o Brasil pode se preparar para a economia do futuro

Segundo especialistas ouvidos pela BBC Brasil, o país se saiu bem na redução de desigualdade social na última década, mas precisa investir mais em educação e inovação para obter ganhos em produtividade e geração de empregos nessa nova economia. "O grande desafio à frente é manter os avanços sociais e estimular o aumento da produtividade", afirmou Alicia Bárcena, secretária-executiva da Cepal (Comissão Econômica para América Latina e Caribe), órgão ligado à ONU. Ainda assim, o Brasil permanece abaixo da média dos países ricos, conforme retrata o Pisa, ranking internacional que avalia a qualificação de estudantes do mundo todo. No levantamento de 2012 foi observado que quase metade dos alunos não apresenta competências básicas de leitura. Além disso, outra análise da mesma organização, mas de 2015, estimou que os estudantes brasileiros são muito fracos na capacidade de navegar em sites e compreender leituras na internet, ficando à frente apenas dos estudantes da Colômbia e dos Emirados Árabes em um ranking com 31 países (WENTZEL, 2016).

Ainda assim, é necessário que os alunos aprendam a cultivar habilidades, capacidades e atributos do século XXI. O treinamento para as habilidades mais importantes nos trabalhos do futuro funcionará bem em ambientes de grande escala em 2026, quando se espera que a educação já esteja evoluindo suficientemente rápido para ser capaz de responder às demandas. No entanto, muitos acreditam que as habilidades mais vitais não são fáceis de ensinar, aprender ou avaliar em qualquer configuração de educação ou treinamento disponível hoje, por isso a maior parte do foco em todo o mundo será na educação infantil.

Barry Chudakov, fundador e diretor da Sertain Research e da StreamFuzion Corp., em uma entrevista ao Pew Research Center, dá a seguinte explicação:

> "A primeira habilidade necessária para se obter sucesso na força de trabalho do futuro será a capacidade de entender, gerenciar e manipular dados. Todo mundo em uma profissão baseada em tecnologia precisará ser um *quant* (analista quantitativo) ou manter-se com os *quants*. A segunda, e muito mais importante, a habilidade necessária para ter sucesso na força de trabalho do futuro será a capacidade de encontrar significado e valor em dados combinados com o problema, condição ou oportunidade que os dados estão descrevendo. Dito simplesmente, a maior habilidade será a capacidade de pensar na nuvem de fatos, dados, experiência e direção estratégica que os produtos e serviços exigem". (RAINIE; ANDERSON, 2017)

Claramente, para que se possa usufruir dessa nova realidade de modo profícuo, deve-se ter pessoal inteligente, mão de obra educada e disponível. O profissional requerido é aquele capaz de resolver problemas inéditos. Aprender em modo contínuo e, assim, saber aplicar as soluções que surgem constantemente será uma habilidade valiosa. Antes de aventurar-se em criar novos organismos tecnológicos, é preciso ser capaz de aplicar os já disponíveis. O Brasil, por ter uma numerosa população concentrada em grandes cidades, possui um ambiente propenso ao desenvolvimento do trabalho compartilhado e da troca de ideias. O tecido social que se desenvolve em grandes polos urbanos é um elemento natural que proporciona a interação entre as pessoas. Centros de concentração de infraestrutura, como o San Pedro Valley (SPV) de Belo Horizonte ou a Ilha Digital em Recife, funcionam como aceleradores do processo de inovação, auxiliando também nesse processo de inovação os parques tecnológicos.

Portanto, convém desenvolver aqui a capacidade de aplicar tecnologias, associada à imensa capacidade de criar e navegar em cenários flexíveis, para que se estabeleça um alicerce robusto, necessário e primordial para a manutenção e criação de empregos na economia. A partir daí, abre-se a possibilidade de se alcançar uma condição de competição global. Nesse contexto, deve-se ressaltar a tríade do ensino superior, formada pelas áreas de Ensino, Pesquisa e Extensão, como um princípio indissociável da educação das escolas brasileiras. A formação dessa mão de obra deve ser adequada ao modo de ser profissional que está se desenvolvendo, a fim de encarar com sucesso o desafio da empregabilidade no Brasil.

Falta ainda uma campanha de conscientização, que deve nascer nas universidades e escolas de ensino superior. Uma população que não reconhece ter uma certa necessidade, algo que, na proposição deste livro, significa poder almejar um futuro digno para a nação, não saberá dar valor a uma área de alto valor agregado, como a engenharia aplicada. Portanto, é necessário preparar bem um profissional para que ele possa ter condições para exercer atividades críticas e criativas e contribuir para um ciclo contínuo de melhoria, e não simplesmente copiar ou repetir uma rotina. Inovação de valor é o conceito que deve nortear o desenvolvimento da educação e do indivíduo.

As ações de extensão tecnológica nas escolas precisam também ser difundidas. Os congressos, as feiras tecnológicas e os fóruns de discussão precisam ser aproveitados como canais de comunicação e fomento. Esse é seguramente um caminho para aproximar a Academia e a Sociedade. A Academia precisa também contribuir com um corpo técnico especializado, bem como com profissionais qualificados, no uso de técnicas empresariais como negociação, diagnóstico e proposição de ações. É importante que a linguagem da empresa seja compreendida pelo mundo acadêmico, de forma a estabelecer um fluxo contínuo de colaboração, centrado na inovação.

13.8. Conclusão

No capítulo 9, A Quarta Revolução Industrial e a Indústria 4.0, foi apresentado que as empresas precisarão inverter seus modelos de negócio do formato *Business to Consumer* (B2C) para uma dinâmica *Consumer to Business* (C2B), visando atender melhor às necessidades do cliente. No capítulo 10, A Quarta Revolução Industrial e a Cadeia de Suprimentos 4.0, foi discutida a criação de uma nova dinâmica operacional para as cadeias de suprimentos. No capítulo 11, A Quarta Revolução Industrial e a Saúde 4.0, foram analisados os desdobramentos possíveis do avanço da tecnologia para o aumento de eficiência na saúde. Em todos esses capítulos, e em vários outros deste livro, foram projetados cenários para o futuro que requerem um amplo esforço dos indivíduos, das empresas, da Academia e do poder público para criar múltiplas oportunidades de emprego.

É momento de ter ambição de aprender a resolver problemas. Desejar crescer através do conhecimento profundo das tecnologias disponíveis e da elaboração de soluções em aplicabilidade desenvolvidas no país. Falta ainda um passo a concretizar, o uso real da capacidade de utilizar o desenvolvimento tecnológico e a sua aplicabilidade na sociedade. Desenvolvimento é a palavra-chave, pois mesmo tecnologias já dominadas e estabelecidas devem ser parte do contexto. É necessário ser capaz de conhecer e reconhecer as melhores práticas já disponíveis no universo do conhecimento humano e trazê-las de modo adaptado para a sociedade. Os profissionais do

Brasil precisam ampliar e estender os conhecimentos básicos adquiridos na graduação. Encontrar soluções é o objetivo principal.

A adoção massiva de tecnologia motivará a substituição humana nos trabalhos repetitivos, perigosos, processuais. Permitirá a adoção mais rápida de protocolos e, portanto, ganhos de eficiência em escala nunca vistos. As migrações e o compartilhamento de dados, até hoje inviáveis, adicionados a camadas de análise profunda e de IA, prometem, porém, romper a esfera dos trabalhos "mecânicos" e adentrar muitas outras ocupações e tarefas. A Quarta Revolução Industrial, na qual a ligação de homens e máquinas será viabilizada de fato e muito ampliada, permitirá uma geração de valor nunca vista em formato ou dimensão. As economias mais prejudicadas serão as que usam mão de obra barata como vantagem competitiva, como acontece nos países em desenvolvimento, e o Brasil inclui-se nessa categoria.

Nada do que foi analisado até agora neste livro será completo e explorado em sua total plenitude sem a conquista de resultados práticos, reais e alinhados com a necessidade da sociedade brasileira. A Quarta Revolução Industrial é uma realidade, não um ideal futurista. A realidade atual pode ao mesmo tempo apresentar-se como uma oportunidade gigante ou trazer o risco de deixar o Brasil, e sua indústria, à margem do desenvolvimento mundial. E, na alternativa de cenário negativo, a disponibilidade de empregos de valor agregado desaparece.

Referências:

CAVALCANTE, Z. V.; DA SILVA, M. L. S. A Importância da Revolução Industrial no Mundo da Tecnologia. **Anais Eletrônicos VII EPCC** – Encontro Internacional de Produção Científica Cesumar CESUMAR – Centro Universitário de Maringá Editora CESUMAR Maringá – Paraná – Brasil, 2011.

CARBAJOSA, A. Bill Gates se une ao cerco contra o capitalismo dos robôs. **El País-Brasil**, 05 abr. 2017. Disponível em: <https://brasil.elpais.com/brasil/2017/04/05/tecnologia/1491390957_573772.html>. Acesso em: 08 jan. 2018.

CARVALHO, C. Industrialização e Trabalho. **Revolução Industrial – Mundo Educação**, 2016. Disponível em: <http://mundoeducacao.bol.uol.com.br/historiageral/industrializacao-trabalho.htm>. Acesso em: 08 jan. 2018.

CONGER, C. 5 Female Scientists You Should Know. **HowStuffWorks**, Science, innovation, Scientific Experiments, 20 set. 2011. Disponível em: <https://science.howstuffworks.com/innovation/scientific-experiments/5-female-scientists.htm>. Acesso em: 08 jan. 2018.

FERNANDEZ, D. Vamos para uma nova revolução industrial: assim será. **El País**, 14 de agosto 2016, Madri. Disponível em: <https://brasil.elpais.com/brasil/2016/08/12/economia/1470992992_354684.html>. Acesso em: 08 jan. 2018.

FREY, B. C.; OSBORNE, M. A. **The Future of Employment:** how susceptible are jobs to computerisation? 17 set. 2013. Disponível em: <http://www.oxfordmartin.ox.ac.uk/downloads/academic/The_Future_of_Employment.pdf>. Acesso em: 08 jan. 2018.

IBGE. Informalidade aumenta e continua a reduzir o desemprego. **Agência IBGE Notícias** – Estatísticas Sociais, 31 out. 2017. Disponível em: <https://agenciadenoticias.ibge.gov.br/2012-agencia-de-noticias/noticias/17508-informalidade-aumenta-e-continua-a-reduzir-o-desemprego.html>. Acesso em: 08 jan. 2018.

MERELES, C. Renda Básica: utopia, assistencialismo ou uma realidade próxima? **Politize!**, 17 ago. 2017. Disponível em: <http://www.politize.com.br/renda-basica-universal/>. Acesso em: 08 jan. 2018.

PERASSO, V. O que é a 4ª revolução industrial – e como ela deve afetar nossas vidas. **G1**, Economia, Negócios, 22 out. 2016. Disponível em: <http://g1.globo.com/economia/negocios/noticia/2016/10/o-que-e-a-4a-revolucao-industrial-e-como-ela-deve-afetar-nossas-vidas.html>. Acesso em: 08 jan. 2018.

SETECO. Quarta revolução industrial ameaça milhões de empregos. **Seteco** (Valor Econômico), Notícias, 19 jan. 2016. Disponível em: <http://www.seteco.com.br/quarta-revolua-a-o-industrial-ameaa-a-milhaues-de-empregos-valor-econa-mico/>. Acesso em: 08 jan. 2018.

RAINIE, L.; ANDERSON, J. The Future of Jobs and Jobs Training. Pew Research Center, **Internet & Technology**, Report, 03 maio 2017. Disponível em: <http://www.pewinternet.org/2017/05/03/the-future-of-jobs-and-jobs-training/>. Acesso em: 08 jan. 2018.

RITTER, D. It's up to organised people to ensure the new economy serves the greater good. **The Guardian**, Business, Economics, 07 out. 2016. Disponível em: <https://www.theguardian.com/sustainable-business/2016/oct/07/its-up-to-organised-people-to-ensure-the-new-economy-serves-the-greater-good>. Acesso em: 08 jan. 2018.

RODRIGUES, G. M. A quarta revolução industrial. As coisas mais criativas do mundo, **Criativar**, 19 jul. 2017. Disponível em: <https://ascoisasmaiscriativasdomundo.catracalivre.com.br/criativos-invisiveis/quarta-revolucao-industrial/>. Acesso em: 08 jan. 2018.

SCHWAB, K. **A Quarta Revolução Industrial**. São Paulo: Edipro, 2016.

SHILLER, R. Why robots should be taxed if they take people's jobs. **The Guardian**, Technology Sector, 22 mar. 2017. Disponível em: <https://www.theguardian.com/business/2017/mar/22/robots-tax-bill-gates-income-inequality>. Acesso em: 08 jan. 2018.

SILVEIRA, P. R.; SANTOS, W. E. **Automação e Controle Discreto**. 10. ed. São Paulo: Érica, 2002.

THE ECONOMIST. Technology and jobs: coming to an office near you. **The Economist**, Print Edition, Leaders, 18 jan. 2014. Disponível em: <https://www.economist.com/news/leaders/21594298-effect-todays-technology-tomorrows-jobs-will-be-immenseand-no-country-ready>. Acesso em: 08 jan 2018.

THE INSTITUTION OF ENGINEERING AND TECHNOLOGY (IET). Women in STEM – Statistics and facts (reporting period 2012-2015), **IET: Engineering Communities**. Disponível em: <https://communities.theiet.org/files/8042>. Acesso em: 08 jan. 2018.

PWC BRASIL. World in 2050: the long view. **PwC Report**, Feb. 2017. Disponível em: <https://www.pwc.com.br/pt/estudos/world-in-2050.html>. Acesso em: 08 jan. 2018.

PWC UK. Up to 30% of existing UK jobs could be impacted by automation by early 2030s, but this should be offset by job gains elsewhere in economy. **PwC**, Press Releases, 24 mar. 2017. Disponível em: <https://www.pwc.co.uk/press-room/press-releases/Up-to-30-percent-of-existing-UK-jobs-could-be-impacted-by-automation-by-early-2030s-but-this-should-be-offset-by-job-gains-elsewhere-in-economy.html>. Acesso em: 08 jan. 2018.

WATERS, R. Falta informação sobre impacto da robótica. **Valor Econômico**, 17 abr. 2017. Disponível em: <https://www.pressreader.com/brazil/valor-econ%C3%B4mico/20170417/281990377395404>. Acesso em: 08 jan. 2018.

WELLER, C. Elon Musk doubles down on universal basic income: 'it's going to be necessary'. **Business Insider**, 13 fev. 2017. Disponível em: <http://www.businessinsider.com/elon-musk-universal-basic-income-2017-2>. Acesso em: 08 jan. 2018.

WENTZEL, M. Quarta revolução industrial: como o Brasil pode se preparar para a economia do futuro. **BBC Brasil**, Basileia, 22 jan. 2016. Disponível em: <http://www.bbc.com/portuguese/noticias/2016/01/160122_quarta_revolucao_industrial_mw_ab>. Acesso em: 08 jan. 2018.

WORLD ECONOMIC FORUM – WEF. Future of Jobs. **WEF**, Related Reports, Jan. 2016. Disponível em: <http://www3.weforum.org/docs/WEF_Future_of_Jobs.pdf>. Acesso em: 08 jan. 2018.

_____. The Global Gender Gap Report 2017. **WEF**, Related Reports, 2017. Disponível em: <http://www3.weforum.org/docs/WEF_GGGR_2017.pdf>. Acesso em: 08 jan. 2018

Capítulo 14

O Desafio da Educação na Quarta Revolução Industrial

Cely Ades, Conceição A. P. Barbosa

Este capítulo apresenta um panorama sobre as reflexões que direcionam a criação de uma nova perspectiva para a educação. Nele abordam-se os aspectos sociais relacionados a uma educação inclusiva e os modelos educacionais em uso, suas falhas e inadequações diante da Sociedade 4.0. O interesse é apontar as razões pelas quais tais modelos já não atendem às atuais necessidades de aprendizagem.

14.1. Educação, justiça e inclusão social

Os índices alarmantes de pobreza no mundo têm mobilizado organizações internacionais a fim de estabelecerem objetivos para a adoção de ações para a neutralização do avanço das desigualdades e com vistas à erradicação das condições que impedem o desenvolvimento pleno dos países e a inclusão social.

O Banco Mundial (2017, p. 15) estabeleceu metas para a erradicação da pobreza extrema até 2030 e estímulo para ganhos compartilhados, propondo ações em três frentes: "acelerar o crescimento econômico sustentável e inclusivo, investir nas pessoas para construir capital humano e incentivar a resiliência a choques e ameaças globais".

Com referência ao Caribe e à América Latina, o Banco Mundial (2017) aponta que houve uma redução da pobreza extrema, entre 2003 e 2013, de 63,3 milhões de pessoas. Todavia, diante de crises econômicas, nos últimos dois anos houve um aumento de vulnerabilidade de parte da população, o que requer ações para recuperação econômica e também ações que atuem diretamente nas causas da pobreza.

No Brasil a redução das desigualdades sociais se mostra complexa, já que até o presente momento a condição de redução de pobreza está muito diretamente atrelada a um forte e significativo crescimento econômico, o que não se apresenta como o cenário mais provável a curto prazo. A Organização das Nações Unidas (2017) relata que, em decorrência disso e segundo dados do Banco Mundial, 20,8 milhões de brasileiros, ou seja, 10,3% da população, ficarão na linha da pobreza e que 9,3 milhões, ou seja, 4,6% da população, estará em estado de miséria extrema, considerando o pior cenário para o ano de 2017. A recomendação do Banco Mundial é o aumento da abrangência do programa Bolsa Família, para abarcar o novo contingente de pessoas que entrarão em estado de pobreza.

Com relação à pobreza no Brasil, Henriques (2003) trata da desigualdade social como vetor de ampliação da pobreza e acrescenta que o desnível educacional atrelado a essa condição é a principal causa da desigualdade de salários.

Sen (2008) estabelece uma relação direta de educação e saúde como sendo os vetores para a obtenção de ganhos mais elevados, alertando que determinadas privações comprometem o desenvolvimento pleno de uma sociedade e apontando os reflexos decorrentes das privações de liberdade, que inibiriam a ação do indivíduo para que seja livre agente de sua vida, com acesso a oportunidades e condições de vida satisfatórias.

No que tange à educação, o Banco Mundial (2017) ressalta os investimentos realizados pela instituição a fim de prover aos países recursos para aplicação nos sistemas educacionais. Esclarece que os índices de subnutrição têm prejudicado o pleno desenvolvimento infantil, a iniciar pelo pleno desenvolvimento do cérebro, o que acarreta dificuldades na aprendizagem, prejudicando, por conseguinte, o desempenho futuro das crianças quando se tornam adultas. Isso, em última instância, diminui a própria competitividade dos países.

Também deixam claro que a valorização das meninas adolescentes e o empoderamento das mulheres são veículos para o impulso do crescimento econômico global. Para atingir esses objetivos, defendem a ampliação de oportunidades econômicas, na forma de educação, financiamentos e emprego, alertando para a necessidade de soluções que viabilizem a igualdade de gêneros.

Especificamente sobre as tendências globais para a educação de adultos, o 3º Relatório Global sobre aprendizagem e educação de adultos (UNESCO, 2016) apresenta a dificuldade no estabelecimento de métodos de controle e mensuração da aprendizagem desse grupo. Primeiro, porque esse segmento não se constitui como um subsetor na educação; segundo, porque há grande diversidade de interesses entre provedores e financiadores, formados por organizações públicas e privadas e, principalmente, porque a educação dos adultos ocorre frequentemente em circunstâncias não formais (educação adicional como alternativa/complemento à educação formal) e informais (aprendizagem não institucionalizada e decorrente das relações familiares, profissionais e sociais). Todavia, a despeito dessa dificuldade, ressaltam a importância do assunto, apontando as consequências que a negligência no provimento de educação para essa parcela gerarão, como dificuldade de adaptação e transformação, maior resistência, menor autonomia, maior exposição a comportamentos de risco, aumento da intolerância, maior dependência do estado, desigualdades, menor resiliência social e maior dificuldade para a ação coletiva com vistas à proteção do ambiente.

Considerando o cenário corrente, é inquietante considerar o período de transição que se apresenta, no qual permanece a coexistência de realidades diferentes, cada qual com sua lógica. Nessa fase de transição, persistem desafios para o país em termos de entrega de educação de qualidade ao mesmo tempo em que se desenvolve uma nova Sociedade 4.0, cujas demandas em termos de educação ainda não são claramente compreendidas. Essas camadas sobrepostas de desenvolvimento apresentam o primeiro desafio a nossa sociedade, que é: como construir um sistema de educação capaz de assegurar um desempenho satisfatório em um cenário onde coexistem visões distintas sobre as necessidades da nossa sociedade? Como prover educação de qualidade a quem não tem acesso, ao mesmo tempo em que é necessário modernizar os sistemas de ensino diante da evolução tecnológica?

Para o Banco Mundial (2011, p. 3), "o crescimento, desenvolvimento e redução da pobreza dependem dos conhecimentos e qualificações que as pessoas adquirem, não do número de anos que passaram sentados numa sala de aula".

Dessa forma, e determinadas as metas para 2020, o intuito é a atuação nos países em todas as fontes geradoras de conhecimento, para que novas abordagens sejam criadas, bem como a definição de critérios para a reforma educacional para os que sinalizam que os investimentos devem ser imediatos, com inteligência e para todos.

O World Bank (2018) ainda alerta que existem desvios consideráveis de todas as partes envolvidas com relação à aprendizagem, o que tem reduzido gravemente os níveis educacionais, principalmente em economias menos desenvolvidas, aspecto que compromete o desenvolvimento dos próprios países, pois alerta para o papel da educação para a promoção do crescimento econômico. Reforça que não há aprendizagem sem preparar aprendizes motivados, que professores devem ter as competências e a motivação, ressaltando uma certa negligência das instituições quanto a esses aspectos, e aponta que interesses contraditórios entre as partes envolvidas, os desalinhamentos e as incoerências nos objetivos de aprendizagem e responsabilidades, nas informações e métricas, nos aspectos financeiros e de incentivos, estão impedindo a aprendizagem e, consequentemente, o desenvolvimento.

14.2. Modelos tradicionais de educação

Como ponto de partida para nossa reflexão sobre a Educação 4.0 no Brasil, podemos nos apoiar no relatório "Global Education Monitoring" (GEM) produzido pela UNESCO sobre a educação (2015). O relatório, que acompanhou ao longo de 12 anos o processo de consolidação de metas de educação em múltiplos critérios, expõe que o Brasil, apesar de fazer investimentos em educação de 6,6% do PIB, compatíveis em volume com as recomendações mundiais (que estabelecem o piso entre 4% e 6%), continua a falhar na melhora da qualidade dos docentes. Para resolver esse problema de melhora da qualidade dos docentes, o relatório recomenda remuneração adequada, estratégias que privilegiem a retenção, acesso a treinamento e desenvolvimento profissional, além de participação dos professores na tomada de decisão.

No relatório GEM, o ensino profissionalizante e o empreendedorismo são priorizados. O relatório da UNESCO defende ainda a necessidade do acesso, qualidade e equidade na perspectiva de aprendizagem para todos ao longo da vida e o engajamento da sociedade no desenvolvimento da educação. A visão da educação da UNESCO abrange a sustentabilidade, a cidadania global, a educação inclusiva e a educação em saúde, principalmente naquilo que se refere à Agenda 2030 para o Desenvolvimento Sustentável.

14.2.1. Antecedentes

A aprendizagem está em todos os âmbitos por onde o ser humano se insere. Duas linhas originadas de Platão e Aristóteles originaram grande parte dos métodos e técnicas pedagógicas. O primeiro criou o idealismo, que defende que o conhecimento está no campo das ideias e que as pessoas nascem com conhecimentos adormecidos; a alma precede o corpo e a educação passa a ser um processo de reminiscência. O segundo defende o realismo, para o qual o estudo das coisas reais é o meio de adquirir virtude e sabedoria. Essas duas tendências filosóficas geraram duas correntes que deram origem à evolução do pensamento pedagógico, legado que marcou o pensamento ocidental (NOVA ESCOLA, 2008).

Segundo Libâneo (2005, p. 3):

> "A escola existe para formar sujeitos preparados para sobreviver nesta sociedade e, para isso, precisam da ciência, da cultura, da arte, precisam saber coisas, saber resolver dilemas, ter autonomia e responsabilidade, saber dos seus direitos e deveres, construir sua dignidade humana, ter uma autoimagem positiva, desenvolver capacidades cognitivas para apropriar-se criticamente dos benefícios da ciência e da tecnologia em favor do seu trabalho, da sua vida cotidiana, do seu crescimento pessoal. Mesmo sabendo-se que essas aprendizagens impliquem saberes originados nas relações cotidianas e experiências socioculturais, isto é, a cultura da vida cotidiana".

O objetivo da pedagogia é educar pessoas por meio de práticas pedagógicas que irão construir sujeitos e identidades. A boa aplicação de técnicas pedagógicas cumpre até certo ponto o objetivo de formar. Porém, a base do saber na maioria das escolas atuais é muito mais a retenção de informações do que a assimilação do saber.

Existem alguns métodos e teorias sobre aprendizagem formal utilizados nas escolas: o método tradicional tem por finalidade reter conteúdo a ser aprendido para depois ser testado e eventualmente ser aprovado em alguma prova ou mesmo conjunto de provas. Nessa metodologia o professor é o agente de transmissão do conhecimento e o detentor dele. Já a proposta do construtivismo procura construir conhecimento partir do que o aluno pode vivenciar. Nessa proposta o professor torna-se muito um agente facilitador do processo de aprendizagem.

14.2.2. Formação do conhecimento

Cada indivíduo identifica e processa a entrada de estímulos segundo esquemas – sejam mentais ou cognitivos – que possui, de forma que um novo dado perceptual (sejam estímulos ou novas experiências) é integrado às estruturas cognitivas prévias, adaptado à estrutura existente. Caso não haja aderência aos esquemas preexistentes, é incorporado como um novo conhecimento, explica Tafner (2002), quando aborda os conceitos sobre Piaget. À medida que o indivíduo agrega unidades de pensamento mais simples e primitivas em um todo mais amplo e organizado, passa não só a diferenciar esses estímulos, como generalizá-los de forma que, quando adulto, chega a possuir um arranjo vasto de esquemas complexos, que lhe permite maior possibilidade de diferenciações (TAFNER, 2002).

Por essa razão, a aprendizagem seria obtida a partir da experiência, de forma sistemática ou não, para obtenção de uma resposta em particular (MACEDO, 1994).

Por outro lado, Ausubel (2000) considera que o maior fator influente para a aprendizagem é o conhecimento prévio, que geraria uma aprendizagem na forma de armazenamento de informações e classificação mais genérica de conhecimentos, manipulados e acessados de acordo com a necessidade futura.

Nesse caso, a organização e integração do conhecimento na estrutura cognitiva pressupõem a existência de uma estrutura prévia para que ocorram (MOREIRA; MASINI, 1982).

Isso implica que a relevância, a clareza e a disponibilidade na estrutura prévia atuam como âncoras para novas ideias e conceitos, inclusive considerando que o novo pode modificar o conteúdo existente de acordo com a importância dos novos conceitos e como interagem com os conceitos prévios, interação esta que Ausubel (2000) define como a aprendizagem significativa, quando é identificada uma lógica no novo, o que favorece a interação, e, quando assimilados, contribui para a diferenciação, elaboração e estabilidade do conhecimento (AUSUBEL, 2000).

Dessa forma, quando é possibilitado ao aluno ter um confronto com o objeto, apreendendo-o em suas relações internas e externas, fica viável o estabelecimento de relações de causa e efeito que, quanto mais amplas, mais permitem a compreensão do essencial. A isso se dá o nome de síncrese, momento de desequilíbrio pelo estímulo ao interesse com questões essenciais sobre a situação, a fim de que o aluno trace o que o levará à demonstração e reflexão sobre o fenômeno estudado, a análise e síntese, o que o leva a um estágio superior de conhecimento (VASCONCELOS, 1994).

14.2.3. Transmissão do conhecimento

A aquisição de conhecimento ocorrerá, então, pelo compartilhamento de experiências, sejam em relatos ou pela observação, desde que as informações estejam conectadas ao contexto e às emoções geradas pela vivência, de forma que o conhecimento é transmitido primeiramente quando são trabalhados os conteúdos explícitos (presentes em apostilas, livros, textos, por exemplo); depois, a experiência direta, na vivência com o objeto de estudo, é o que tornará esse conhecimento tácito, ou seja, componente incorporado na estrutura do indivíduo (NONAKA; TAKEUCHI, 1997).

Moreno (2002) já esclarecera que a Andragogia determina um envolvimento ativo no ensino, com o encorajamento para a discussão de problemas, elaboração de soluções e aplicação prática, de forma imediata e contínua, a fim de gerar a retenção do conhecimento na educação do adulto.

Outro ponto se relaciona à natureza dos relatos, metáforas, analogias, hipóteses ou modelos. Dado que serão externalizados de forma diferente pelos indivíduos, e por vezes de forma discrepante, a dissociação entre a intenção e o que é expressado ajudará a levar à reflexão e interação entre os indivíduos, levando ao diálogo como aspecto importante no processo. Além disso, a combinação decorrente das trocas permite a reconfiguração das informações do indivíduo pelo acréscimo, pela classificação e pela categorização, gerando novos conhecimentos, de forma que o registro escrito ou não, e a vivência – experiências e sentimentos –, é o que permitirá que o conhecimento seja gerado e internalizado, configurando-se como a conversão do conhecimento explícito em tácito (NONAKA; TAKEUCHI, 1997).

14.2.4. Agente responsável

Como esse processo de geração e transmissão se dá continuamente, independentemente do contexto em que o indivíduo esteja, Bukowitz e Willians (2002) sugerem um modelo de gestão do conhecimento (figura 14.1), originalmente proposto para o ambiente empresarial, que pode ser adaptado para a sala de aula. Os autores diferem as etapas de acordo com o ponto de vista da origem (interna ou externa), para classificá-lo em tático ou estratégico.

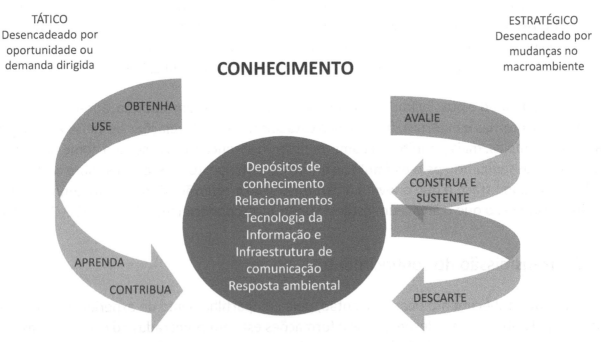

Figura 14.1. Estruturação do processo de gestão do conhecimento.
Fonte: adaptado de Bukowitz e Willians (2002).

Na tabela 14.1 é apresentada a descrição dessas etapas e sua contraparte na atuação do professor.

Tabela 14.1. Etapas do processo de gestão do conhecimento e atuação do professor.

Etapa	Atuação do professor
Diagnóstico: identificação das melhores áreas a serem trabalhadas, tanto melhores como mais fracas.	Diagnosticar áreas do conhecimento a serem trabalhadas para maior efetividade do aprendizado.
Obtenção: prover a capacidade para a solução de problemas. A partir da descrição das necessidades de informação, identificar fontes, dar acesso e viabilizar o uso.	Identificar as necessidades de informação dos alunos, definir claramente as fontes de pesquisa, divulgar e viabilizar o acesso.
Utilização: promover a aplicação do conhecimento em uma situação específica, privilegiando a criatividade e a inovação de acordo com as fontes e oportunidades de contato entre as pessoas.	Propor situações para a aplicação do conhecimento, com definições e regras claras.
Aprendizado: compreensão dos estilos de aprendizagem para facilitação do processo. A aprendizagem transita entre a aplicação de ideias e a geração de novas ideias a fim não só de resolver o problema imediato, mas de viabilizar a solução de novos desafios.	Criar um clima favorável à aprendizagem com estímulos ao interesse pelo aprender, identificando estratégias mais adequadas a partir do ambiente, grupo de alunos e tarefa, atuando de forma preventiva para evitar condições negativas, como ansiedade, apatia e tédio.
Contribuição: estimular o compartilhamento, apoiando a transferência de conhecimento tácito a partir da identificação de benefícios mútuos e reconhecimento pela contribuição.	Incentivar o diálogo e o trabalho em grupo a partir de um relacionamento positivo, como forma de viabilizar a reflexão crítica sobre a realidade estudada, a prática e o conhecimento adquirido.
Avaliação: criar novas alternativas de avaliação, incorporando processos que avaliem o que, efetivamente, gere valor.	Definir claramente o critério de avaliação e dar *feedback*, observando o processo e os resultados como um arcabouço de informações relevantes sobre a eficácia do processo de ensino-aprendizagem, para autoanálise quanto ao desempenho e às estratégias utilizadas.
Construção e manutenção: focar no conhecimento útil, de forma planejada e ordenada, que não seja perdido com a mudança de cenário, sob o risco de perda de competitividade, garantindo a manutenção do processo e a renovação contínua.	Possibilitar a construção do conhecimento, curiosidade para o estudo dos princípios, hipóteses e resultados e incentivar a pesquisa.
Descarte: identificar conhecimentos que devem ser alavancados e os que são limitantes, buscando alternativas para aproveitamento direto do que é útil, para que, a partir da experiência, o que não é relevante não seja absorvido como conhecimento desnecessário, reconhecendo a dificuldade das pessoas no abandono de ideias antigas e compreendendo o que pode der descartado.	Como foco no aluno e na visão total do conhecimento, contextualizar esse conhecimento e lidar com preconceitos, crenças e valores existentes.

Fonte: autoras, com base em Bukowitz e Willians (2002).

14.2.5. Adequação dos modelos às necessidades

Jefferson e Wick (2016) abordam no livro "6D" as seis disciplinas que transformam educação em resultado para o negócio na educação corporativa. Vasconcellos (2009), Brom e Aguiar (2010) e Masetto (2010) questionam as práticas atuais e sugerem maior interação da escola com o mundo da experiência e o mundo real.

As práticas e métodos são, na teoria, bem interessantes e diferentes. Modificam o estudo da sala de aula e valorizam o conhecimento trazido pelos alunos. Embora essa realidade seja defendida

(JEFFERSON; WICK, 2016; VASCONCELLOS, 2009; BROM; AGUIAR, 2010; MASETTO, 2010), difícil é a efetivação da linha proposta, pois ainda esbarra em interpretações e modelos mentais dos docentes, bem como em vários outros fatores como as condições gerais inadequadas de infraestrutura para o ensino.

O realismo, presente em diversas linhas pedagógicas, a vivência da realidade e a aprendizagem baseada na experiência poderão se tornar mais viáveis com o uso de realidade virtual, de simulações computacionais e de simuladores físicos. Assim, serão ampliadas as possibilidades de aprendizado do aluno para que ele efetivamente possa entender o que está sendo realmente tratado pelo professor e participar ativamente da discussão, pois passa a ter observações e sensações para agregar nas discussões.

Como se vê, a tarefa do professor, no sentido pleno, pressupõe o domínio de um conjunto de processos que requerem que sua função de agente assuma um caráter maximizado e com foco nas necessidades e nos resultados globais para o aluno, tarefa nem sempre possível.

14.3. Conhecimentos e competências necessárias dos profissionais da Indústria 4.0

A figura 14.2 apresenta as aptidões e habilidades do profissional do futuro numa Sociedade 4.0 (WEF, 2016).

APTIDÕES

Cognitivas
Flexibilidade cognitiva
Criatividade
Raciocínio lógico
Sensibilidade ao problema
Raciocínio matemático
Visualização

Físicas
Força física
Destreza manual/precisão

HABILIDADES

Conteúdo
Aprendizado ativo
Expressão oral
Compreensão de leitura
Expressão escrita
Alfabetização digital

Processo
Escuta ativa
Pensamento crítico
Automonitoramento e dos outros

HABILIDADES TRANSFUNCIONAIS

Sociais
Coordenação com outros
Inteligência emocional
Negociação
Persuasão
Orientação a serviço
Treinamento e ensino dos outros

Sistêmicas
Julgamento e tomada de decisões
Análise sistêmica

Solução de problemas complexos
Solução de problemas complexos

Processo
Escuta ativa
Pensamento crítico
Automonitoramento e dos outros

Técnicas
Manutenção e reparo de equipamentos
Operação e controle de equipamentos
Programação
Controle de qualidade
Design da experiência do usuário
Resolução de problemas

Figura 14.2. Habilidades centrais para o trabalho. Fonte: adaptado de World Economic Forum, 2016.

As características mencionadas descrevem pessoas equilibradas nos aspectos racionais, emocionais e sociais, alinhadas com a educação integral presente na literatura e no pensamento acadêmico mundial (CENTRO DE REFERÊNCIA EM EDUCAÇÃO INTEGRAL, 2017).

Para que o desenvolvimento dessas aptidões e habilidades seja efetivamente alcançado é necessário pensar em estratégias para que o ser humano assimile esses conhecimentos e habilidades praticando-os e vivenciando-os em diversas situações simuladas e reais.

Não será possível esperar a nova geração chegar na fase adulta para mudar a realidade da Educação 4.0. Para isso será fundamental o papel das universidades e das empresas para reestruturar, estimular e ensinar habilidades e aptidões não contempladas no modelo de ensino atual.

Explicações sobre como a mente funciona e a memorização de conteúdos técnicos sobre como o cérebro funciona não necessariamente levam o aluno a saber usar a sua mente para pensar, solucionar problemas e ter pensamento crítico. Ainda nessa linha, geralmente o imediatismo dos patrões e dos jovens gera uma pressa que permeia a construção do conhecimento, análises e elaboração de metodologias, dificultando a aprendizagem real e consistente. As elaborações mentais que ajudam a criar o pensamento crítico requerem tempo, conexões e esforço.

Embora o modelo da escola construtivista proponha que o aluno seja ouvido, tenha pensamento crítico e desenvolva capacidade de resolução de problemas, iremos migrar para a necessidade de uma formação mais complexa para quem ensina: passamos agora a pensar em atividades integradas que possam capacitar profissionais em programação, conhecimentos técnicos ao mesmo tempo que coordenação com outros, criatividade e negociação.

Os especialistas em programação serão substituídos por profissionais híbridos e focados, especialistas e generalistas; racionais e emocionais; criativos e técnicos. O que antes se encontrava em várias pessoas, diversos profissionais diferentes, no futuro se espera encontrar em cada indivíduo.

A corrida pelo aperfeiçoamento de seres humanos cada vez mais estimulados os habilitará a aprender muitas coisas por diversos canais; todavia, sem a prática social, poderá haver um individualismo destrutivo no mercado de trabalho. O trabalho escolar feito em grupo, na forma como é praticado na maioria das vezes, tem como objetivo estimular o aprendizado baseado na prática do social, mas talvez não seja suficiente para mitigar um individualismo destrutivo no mercado de trabalho.

A necessidade de educação para o empreendedorismo e a inovação será cada vez mais requisito nas instituições de ensino. A formação do indivíduo criativo e com características empreendedoras juntamente com a prática, favorecendo a participação do aluno em ecossistemas de inovação, será uma experiência necessária no currículo do novo profissional.

Os empregos do futuro, ameaçados pela tecnologia, não serão extintos se o indivíduo conseguir agregar valor de alguma forma ao que ele faz. Algumas competências técnicas serão menos valorizadas. Competências emocionais e sociais serão a base da vantagem competitiva dos profissionais do futuro. Quem irá ensinar as pessoas a serem mais pacientes e de fácil trato, criativas e a tomarem decisões com base em valores éticos e comportamentais? O treinamento sobre como fazer alguma coisa vai ter menos importância do que a transformação de comportamento. Pessoas terão que aprender a decidir com base em critérios não só financeiros e técnicos.

Profissões desaparecerão por causa da inteligência artificial? A valorização das habilidades de convivência, inter-relacionamento e negociação, por um lado, e o pensamento estratégico, a motivação e a mudança, por outro, serão a chave da continuidade e sobrevivência dos profissionais do futuro. A identificação do real problema do cliente será sempre uma habilidade humana que pode ser auxiliada pela máquina e eliminar muitos erros, reduzir tempo e agilizar processos.

A parte burocrática das tarefas sai das mãos das pessoas, que passarão a exercer funções mais desafiadoras, mas, para isso, precisam estudar e gostar de aprender continuamente.

A competitividade entre as empresas fornecedoras de tecnologia será cada vez mais acirrada. Como mencionado no capítulo 2, haverá a necessidade de constante revisão dos modelos de negócios nas empresas no curtíssimo prazo, à medida que produtos são testados e se descobrem novas preferências dos consumidores (BROWN, 2010). Nos novos modelos de negócio os empregos vão mudar e novas carreiras híbridas surgirão. Pessoas poderão misturar especialidades e mudar a trajetória profissional ao longo de suas vidas.

A redução dos empregos pela substituição por máquinas abre espaço para a migração ao empreendedorismo. Segundo o relatório da Startup Genome (2015), a geração de empregos das *startups* se mantém elevada e constante, independentemente de crises em comparação aos empregos gerados pelas corporações tradicionais.

A educação do futuro terá um foco especial no empreendedorismo e na inovação, assim como na formação do indivíduo para o pensar e criar com repertórios diversificados apoiados em visões técnicas, científicas e filosóficas para a formação criativa e integral do ser humano. Apesar de muitas dinâmicas de criatividade serem promovidas no coletivo, a ideia surge da mente do indivíduo e precisa de atenção nesse sentido.

Surgirão novos modelos de negócios, onde determinada empresa não tem ativos, não tem funcionários, na maioria das vezes utiliza ativos das pessoas (casas, carros, escritórios) ou utiliza pessoas/usuários para alimentar informações, compartilhar conhecimentos ou dados.

Como já mencionado antes, haverá uma divisão dentro do empreendedorismo: pessoas que criam os modelos de negócios disruptivos e os que entram mimetizando e usufruindo dos novos modelos, ganhando dinheiro com base em negócios concebidos por terceiros. Denominamos essa forma de empreender de empreendedorismo massificado, pois a ideia do negócio vem pronta. Esse movimento não desmerece a iniciativa de quem usufrui o modelo criado por outros. Novos negócios concebidos por mentes criativas e inovadoras e que conseguiram estimular a grande massa a empreender disponibilizando suas residências, seus carros ou seu tempo, compartilhando o que tem, serão cada vez mais necessários.

A mistura de áreas pode gerar o pensamento no formato de ciclos profissionais e mudanças de carreira, acompanhando a ideia de que poucos profissionais terão apenas uma especialidade por dois motivos: a mistura gera descobertas e a multidisciplinaridade reduz risco de desemprego. Novas profissões vão requerer novas ofertas de cursos completamente diferentes dos atuais. O ser humano deve estar preparado para trocar de profissões com rapidez.

14.4. Como deve ser estruturada a educação para a Indústria 4.0

Diante de um cenário de completa transformação, com a incorporação de novos métodos de trabalho, tecnologias em rede e redes de negócios, novas alternativas em processos produtivos, nanotecnologia, biotecnologia, inteligência artificial, internet das coisas, associados a contextos de transformação social, com redesenhos das estruturas familiares, ocorrência acentuada de conflitos sociais, políticos e religiosos, é de se prever que também a educação deverá sofrer transformações radicais. Transformações estas muito mais relacionadas ao entendimento dos novos perfis de pessoas/profissionais, desta vez com alto nível de conectividade, emergência de inúmeras possibilidades de profissões e com realidade da migração entre profissões durante a trajetória profissional. É fato que o contorno populacional está se modificando, o que também sinaliza que novas estratégias deverão ser adotadas para prover condições eficientes de formação não só para o trabalho, mas para o convívio em sociedade e a atuação cidadã.

Khun (2006) diria que estamos em um contexto de consciência da anomalia, momento de reconhecimento de que o paradigma vigente não mais representa ou explica a própria realidade. É como se esse momento antecedesse uma crise para o assentamento de uma nova forma de ver e fazer as coisas. Claro que aqui não se pretende debater os fundamentos da questão paradigmática, mas pontuar que, mediante cenário de tanta transformação, não se pode presumir que a educação deva permanecer apenas apoiada em premissas e modelos anteriores.

Em que pese o caráter cumulativo que a ciência apresenta, por vezes conceitos são eliminados e substituídos por novos, não exatamente por novas descobertas (observamos que se trataria de um caráter incremental à mudança), mas por alterações mais severas que modificariam o paradigma em sua essência (KHUN, 2006). Seria a transformação radical de teorias e emergência de novas vertentes de estudo, logo, um novo paradigma?

Seria, então, plausível admitir que, se tudo muda apesar do modelo vigente de educação, a própria educação vai se transformar para que possa fazer frente às mudanças, em uma relação bilateral e multilateral, onde cada parte fomenta a alteração da outra?

Na eventualidade de refutar essa hipótese, podemos recorrer a Popper (1999), para quem o ideal de uma objetividade crítica não resultaria de tentativas individuais, mas do relacionamento cooperativo e, por vezes, competitivo entre cientistas e requereria uma isenção de valores. Para ele, o princípio de que o conhecimento é, em essência, uma expectativa por confirmação, que se constrói a partir de erros e acertos (o que lhe dá um caráter conjectural, já que as observações dos fatos teóricos tenderiam a não apresentar o mesmo resultado, dependendo das circunstâncias), de que toda descoberta encerra um acento de intuição e de que nenhuma teoria poderia ser provada por indução, chega-se à conclusão de que as observações só podem provar a inverdade de uma teoria, ou seja, falseá-la ou então refutá-la.

Este livro propõe que o modelo de educação no Brasil tenha como base o modelo apresentado na figura 14.3. Conforme pode ser observado na figura 14.3, a formação e a educação de um indivíduo são estabelecidas e estruturadas em camadas com as suas respectivas abrangências. No centro está o indivíduo e na camada mais externa está a sociedade que beneficia e inclui o indivíduo e concomitantemente é beneficiada por ele.

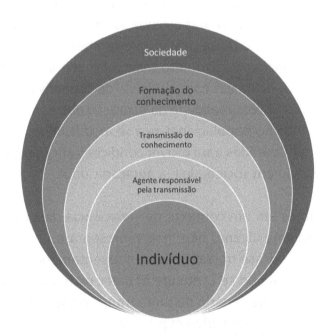

Figura 14.3. Camada de discussão da Educação 4.0.
Fonte: autoras.

Especificamente sobre as tendências globais para a educação de adultos, o 3º Relatório Global sobre aprendizagem e educação de adultos (UNESCO, 2016) sinaliza seis tendências que influenciarão a transformação das práticas educacionais: os crescentes fluxos migratórios; a longevidade e mudanças demográficas; a mudança nos padrões de emprego e reorganização do trabalho; as desigualdades crescentes; a degradação e sustentabilidade ambiental; e a revolução digital.

Esse novo contexto, de Sociedade 4.0, provê um arcabouço de campos do conhecimento ampliado e mediado pela velocidade com que as informações circulam, ampliando a relevância do conhecimento nessa sociedade que o delineia. Um aspecto a considerar é que o eventual questionamento sobre a validade do conhecimento prático *versus* o conhecimento científico perde terreno, principalmente em virtude da rapidez na velocidade da mudança. São muitas frentes sendo alteradas simultaneamente, e o isolamento tanto de um como de outro conhecimento torna-se incompatível para a necessária elaboração e assimilação da mesma mudança. Encaminha-se a ciência para que seja cada vez mais aplicada, relacionada às necessidades de mercado, e o professor será cada vez menos apenas acadêmico, pois precisa mudar o modelo mental para conseguir realizar a ponte entre o conhecimento científico e a prática do mercado e mostrar a aplicação do saber na vida. Nesse caso, a formação assume papel fundamental, independentemente de qual seja, prática e/ou científica, pois serão legítimas. O 3º Relatório Global sobre aprendizagem e educação de adultos (UNESCO, 2016) categoriza a educação em formal, não formal (educação adicional como alternativa/complemento à educação formal) e informal (aprendizagem não institucionalizada e decorrente das relações familiares, profissionais e sociais), apresentando os direcionamentos e esforços a serem envidados pelos países para que desenvolvam mecanismos para legitimação das diferentes formas de aprendizagem.

O mesmo relatório ainda salienta, quando trata da Agenda 2030 para o Desenvolvimento Sustentável, a relação do aumento de oportunidades para uma aprendizagem autônoma e entre pares com o uso de ferramentas digitais, ressaltando que a promoção do "pensamento crítico, o trabalho em equipe, a resolução de problemas, o empreendedorismo e a criatividade, as tecnologias digitais podem ter um efeito transformador sobre jovens e adultos no panorama da aprendizagem" (UNESCO, 2016, p. 129).

Nesse sentido, pode-se observar que um tripé deva ser estabelecido para que se fale em educação: os aspectos técnico, comportamental e motivacional. Isso porque não se trata apenas do conhecimento instrumental, mas, como apregoou Delors (2000), a educação é um processo para toda a vida e deve estar assentada em quatro pilares: aprender a conhecer, aprender a fazer, aprender a conviver e aprender a ser, sendo estas, talvez, as indicações mais precisas sobre os rumos que a educação deve tomar, bastando, em função de época e circunstância, que se definam as melhores estratégias para a "entrega" dessa educação.

14.4.1. Novos métodos de aprendizagem

Atualmente a internet concentra muito das informações que antes eram esparsas e desconectadas; hoje amplas bases de conhecimentos são disponibilizadas, não só de forma autônoma por indivíduos, mas por empresas e instituições educacionais.

A questão que se coloca é: se vivemos em um momento em que as pessoas procuram ter independência em suas escolhas, como manter cerceadas as possibilidades da obtenção do conhecimento em grades curriculares que nem sempre expressam o que acontece no mundo dada a lentidão de sua renovação?

Se imaginarmos o conhecimento como o assentamento de uma parede de tijolos, ficará concreta a ideia de que a aprendizagem significativa, como define Ausubel (2000), dependerá da base criada, o que nos faz entender que aquilo que não foi apreendido no momento certo da aprendizagem dificilmente será suprido por conhecimentos reparatórios da deficiência cognitiva preexistente.

O valor que se dá ao conteúdo recebido está intimamente ligado à capacidade individual de relacionar o que se recebe com o conteúdo e a bagagem de vida adquirida previamente. A falta de repertório faz com que o novo aluno não consiga valorizar e significar o que recebe da mesma forma que pessoas com mais valores prévios e mais vida (PECOTCHE, 2007).

Nesse sentido, a priorização do fornecimento do conhecimento de aplicação imediata possivelmente levará à criação de fissuras na formação do indivíduo. Não há como avaliar previamente as implicações e a gravidade antes que nos defrontemos com as novas gerações educadas nessa nova realidade; é possível apenas vislumbrar um conflito entre uma formação de natureza mais aprofundada frente à disponibilização de conhecimentos de utilidade imediata.

A velocidade da mente, turbinada pela quantidade gigantesca de estímulos, exige que estudos aprofundados sejam feitos na hora de preparar uma aula, um conteúdo e um formato. A monotonia será substituída pelo humor, pela experiência e pelo design. A forma estática migra então para recursos dinâmicos com realidade aumentada, gamificação e novos recursos de interação que ainda serão desenvolvidos.

Aplicando a abordagem de *design thinking* (BROWN, 2010), que presume a busca de solução de problemas de forma criativa e colaborativa por meio do mapeamento das percepções individuais, a educação poderá encontrar soluções inovadoras e propor o design mais apropriado ao aluno, assegurando que o que se entrega será aceito mais rapidamente por quem recebe.

A fixação do conhecimento passa a ser quase tão importante como a transmissão do conhecimento porque a concorrência de informações e dados torna necessário o resgate do conhecimento, que deve estar disponível na mente do indivíduo em qualquer oportunidade para uso e aplicação. Relações bilaterais e multilaterais, como já mencionado.

O que se propõe é que a transmissão de frações menores de conhecimento para assimilação e fixação, conceito de pílulas de conhecimento, pode ser mais eficiente do que horas de sala de aula em que o aluno tem postura passiva.

Uma proposta para tornar o aluno mais ativo e engajado no processo de aprendizado, visando reforçar a fixação, é o uso do *game* (SILVA; TRISKA, 2012; NAKAMURA; CAMARA, 2014) com a exploração de Modelo MDA (*mechanics, dynamics, and aesthetics*) (HUNICKE; LEBLANC; ZUBEK, 2001) ou o uso de mecânica (as regras), dinâmica (formas de interações) e estética (busca de respostas emocionais). Por outro lado, a gamificação, diferente do *game* puro, é mais fácil de ser implementada a qualquer conteúdo e promove engajamento por seu caráter lúdico, contribuindo nos aspectos comportamental e atitudinal. Werbach e Hunter (2012) explicam que a gamificação é o uso de elementos de jogos e técnicas de design de jogos em contexto de não jogos. Já Herger (2014, p. 53) acrescenta que deve engajar os usuários e resolver problemas.

Independentemente da tecnologia, uma das soluções propostas para motivar o aluno dentro ou fora da sala de aula é criar pontos de referência a partir dos quais o aluno irá criar uma relação pessoal com o conhecimento. O conteúdo apresentado pelo professor, ou recursos na EAD, como os objetos de aprendizagem, recursos digitais ou não, que são reutilizáveis, como videoaulas e tutoriais, por exemplo, ou recursos reutilizáveis na estrutura, mas que apresentam conteúdos criados pelos alunos, como fóruns e *wikis*, apresentados em forma de experiências e histórias, devem fazer o aluno se sentir parte do contexto.

Por outro lado, pessoas cada vez mais imediatistas e superficiais na aquisição do conhecimento desafiam as metodologias e técnicas de ensino-aprendizagem. Educação com uso de tecnologias avançadas para públicos ainda não preparados para usá-las desafiam a educação do futuro. Sabemos que o uso de tecnologias não soluciona o modelo mental apoiado na dinâmica da superficialidade que torna pessoas cada vez menos aptas a aprofundar conceitos. Por outro lado, hoje o déficit educacional no nosso país é enorme, e nesse sentido cabe questionar sobre quais serão as consequências práticas para o desenvolvimento do país se a formação acompanhar esse perfil que não consegue aprofundar os conhecimentos. Não se pode correr o risco de um ensino de empreendedorismo massificado e que apenas estimule a replicação de empreendimentos criados por outros, modelos pré-formatados, quando o empreendedor não tem estímulo para a criatividade, gerando cada vez mais concentração dessa criatividade nas economias que efetivamente investem em inovação.

A automação nos processos produtivos, que substitui mão de obra e ampliou o desemprego ou a migração entre profissões, intensifica a necessidade da educação para o empreendedorismo e a criação de negócios inovadores.

David Levy, da Universidade de Washington, apresenta como "cérebro de pipoca" o distúrbio promovido pelo movimento caótico da realização de várias tarefas simultaneamente (2011, *apud* ROSEN, 2012). Alterações químicas cerebrais são causadas e, por isso, ocorre maior dificuldade na concentração e foco em um único assunto, assim como a adaptação do cérebro ao ritmo normal da vida real. Uma característica importante destacada pelo estudo é o analfabetismo emocional, que dificulta a identificação de emoções na fisionomia, na postura e no comportamento dos outros.

A superficialidade ocasionada pelo hábito da busca interminável de informações e das mudanças físicas do cérebro ocasionadas pelo comportamento pode gerar dificuldade na assimilação e na valorização de conteúdos relacionados à motivação e ao comportamento humanos.

O tempo de concentração do aluno varia ao longo das gerações em função do condicionamento e treinamento feito desde a primeira infância. Na sala de aula, estudos feitos indicaram que a atenção chega, em média, a 20 minutos (TOKUHAMA-ESPINOSA, 2011).

Competirá estimularmos o treino da paciência do estudante para que se dedique a aprofundar algum conhecimento ou atendermos na "onda" da superficialidade, direcionando-o para o aprofundamento quando for sua vontade?

Como falamos anteriormente: aspectos técnicos, motivacionais e comportamentais devem ser considerados.

14.4.2. O papel dos professores na Sociedade 4.0

Durante a história do desenvolvimento da humanidade, o professor tem exercido um papel central, sendo responsável pela criação, sistematização e transmissão do conhecimento.

Nessa Sociedade 4.0, qual é o papel do professor se as pessoas podem navegar livremente pela web porque o conhecimento está lá? A ele ficaria o papel de provedor de reflexões? Ou, diante da dissociação de senso comum e ciência, previamente tratada neste texto, caberá ao professor o papel integrador do conhecimento, responsável por fornecer uma visão holística da realidade?

As abordagens anteriormente apresentadas requerem que o professor ou o elaborador de conteúdo e design tenha experiência ou entenda profundamente a prática e a realidade do que ensina.

As mudanças têm indicado que existe a necessidade de que a produção do conhecimento por pesquisadores seja mais vinculada ao mercado. Se o professor que produz ciência contribui com a geração de conhecimento e se o conhecimento a ser produzido deve priorizar a geração de receita, a capacidade de sistematização do conhecimento aplicado tenderá a ser uma característica-chave a ser desenvolvida também pelos professores? Caberá ao professor ajudar o aluno a desenvolver essa capacidade ou isso será algo a ser conquistado de forma autônoma pelo aluno?

A falta de vivência empreendedora dos professores é um obstáculo real para a educação empreendedora nas escolas. É o professor o modelo de inspiração que irá ensinar o aluno a arriscar e criar variações de modelos de negócios e a ser criativo? Como está a formação do professor? O modelo multicanais, que significa o uso de várias plataformas de conhecimento e tecnologias para integração com outros profissionais, será suficiente nesse sentido?

Observe-se que esforços devem ser envidados para preparar o professor a desempenhar a função de educador de empreendedorismo; mas qual seria o grau de efetividade na obtenção de resultados e o que pode ser esperado?

Por tudo já exposto, resta-nos pensar em uma educação exploratória, onde professor direciona buscas, promove questionamentos, cria contextos e explora visão de cenários, fortalecendo o papel de educador que já há um tempo é atribuído a ele, mas com definição ainda obscura do ponto de vista prático. Contudo, uma nova questão se apresenta: como iremos retreinar e desenvolver esses professores para a nova realidade, tendo em vista que as regras que regem todo o nosso sistema de ensino foram formuladas para atender às necessidades de uma sociedade? Como iremos educar os novos educadores?

Competirá aos educadores apresentar saberes práticos e acadêmicos de forma indissociável? Em relação à motivação, com vistas à mudança de atitude, como fazer? Considerar a necessidade (nota, cumprimento de carga etc.) ou o estímulo pela descoberta? Ou ambos? E como avaliar diante de tanta amplitude de possibilidades?

14.4.3. Equipamentos e tecnologia destinados à educação

A partir dos pressupostos do item anterior, são as seguintes abordagens para provimento da aprendizagem: centrada no estudante, ativa, holística, autêntica, expressiva, reflexiva, social, colaborativa, democrática, cognitiva, desenvolvedora, construtivista, desafiadora e divertida (ZEMELMAN, DANIELS; HYDE, 2005 *apud* TOKUHAMA-ESPINOSA, 2011).

A utilização de recursos como *games* e realidade virtual já foi comprovada como eficiente no contexto de idosos para ativar a memória e exercitar o cérebro. Pesquisas estão em curso no meio acadêmico sobre a viabilidade de substituição de monografias e provas, que podem gerar sensação de fracasso, por avaliações baseadas em gamificação, com atribuição de pontos para reforçar positivamente o acerto do aluno.

É fato que a heurística, a arte de realizar descobertas, que caracteriza esses padrões de "navegação", indica que são decisões individuais e, portanto, não se pode esperar uma relação óbvia do usuário com o conteúdo disponível. Diferentes recursos, seja conteúdo ou navegabilidade, devem ser disponibilizados para que o aluno tenha ao seu alcance formas variadas de investigar e explorar o conhecimento.

O conhecimento do aluno do futuro, formatado a partir da metáfora de "cérebro de pipoca", deverá ser oferecido não apenas em aulas presenciais, mas dinâmicas, com filmes, uso de *smartphones* dentro e fora da sala de aula, gamificação, além da mencionada EAD, todavia oferecidos de forma integrada em multicanais para atender às demandas individuais em termos de forma, ritmo e profundidade do conhecimento.

As mídias sociais passam a ser ferramenta de ensino e aprendizagem, mas também uma vitrine que torna transparente quem as pessoas são. Qualman (2011) fala da morte da esquizofrenia social, onde as pessoas da geração X ou mais velhas sofriam ao ter duas ou mais personalidades:

uma para o trabalho e outra para a vida social. Hoje essa divisão está mais tênue porque tudo está transparente e compartilhado. Sabe-se inclusive quem é o professor e o que ele pensa e é fora da sala de aula.

Podemos pensar em modelos educacionais diferentes para um futuro de 10, 20 ou 50 anos. Para os próximos 10 anos a transição será caracterizada como uma mistura do modelo tradicional com ferramentas associadas, ajudando em parte a transmitir conteúdo de forma lúdica, interativa, customizada e modificada.

O conceito de Educação 4.0 deve quebrar paradigmas e não pode ser realizado como uma colcha de retalhos. Plataformas não resolverão o conceito de educação do futuro, mas podem ajudar em parte a interagir e entender melhor o aluno do futuro.

Com um conceito de experiência e da formação não apenas teórica, a escola pode ser ou acontecer em qualquer lugar: no zoológico, num escritório do Google ou na sala de aula, com tecnologias digitais e interações presenciais.

14.5. Conclusão

Como gerar motivação? A inteligência artificial pode aprender mais rapidamente do que o ser humano? O que será feito com o tempo que sobra das funções assumidas pelas máquinas? O que resta para o futuro da educação? Falta o desenvolvimento nos docentes e alunos dos aspectos humanos, oferecendo muito mais do que conhecimentos técnicos, mas conhecimentos úteis que servem para a vida, habilidades para melhorar as relações pessoais, valores e princípios éticos. A tecnologia não irá substituir sensações e emoções, pelo menos no horizonte observado, mas pode ajudar a eliminar a fragmentação dos conteúdos das aulas; para isso são necessários valores internalizados de quem aplica essa docência com espaço para o livre pensar (VASCONCELLOS, 2009). A Educação 4.0 com o olhar humano estimula a exploração das riquezas das experiências e pode ajudar a construir as bases das novas gerações, pois as tecnologias, se bem utilizadas, podem ajudar a perceber as diferenças individuais e oferecer estímulos certos nas horas certas. Além disso, pode contribuir para a saída do modelo de enxurrada de informações, uma vez que computadores conseguem realizar boa parte dessa demanda, para que sobre tempo para a construção de um novo saber humano, profundo, prático e que integre o homem com as máquinas para que se extraia o melhor valor dessa parceria.

Para todo efeito, é importante ressaltar que, por mais conjecturas que façamos, ainda as fazemos a partir do paradigma vigente, moldados que somos, e prosseguimos especulando sobre as possibilidades e na expectativa de inovar para poder romper com esse modelo mental, o que se tornará viável a partir de aplicações práticas de propostas e acompanhamento de resultados. O que não se pode ignorar é que é necessário um debate imediato para que se possa contemplar o quanto antes as variáveis aqui discutidas, suas possibilidades, viabilidade e impactos.

Referências:

AUSUBEL, David P. **The acquisition and retention of knowledge:** a cognitive view. Kluwer Academic Publishers, 2000.

BANCO MUNDIAL. **Aprendizagem para todos:** investir nos conhecimentos e competências das pessoas para promover o desenvolvimento, 2011. Disponível em: <http://siteresources.worldbank.org/EDUCATION/Resources/ESSU/463292-1306181142935/Portguese_Exec_Summary_ESS2020_FINAL.pdf>. Acesso em: 08 jan. 2018.

_____. **Relatório Anual 2017**. Erradicar a Pobreza Extrema • Promover a Prosperidade Compartilhada. Disponível em: <https://openknowledge.worldbank.org/bitstream/handle/10986/27986/211119PT.pdf>. Acesso em: 08 jan. 2018.

BROM, L. G; AGUIAR, T. **Educação, mito e ficção**. São Paulo: Cengage Learning, 2011.

BROWN, T. **Design Thinking**. Rio de Janeiro: Elsevier, 2010.

BUKOWITZ, W. R.; WILLIAMS, R. L. **Manual de gestão do conhecimento**. São Paulo: Bookman, 2002.

CENTRO DE REFERÊNCIA EM EDUCAÇÃO INTEGRAL. **7 educadores brasileiros fundamentais para compreender a educação integral**. 2017. Disponível em: <http://educacaointegral.org.br/reportagens/7-educadores-brasileiros-fundamentais-compreender-educacao-integral/>. Acesso em: 08 jan. 2018.

COMISSÃO INTERNACIONAL SOBRE EDUCAÇÃO PARA O SÉCULO XXI; DELORS, J. (Coord.) UNESCO. **Educação:** um tesouro a descobrir. Relatório para a UNESCO da Comissão Internacional sobre Educação para o século XXI. 4. ed. São Paulo: Cortez; Brasília, DF: UNESCO: MEC, 2000. 288 p. ISBN 9788524906732.

HENRIQUES, R. Desnaturalizar a desigualdade e erradicar a pobreza no Brasil. *In*: NOLETO, M. J.; WERTHEIN, J. (orgs.) **Pobreza e Desigualdade no Brasil:** traçando caminhos para a inclusão social. Brasília: Unesco, 2003.

HERGER, M. **Enterprise Gamification**. Cresatespace Pub, 2014.

HUNICKE, R.; LEBLANC, M.; ZUBEK, R. **MDA:** a formal approach to game design and game research. AAAI Workshop – Technical Report, 2004.

JEFFERSON, A.; WICK, C. **6 Ds:** as seis disciplinas que transformam educação em resultados para o negócio. São Paulo: Evora, 2016.

KUHN, T. S. **A estrutura das revoluções científicas**. 9. ed. São Paulo: Perspectiva, 2009.

LIBÂNEO, J. C. **As teorias pedagógicas modernas ressiginificadas pelo debate contemporâneo na educação**. 2005. Disponível em <http://fclar.unesp.br/Home/Graduacao/Espacodoaluno/PET-ProgramadeEducacaoTutorial/Pedagogia/capitulo-libaneo.pdf>. Acesso em: 08 jan. 2018.

MACEDO, L. **Ensaios construtivistas**. 3. ed. São Paulo: Casa do Psicólogo, 1994.

MOREIRA, M. A.; MASINI, E. F. S. **Aprendizagem significativa:** a teoria de David Ausubel. São Paulo: Moraes, 1982.

MORENO, L. C. **Aprendizagem de adultos II**. São Paulo, 2002. Disponível em: <http://www.rh.com.br/Portal/Desenvolvimento/Artigo/3276/aprendizagem-dos-adultos--ii.html>. Acesso em: 08 jan. 2018.

MASETTO, M. T. **O professor na hora da verdade:** a prática docente no ensino superior. São Paulo: Avercamp, 2010.

NAKAMURA, R.; CAMARA, P. G. **Design de jogos e a experiência de exploração de espaços**. Obra digital ISSN 2014--503. n. 5 – Sep. 2013.

NONAKA, I.; TAKEUCHI, H. **Criação de conhecimento na empresa**. 9. ed., São Paulo: Campus. 1997.

NOVA ESCOLA. **Grandes pensadores:** 41 educadores que fizeram história – da Grécia antiga aos dias de hoje. Disponível em: <http://www.sociologia.seed.pr.gov.br/arquivos/File/grandes_pensadores_educacao.pdf>. Acesso em: 08 jan. 2018.

ONU. **Número de pobres no Brasil terá aumento**. Disponível em: <https://nacoesunidas.org/numero-de-pobres-no-brasil-tera-aumento-de-no-minimo-25-milhoes-em-2017-aponta-banco-mundial/>. Acesso em: 08 jan. 2018.

PECOTCHE, C. B. G. **O mecanismo da vida consciente**. São Paulo: Logosófica, 2007.

POPPER, K. R. **Lógica das ciências sociais**. 2. ed. Rio de Janeiro: Tempo Brasileiro, 1999.

QUALMAN, E. **Socialnomics:** como as mídias sociais estão transformando a forma como vivemos e fazemos negócios. São Paulo: Saraiva, 2011.

ROSEN, L. D. **iDisorder**: understanding our obsession with technology and overcoming its hold on us. New York: Macmillan, 2012.

SEN, A. **Desenvolvimento como Liberdade**. São Paulo: Companhia das Letras, 2008.

SILVA, R. S. da; TRISKA, R. Discutindo uma Terminologia para os Videogames: da jogabilidade ao gameplay. **Anais do 4º Congresso Sulamericano de Design de Interação**. São Paulo, 2012.

STARTUP GENOME. **Global Ecosystem Report**, set. 2017. Disponível em: <https://startupgenome.com/report2017/>. Acesso em: 08 jan. 2018.

TAFNER, M. A construção do conhecimento segundo Piaget. **Cérebro & Mente**, Brainstorming, n. 8, [s.d.]. Disponível em: <http://www.cerebromente.org.br/n08/mente/construtivismo/construtivismo.htm>. Acesso em: 08 jan. 2018.

TOKUHAMA-ESPINOSA, T. **The scientifically substantiated art of teaching**. San Francisco de Quito, Ecuador: International Baccalaureate Organisation, 30 out. 2011. Disponível em <http://www.ibo.org/contentassets/477a9bccb5794081a7bb8dd0ec5a4d17/traceytokuhama-espinosa-thescientificallysubstantiatedartofteachinghollandoct2011.pdf>. Acesso em: 08 jan. 2018.

UNESCO. **Relatório GEM**. Brasília: UNESCO no Brasil, 20 out. 2017. Disponível em: <http://www.unesco.org/new/pt/brasilia/about-this-office/single-view/news/report_that_analyses_the_responsability_of_diverse_actors_fo/>. Acesso em: 08 jan. 2018.

_____. **Terceiro relatório global sobre aprendizagem e educação de adultos**. Brasília: UNESCO, 2016. 156 p. Disponível em: <http://unesdoc.unesco.org/images/0024/002470/247056por.pdf>. Acesso em: 08 jan. 2018.

VASCONCELLOS, C. S. **A atividade humana como princípio educativo**. São Paulo: Libertad, 2009 – (Coleção Cadernos Pedagógicosdo Libertad; v. 7).

_____. **Construção do conhecimento em sala de aula**. 2. ed. São Paulo: Cadernos Pedagógicos do Libertad-2, 1994.

WERBACH, K; HUNTER, D. **How Game Thinking Can Revolutionize Your Business**. Philadelphia: Wharton Digital Press, 2012.

WORLD BANK. **World Development Report 2018**: learning to realize education promise. Washington, DC: World Bank, out. 2017. Disponível em: <https://elibrary.worldbank.org/doi/abs/10.1596/978-1-4648-1096-1>. Acesso em: 08 jan. 2018.

WORLD ECONOMIC FORUM – WEF. **The future of jobs report**. Geneva: WEF, jan. 2016. Disponível em: <http://www3.weforum.org/docs/WEF_Future_of_Jobs.pdf>. Acesso em: 08 jan 2018.

Capítulo 15

Proposta de Sustentação da Inovação Por Meio do Fortalecimento do Campo da Ciência, Tecnologia, Engenharia e Matemática

Juliano M. Lopes, Antonio C. Rocca, Ana P. D. Massera, Lucimara S. D'Ávila

Os impactos e desafios que a Quarta Revolução Industrial provoca na sociedade são gigantescos. Assim, é vital que tanto o governo como também a iniciativa privada façam investimentos compatíveis em inovação. Entretanto, investir somente em inovação não basta para se obter um sucesso sustentável. É necessário que também se aproveite deste investimento e que o próprio mercado, com o tempo, realmente os investimentos em inovação. Dessa forma, somente criando um círculo virtuoso é que se poderá ter um crescimento longo e sustentável.

Este capítulo toma o setor industrial como referência do que pode ser realizado para fomentar a inovação no país e apresenta os mecanismos existentes de financiamento em inovação tecnológica no Brasil para a indústria. Este capítulo apresenta, ainda, um exemplo de uma proposta para fortalecimento de um dos fatores determinantes do contínuo desenvolvimento tecnológico do país na indústria, que pode ser adaptado para outros setores da sociedade.

15.1. Panorama dos mecanismos de fomento ao investimento no Brasil

É fato que os avanços na criação de incentivos financeiros e tributários está distante do esperado nas últimas décadas, mas é também notório que importantes passos foram dados. Entre eles estão o estímulo à inovação com a publicação da popularmente denominada Lei do Bem (Lei nº 11.196) em 2005. Soma-se, em termos de incentivos, à Lei do Bem diversas chamadas públicas para projetos de inovação, com recursos financeiros conjuntos da FINEP (Financiadora de Estudos e Projetos) e do BNDES (Banco Nacional de Desenvolvimento Econômico e Social), bem como a criação da EMBRAPII (Empresa Brasileira de Pesquisa e Inovação Industrial).

A Lei do Bem instituiu um novo incentivo fiscal para a inovação tecnológica no Brasil, diferenciando-se das leis anteriores de incentivo à inovação por introduzir no ordenamento jurídico brasileiro um incentivo para o desenvolvimento da tecnologia nacional, estimulando também a maior integração entre a pesquisa acadêmica e a atividade empresarial, visando reduzir a dependência do país em relação à importação de soluções tecnológicas.

A referida lei instituiu vários incentivos à inovação, como a redução do Imposto sobre Produtos Industrializados (IPI) – incidente sobre equipamentos destinados à pesquisa e ao desenvolvimento tecnológico até a dedução adicional, para efeito de apuração do imposto de renda da pessoa jurídica (IRPJ) – do valor correspondente a 60% (podendo chegar a até 80%) da soma dos dispêndios realizados no período de apuração com pesquisa tecnológica e desenvolvimento de inovação tecnológica. No entanto, apesar de sua amplitude, a Lei do Bem tem sido pouco utilizada: em 2014, segundo a Associação Nacional de Pesquisa e Desenvolvimento das Empresas Inovadoras (2017), somente 1.206 empresas declararam o uso dos incentivos fiscais da Lei do Bem, as quais investiram um total bruto de R$ 9,25 bilhões em atividades de pesquisa, desenvolvimento e inovação. A renúncia fiscal decorrente totalizou R$ 1,71 bilhão em valores reais, no mesmo período.

Um novo impulso foi dado em 2013, em relação aos incentivos financeiros à inovação, com a criação da EMBRAPII, a qual tem por missão contribuir para o desenvolvimento da inovação na indústria brasileira através do fortalecimento de sua colaboração com institutos de pesquisa e universidades. O objetivo da EMBRAPII é aportar recursos não reembolsáveis em projetos realizados entre empresas e unidades de pesquisa por ela credenciadas; o governo federal atua como parceiro das empresas no desenvolvimento de inovações que aumentem sua eficiência operacional e competitividade (EMBRAPII, 2016). Trata-se de benefício destacado no estímulo à inovação no país, mas, de 2014 a 2017, somente 162 projetos foram contratados pelas unidades EMBRAPII, somando um total de investimentos acima de 277 milhões de reais.

Também como subvenção financeira, mas na modalidade reembolsável, o governo federal tem oferecido linhas de financiamento com taxas subsidiadas e prazos estendidos, através do BNDES e da FINEP. Ressalta-se aqui também que, recentemente, a FINEP divulgou que, dos R$ 7 bilhões disponíveis para inovação em 2017, somente R$ 450 milhões tinham sido contratados até maio (FRIAS, 2017).

Observa-se que as lideranças do poder público, ainda que em níveis não comparáveis aos dos países desenvolvidos, estão desenvolvendo mecanismos que contribuem com a expansão de políticas públicas de estímulo à adoção e criação de inovação – as quais estão sendo inclusive pauta de discussão para melhorias pela sociedade. Sendo assim, em um momento em que todos os negócios estão sendo postos à prova pelas tecnologias emergentes associadas à Quarta Revolução Industrial, é imperativo que a indústria se mobilize para alcançar um novo patamar de desenvolvimento tecnológico, considerando nessa jornada como alternativa de financiamento os mecanismos de subvenção tributária e financeira disponíveis, os quais, combinados a uma gestão eficiente e efetiva dos projetos inovadores, conduzirão a indústria nacional a níveis cada vez melhores de produtividade e competitividade.

As tecnologias emergentes discutidas neste livro podem ajudar o Brasil a dar um salto em produtividade e competitividade, características estas consideradas pela Organização para Cooperação e Desenvolvimento Econômico como prioritárias para todas as nações (ORGANIZATION FOR ECONOMIC COOPERATION AND DEVELOPMENT, 2015). Somam-se aos mecanismos existentes iniciativas como o Estudo "Internet das Coisas: um plano de ação para o Brasil" (BNDES, 2017), a criação do grupo de trabalho Indústria 4.0 (MINISTÉRIO DO DESENVOLVIMENTO, INDÚSTRIA E COMÉRCIO, 2017a) e a elaboração da nova política industrial, rota 2030, para o segmento automotivo (MDIC, 2017b).

15.2. O campo da ciência, tecnologia, engenharia e matemática como fator determinante para o contínuo desenvolvimento tecnológico

As iniciativas que estão sendo capitaneadas pelo governo para recuperar a produtividade brasileira poderão promover um choque na competitividade; porém, se não forem acompanhadas de uma preocupação com a geração de mercado para as profissões das áreas de Ciência, Tecnologia, Engenharia e Matemática ou área STEM, tais iniciativas correm o risco de não conseguir mais do que apenas uma melhoria momentânea, não sustentável a longo prazo. Normalmente as discussões sobre tecnologia são polarizadas entre a adoção de tecnologia por parte da indústria, com o objetivo de aumentar a competitividade, e a criação de tecnologia por meio de *startups* e empresas de software. É frequente que se exclua desse debate a discussão sobre a sustentação de um ciclo contínuo de evolução tecnológica, que tem como um dos agentes principais as Pequenas e Médias Empresas, as PMEs, de engenharia e software.

As PMEs de engenharia e software possuem conhecimento multidisciplinar de ciência, tecnologia, engenharia e matemática e se dedicam a combinar o conhecimento profundo dos processos produtivos com o domínio de diferentes tecnologias de software e hardware, a fim de prover uma melhoria contínua na produção de bens. Sem uma rede de PMEs preparadas para tirar o máximo da tecnologia, bem como imaginar outras formas de inovação, o esforço para acelerar a adoção de tecnologia com vistas à recuperação da competitividade em curto espaço de tempo se perde, e o país volta a ser superado pelas nações que possuem maior estoque de talento.

Hoje, infelizmente, o que se observa é que as profissões do campo da ciência, tecnologia, engenharia e matemática não estão entre as mais desejadas pela juventude brasileira. Tal falta de interesse dos jovens se origina principalmente na falta de mercado para essas profissões. É necessário abordar, portanto, como as lideranças nacionais podem ajudar a criar mercado para essa classe de profissões, ao mesmo tempo em que trabalha na recuperação da competitividade da indústria nacional.

15.3. Um exemplo de proposta de um modelo de desenvolvimento tecnológico contínuo

De forma ampla, com relação às indústrias, as políticas que pretendem contribuir para a recuperação da competitividade ocasionam como efeito prático a criação de máquinas mais inteligentes, uma utilização mais eficiente da mão de obra, a criação de matérias-primas melhores e mais baratas, o desenvolvimento de métodos mais eficazes e um uso mais sustentável do meio ambiente.

É necessário eliminar as barreiras que comprometem a competitividade das PMEs brasileiras de engenharia e software na execução de projetos que contribuam para que a indústria atinja a excelência nos 5Ms[22] das operações fabris, permitindo, assim, a criação de um mercado mais atrativo para as profissões do campo da STEM. Dessa forma, seria possível manter o contínuo desenvolvimento tecnológico, ao mesmo tempo em que se recupera a competitividade da indústria.

Viabilizar a recuperação da competitividade nas indústrias, concomitantemente com o desenvolvimento tecnológico das PMEs brasileiras, permitirá a diversificação da economia brasileira e a criação de uma mão de obra mais especializada e capaz de continuar empregada por mais tempo. Isso porque os profissionais formados no campo STEM a partir de agora possuirão, como parte de sua própria formação, uma capacidade muito maior de se adaptar às mudanças e à velocidade delas. Tal fato é fundamental para sustentar um desenvolvimento contínuo da área de tecnologia.

15.3.1. Proposta de eliminação de barreiras para as PMEs de engenharia e software na criação de máquinas mais inteligentes

Segundo relatório da *International Federation of Robotics* (IFR), em 2019 a população de robôs industriais crescerá em 414.000 unidades, alcançando cerca 2,6 milhões de unidades, o que representa mais que o dobro do que existia em 2015 (IFR, 2016, p. 18). Não há dúvida de que a busca por máquinas mais inteligentes no Brasil passará, sobretudo, pela implantação de células robotizadas. Atualmente, quando uma empresa precisa de uma célula robotizada, busca fornecedores nacionais e internacionais. Em geral, o fornecedor global oferece um "produto" e o nacional, na maioria das vezes uma PME, oferece um projeto.

O fornecedor internacional, regularmente, é especializado em uma aplicação específica, fruto de um *know-how* construído numa parceria estratégica com algum grande cliente multinacional, cuja atuação global ajuda a criar mercado internacional. Com frequência, esse fornecedor global consegue categorizar seu "produto" como um produto sem similar nacional e obtém um ex-ta-

---

22 5Ms – representa na literatura técnico-científica o modelo de análise causa e efeito, proposto por Ishikawa, que utiliza cinco dimensões de investigação: máquina, mão de obra, meio ambiente, método e materiais. Este modelo foi gerado inicialmente com 4Ms, sem considerar o meio ambiente. Atualmente se utiliza, também, uma versão do modelo de análise com 6Ms. Na versão com 6Ms, as atividades de medição fazem parte da investigação de relações de causa e efeito.

rifário[23]. Já a PME brasileira oferece um projeto, desenvolvido sob medida, construído usando componentes importados, como, por exemplo, sistemas de segurança e controladores lógicos programáveis, adquiridos localmente a um custo muito maior do que os adquiridos pelo concorrente internacional. Com as novas ferramentas de simulação digital de processos, as chances de o fornecedor nacional criar uma solução tão boa quanto a do concorrente global aumentam. Entretanto, mesmo quando a PME alcança o sucesso e vence o concorrente internacional, o desafio para a empresa nacional tem sido maior, devido ao imposto de importação sobre os itens importados. É fundamental que haja uma política tributária sólida e coerente que viabilize que as PMEs concebam projetos mais competitivos. Esse passo decisivo, junto com a iniciativa de buscar o cliente em suas matrizes, visando alcançar o reaproveitamento de engenharia, levará nossas empresas a alcançar condições não só de atender ao mercado local, mas também de concorrer globalmente, criando assim mercado para profissionais do campo do STEM.

15.3.2. Proposta de eliminação de barreiras para as PMEs de engenharia e software no desenvolvimento de um uso mais eficiente da mão de obra

Na indústria do futuro, a capacidade dos profissionais de compreender dados, bem como de adquirir domínio sobre diferentes tecnologias, é fator fundamental para criar uma empresa mais produtiva.[24] Para se construir essa força de trabalho, é necessário que haja projetos a serem desenvolvidos para garantir a continuidade produtiva. Ao formatar seus projetos, a indústria considera o financiamento um dos fatores cruciais para a escolha de parceiros e fornecedores. Normalmente, as multinacionais, concorrentes de nossas PMEs de engenharia de software, possuem bens para oferecer em garantia para as instituições financeiras provedoras de crédito ou contam com linhas de crédito em suas matrizes. Já as PMEs brasileiras regularmente não possuem bens para dar em garantia, diminuindo assim as chances de uma PME concorrer contra uma multinacional. Em última instância, este é outro fator que mina as chances das PMEs de criar mercado para atrair talentos. Identificar e reverter situações que impedem uma competição justa entre as nossas PMEs e seus concorrentes globais é essencial para o fortalecimento do mercado para as profissões do campo da STEM.

15.3.3. Proposta de eliminação de barreiras para as PMEs de engenharia e software no desenvolvimento de matérias-primas mais baratas e melhores

Um dos grandes problemas da indústria brasileira é a competividade desleal. Segundo estudos do Instituto Brasileiro de Ética Concorrencial (ETCO), a economia subterrânea movimentou R$ 983 bilhões em 2016 (INSTITUTO BRASILEIRO DE ÉTICA CONCORRENCIAL, 2017). Por economia sub-

---

23 Ex-tarifário é um regime de tributação especial para redução de alíquotas de importação de bens de capital.
24 Ver capítulo 10 deste livro para uma discussão mais aprofundada do tema.

terrânea entende-se a produção de bens e serviços não declarada ao governo, com a finalidade de sonegar impostos, não contribuir com a previdência social nem cumprir as normas da legislação trabalhista, bem como evitar os custos decorrentes das normas que se aplicam ao exercício de cada atividade. Além dos aspectos econômicos, normalmente as atividades dessa economia subterrânea trazem grandes riscos para a saúde, quando os desvios estão relacionados a produtos de consumo (INSTITUTO BRASILEIRO DE ÉTICA CONCORRENCIAL; INSTITUTO BRASILEIRO DE ECONOMIA DA FUNDAÇÃO GETÚLIO VARGAS, 2016). Uma das principais ferramentas que pode contribuir para combater esse problema é a codificação padronizada nas identificações dos produtos, que melhora a rastreabilidade e facilita o processo de vigilância. Segundo estudos da Mckinsey & Co, a padronização dentro das empresas farmacêuticas, por exemplo, pode resultar num retorno de investimento entre 4 e 25 vezes o valor investido (EBEL et al., 2017). Quando a padronização de identificação é adotada entre os elos da cadeia, os ganhos para a sociedade tendem a ser significativos.

Uma das medidas que os gestores do governo podem estudar é ampliar o fomento ao processo de padronização na identificação de mercadorias. A padronização permite criar uma visibilidade em tempo real do fluxo de mercadorias. Essa medida tem o impacto de aumentar a eficiência da indústria, corrigir desvios na arrecadação de impostos e aumentar a segurança para o consumidor ao mesmo tempo em que gera um mercado ligado à criação de soluções para gestão de mercadorias. Esse mercado de criação de soluções para a gestão de mercadorias pode ser explorado por nossas PMEs.

15.3.4. Proposta de eliminação de barreiras para as PMEs de engenharia e software na criação de métodos melhores

Apesar de já existir certo consenso na sociedade de que a indústria nacional deve ser atualizada, a decisão sobre quando isso deve ser feito depende de cada empresa. Nas empresas multinacionais, normalmente existe uma governança centralizada que determina em que momento cada uma de suas unidades produtivas devem migrar para o padrão da Indústria 4.0. Nas nacionais é necessário traçar os caminhos localmente.

Uma das medidas que os gestores do governo podem adotar para aumentar o mercado para as PMEs pensando nas indústrias nacionais é fomentar que as PMEs prestem o serviço de consultoria em elaboração de planos de transformação. Com esse tipo de serviço a empresa que contrata as PMEs recebe um material apropriado para orientar o processo de transformação. A colaboração entre indústria e PME nos estágios iniciais do processo de transformação tem como efeito prático a criação de uma parceria de longa duração, levando ao fortalecimento de ambos.

15.3.5. Proposta de eliminação de barreiras para as PMEs de engenharia e software no desenvolvimento de um uso mais sustentável do meio ambiente

Outro desafio para o avanço industrial é a preocupação com a sustentabilidade na produção. Assim, as tecnologias desenvolvidas no contexto da Indústria 4.0 serão de extrema importância, à medida que a busca por maior produtividade e eficiência global refletirá diretamente na economia de recursos naturais, como água, madeira, minérios e combustíveis fósseis.

Além disso, sistemas inteligentes impulsionarão a indústria no caminho de encontrar soluções para a logística reversa, algo extremamente complexo e desafiador para todas as nações. Nesse sentido, o Brasil tem duas opções: esperar que outras nações resolvam esses problemas e aprender com as soluções por elas alcançadas ou, de maneira proativa, lançar-se ao desafio de buscar romper a fronteira do conhecimento simultaneamente com o resto do mundo. Por meio do incentivo a pesquisas e da cooperação com PMEs, é possível fazer com que estas participem dessa jornada, resultando na criação de tecnologia nacional e no fortalecimento das empresas nacionais.

15.4. Possibilidades de mercado global para as PMEs brasileiras

Conforme apontado por McAfee e Brynjolfsson (2017, p. 1-27), as plataformas tecnológicas terão impacto transformador na economia da sociedade. Hoje, quando se observa a cadeia de fornecimento de soluções de IoT na indústria, encontram-se quatro elos principais:

a) Equipamento ou dispositivo inteligente.
b) Plataforma de IoT para a integração dos equipamentos e dispositivos inteligentes.
c) *Marketplaces* onde as aplicações são hospedadas.
d) Aplicações que coordenam as atividades dos equipamentos ou dispositivos inteligentes, de forma a realizar um processo ou gerar conhecimento sobre a operação.

Pode-se notar que o mercado de fornecimento de equipamentos inteligentes, dispositivos inteligentes, plataformas de integração e de *Marketplaces* tem uma evidente liderança por parte das empresas estrangeiras. Isso implica basicamente que restam duas oportunidades principais para as PMEs brasileiras: a tropicalização de soluções globais para funcionar no Brasil e a criação de aplicações para os *Marketplaces*.

O Brasil possui um setor industrial diversificado e distribuído pelo seu extenso território. A necessidade atual de contar com o apoio de engenharia junto às unidades produtivas gerou um número considerável de PMEs de engenharia, os chamados integradores de sistemas. Essa necessidade de ter empresas próximas às plantas, que conhecem os detalhes da fábrica, está desaparecendo à medida que as unidades produtivas são digitalizadas e seus gêmeos digitais são criados. Isso permite que estas sejam analisadas em detalhes por profissionais que nunca estiveram em contato direto com a fábrica, colocando em risco o propósito dos integradores que não se adequem a essa nova realidade.

Por outro lado, este mesmo fator também pode representar uma grande oportunidade de alcance em escala global para as PMEs, a partir da criação de aplicações para os *Marketplaces* das novas plataformas de IoT, proposta pelas principais empresas de tecnologia que estão surgindo, como Predix (GE), Mindsphere (Siemens) e ThingWorks (PTC). Essas plataformas possuem o poder de dar visibilidade ao conhecimento de processos industriais e tecnologias que as PMEs desenvolveram ao longo dos anos. A digitalização das plantas, como já foi dito, reduz o risco do aumento massivo de concorrência estrangeira no mercado brasileiro, mas, por outro lado, elimina também as barreiras para que as empresas brasileiras criem aplicações para o mercado internacional.

As PMEs, comumente, possuem cultura de projeto e para fazer a transição para um tipo de cultura de produto são necessários investimentos na criação de uma estrutura de Pesquisa e Desenvolvimento (P&D), no aumento de maturidade dos processos internos, entre outras competências. Os gestores do governo brasileiro podem ajudar essas empresas a amadurecer, fomentando a participação delas em projetos de unidades da EMBRAPII e aproximando as PMEs dos Institutos de Ciência e Tecnologia, os ICTs, de forma a transferir conhecimento sobre processos de inovação na indústria.

15.5. Conclusão

Como é apresentado, é evidente a necessidade de viabilizar, ao mesmo tempo em que se busca recuperar a competitividade da indústria, a criação de um modelo para sustentar o processo contínuo de desenvolvimento tecnológico. Para tanto, é fundamental que os mecanismos de suporte à inovação oferecidos sejam efetivos e dialoguem com a realidade das PMEs de engenharia e software nacional que prestam serviços para a indústria. Essa falta de consonância entre parceiros tão próximos coloca em risco a continuidade do nível de produtividade e competitividade que se almeja conquistar. A proposta apresentada neste capítulo é um exemplo de modelo para dar suporte à inovação, focado em desenvolver um dos fatores determinantes para o contínuo desenvolvimento tecnológico e que pode ser adaptado para outros setores de tecnologia. Entretanto, concentra-se em apenas um dos fatores-chave necessários para apoiar o desenvolvimento tecnológico. Portanto, é essencial analisar ainda, na formulação de novas políticas públicas, os outros fatores-chave para o desenvolvimento tecnológico, bem como a forma de iniciar e manter um processo de desenvolvimento tecnológico contínuo não só para as nossas indústrias, mas para toda a economia.

Referências:

ASSOCIAÇÃO NACIONAL DE PESQUISA E DESENVOLVIMENTO DAS EMPRESAS INOVADORAS – ANPEI. ANPEI entrega posicionamento para aprimoramento da Lei do Bem ao MCTIC. **ANPEI**, Destaques, 07 abr. 2017. Disponível em: <http://anpei.org.br/destaques/anpei-entrega-posicionamento-para-aprimoramento-da-lei-do-bem-ao-mctic/>. Acesso em: 08 jan. 2018.

BANCO NACIONAL DO DESENVOLVIMENTO – BNDES. **Internet das Coisas:** um plano de ação para o Brasil. BNDES, 2017. Disponível em: <http://www.bndes.gov.br/wps/portal/site/home/conhecimento/estudos/chamada-publica-Internet-coisas/estudo-Internet-das-coisas-um-plano-de-acao-para-o-brasil>. Acesso em: 08 jan. 2018.

BERCOVICI, G. **Constituição Econômica e Desenvolvimento:** uma leitura a partir da Constituição de 1988. São Paulo: Malheiros, 2005.

BRASIL. Ministério do Desenvolvimento, Indústria e Comércio – MDIC. **MDIC implanta Grupo de Trabalho da Indústria 4.0.** 26 jul. 2017a. Disponível em <http://www.inpi.gov.br/noticias/mdic-implanta-grupo-de-trabalho-da-industria-4.0>. Acesso em: 08 jan. 2018.

_____. **Ministro Marcos Pereira lança Rota 2030 – Mobilidade e Logística.** 18 abr. 2017b. Disponível em: <http://www.mdic.gov.br/index.php/noticias/2447-ministro-marcos-pereira-lanca-rota-2030-mobilidade-e-logistica>. Acesso em: 08 jan. 2018.

BRYNJOLFSSON, E.; MCAFEE, A. **Machine, Platform, Crowd:** harnessing our digital future. New York: W. W. Norton &Company, 2017, 416p.

DOYLE-LINDRUD, S. Watson Will See You Now: a supercomputer to help clinicians make informed treatment decisions. **Clinical Journal of Oncology Nursing.** v. 19, n. 1, p. 31-32, Feb. 2015. ISSN: 10921095.

EBEL, T. et al. **Força na unidade:** a promessa de padrões globais no setor de saúde. McKinsey & Company, out. 2012 Disponível em: <https://www.gs1.org/docs/healthcare/GS1132-13_Relatorio_Global%20_tandards_portuguese.pdf>. Acesso em: 08 jan. 2018.

ELALI, A. **Incentivos fiscais, neutralidade da tributação e desenvolvimento econômico:** a questão da redução das desigualdades regionais e sociais. 2007. Disponível em: <http://sisnet.aduaneiras.com.br/lex/doutrinas/arquivos/070807.pdf>. Acesso em: 08 jan. 2018.

EMPRESA BRASILEIRA DE PESQUISA E INOVAÇÃO INDUSTRIAL – EMBRAPII. Disponível em: <http://embrapii.org.br/categoria/institucional/quem-somos/>. Acesso em: 08 jan. 2018.

FERREIRA, N. S. **Proteção jurídica da inovação tecnológica no comércio internacional e no direito comparado.** 2006. 189f. Dissertação (mestrado) – Universidade Estadual Paulista, Faculdade de História, Direito e Serviço Social, 2006. Disponível em: <http://hdl.handle.net/11449/89908>. Acesso em: 08 jan. 2018.

FRIAS, M. C. De R$ 7 bilhões disponíveis para inovação na Finep, 6% foram contratados em 2017. **Folha de São Paulo**, Mercado Aberto, São Paulo, 03 jul. 2017. Disponível em: <http://www1.folha.uol.com.br/colunas/mercadoaberto/2017/07/1897659-de-r-7-bilhoes-disponiveis-para-inovacao-na-finep-6-foram-contratados-em-2017.shtml>. Acesso em: 08 jan. 2018.

GEZER, I.; CARDOSO, S. P. Empreendedorismo e suas implicações na inovação e desenvolvimento: uma análise multivariada com indicadores socioeconômicos. **Journal Globalization, Competitiveness & Governability**. Washington, DC: Georgetown University, v. 9, n. 2, p. 43-60, maio-ago. 2015.

INSTITUTO BRASILEIRO DE ÉTICA CONCORRENCIAL – ETCO; INSTITUTO BRASILEIRO DE ECONOMIA DA FUNDAÇÃO GETÚLIO VARGAS – IBRE/FGV. **Índice de Economia Subterrânea, 2016**. Disponível em: <http://www.etco.org.br/economia-subterranea/>. Acesso em: 08 jan. 2018.

INTERNATIONAL ENERGY AGENCY (IEA) AND THE WORLD BANK. **Sustainable Energy for All 2017:** progress toward sustainable energy. Washington, DC: World Bank, 2017. Disponível em: <http://gtf.esmap.org/data/files/download-documents/eegp17-01_gtf_full_report_for_web_0516.pdf>. Acesso em: 08 jan. 2018.

INTERNATIONAL FEDERATION OF ROBOTICS – IFR. **World Robotics Report 2016.** Disponível em: <https://ifr.org/ifr-press-releases/news/world-robotics-report-2016>. Acesso em: 08 jan. 2018.

INTERNATIONAL TELECOMMUNICATION UNION, INFORMATION AND COMMUNICATION TECHNOLOGIES – ITU, ICT. **Facts and Figures 2016**. Switzerland: International Telecommunication Union. Disponível em: <http://www.itu.int/en/ITU-D/Statistics/Pages/facts/default.aspx>. Acesso em: 08 jan. 2018.

KRUGMAN, P. **The Age of Diminished Expectations:** U.S. Economic Policy in the 1990s. Cambridge: The MIT Press, 1997.

MEMÓRIA, C. V. **Incentivos para inovação tecnológica:** um estudo da política pública de renúncia fiscal no Brasil. 2014. 105f. Dissertação (Mestrado Profissional) – Faculdade de Economia, Administração e Contabilidade, Universidade de Brasília, Brasília.

ORGANIZATION FOR ECONOMIC COOPERATION AND DEVELOPMENT – OECD. **Innovation for Development**. Maio 2012. Disponível em: <http://www.oecd.org/innovation/inno/50586251.pdf>. Acesso em: 08 jan. 2018.

_____. **The future of productivity**. OECD Publishing, Paris, 2015. Disponível em: <https://www.oecd.org/eco/growth/OECD-2015-The-future-of-productivity-book.pdf>. Acesso em: 08 jan. 2018.

OCTAVIANI, A. S. L. **Recursos genéticos e desenvolvimento.** 2008. 287f. Tese (Doutorado em Direito) – Faculdade de Direito, Universidade de São Paulo, São Paulo.

THOMPSON, D. What in the World Is Causing the Retail Meltdown of 2017? **The Atlantic**, Business, 10 abr. 2017. Disponível em: <https://www.theatlantic.com/business/archive/2017/04/retail-meltdown-of-2017/522384/>. Acesso em: 08 jan. 2018.

TORRES, H. T. **Direito Constitucional Financeiro:** teoria da constituição financeira. São Paulo: RT, 2014.

UNITED NATIONS CONFERENCE ON TRADE AND DEVELOPMENT – UNCTAD. Robots and industrialization in developing countries. **Policy Brief**, n. 50, out. 2016. Disponível em: <http://unctad.org/en/PublicationsLibrary/presspb2016d6_en.pdf>. Acesso em: 08 jan. 2018.

VAIL, C. Uber, confronted by regulation, is hailed by European economists. **Chicago Booth Review**, Economics, 13 jun. 2017. Disponível em: <http://review.chicagobooth.edu/economics/2017/article/uber-confronted-regulation-hailed-european-economists>. Acesso em: 08 jan. 2018.

WORLD ECONOMIC FORUM – WEF. **Global Risks Report 2017.** Disponível em <http://wef.ch/risks2017>. Acesso em: 08 jan. 2018.

Conclusão

Sérgio D'Ávila, Ricardo Pelegrini, Bruno J. Soares, João E. P. Gonçalves

Este livro contém valiosas contribuições de pesquisadores e especialistas de destaque em áreas de atuação onde os impactos e o alcance das mudanças tecnológicas são mais prevalentes. Com o intuito de avaliar os impactos da Quarta Revolução Industrial para o nosso país, o livro, em sua primeira parte, apresentou uma visão holística dos desafios já conhecidos e dos novos desafios dessa era. Na segunda parte, abordou as principais tecnologias emergentes dos mundos físico, biológico e digital, associadas à Quarta Revolução Industrial. Na terceira parte, foram apontados os potenciais impactos da Quarta Revolução Industrial em elementos-chave da estrutura organizacional da nossa sociedade e economia. E, na sua última parte, o livro tratou dos impactos dessas transformações para o indivíduo.

A primeira parte do livro inicia com uma contextualização sobre a Quarta Revolução Industrial, uma visão inicial sobre as principais tecnologias habilitadoras envolvidas e os principais impactos esperados, na economia e na sociedade, que envolverão a maneira como produzimos, trabalhamos, vivemos e nos relacionamos.

A seção traz uma discussão importante sobre os elementos que justificam que o momento atual seja tratado como uma verdadeira revolução industrial: a velocidade com que as mudanças se produzem; a amplitude e a profundidade das mudanças, com a quebra de diversos paradigmas; e o seu impacto sistêmico.

Nesta primeira parte do livro também foi apresentado um panorama do contexto deste início de jornada na Quarta Revolução Industrial. Este panorama foi formado com uma apresentação dos principais desafios presentes e futuros para o Brasil, enfatizando o papel do Estado para, por um lado, promover o desenvolvimento e a mudança tecnológica, e, por outro, facilitar a adaptação da sociedade às transformações tecnológicas e mitigar impactos potencialmente negativos, pois, como dito, "as mudanças nas tecnologias ocorrem de forma tão rápida e profunda que acabam por gerar rupturas na forma como vivemos".

Mereceu destaque a relevância do fator velocidade nos processos de planejamento, seja na esfera privada ou pública, de onde se conclui que postergar o início da jornada de transformação nesta Quarta Revolução Industrial é um erro a ser evitado.

Ao fim da primeira parte do livro, observa-se que a Indústria 4.0 oferece grandes oportunidades para o desenvolvimento do Brasil. Destacam-se, nesse contexto, o seu papel para promover o aumento da produtividade e, com isso, recuperar a competividade, uma das prioridades do país e, ao mesmo tempo, seu potencial de contribuir para o desenvolvimento sustentável em áreas como, por exemplo, aumento da eficiência energética e o desenvolvimento de tecnologias que propiciem a substituição gradual dos combustíveis fósseis por fontes de energia renováveis e pela busca incessante de eficiência energética.

Na segunda parte do livro foram apresentadas as tecnologias emergentes associadas à Quarta Revolução Industrial. Observou-se que a tecnologia IoT possui um ambiente mais favorável para o desenvolvimento no país, tendo em vista que conseguiu despertar o interesse das lideranças públicas, de forma a catalisar o desenvolvimento tecnológico nas esferas públicas e privadas, em diferentes aspectos. Apontou-se também que a IA está alcançando avanços surpreendentes, que o *blockchain* ainda tem diversas barreiras a serem vencidas, antes de mudar do estado de uma tecnologia promissora para o estado de uma tecnologia transformadora da posição socioeconômica de países, como já é o caso da Inteligência Artificial ou da Biologia Sintética. Foram apresentadas também as principais tecnologias emergentes associadas ao mundo físico, suas contribuições para o avanço de diferentes setores, bem como a importância dessas tecnologias como meio para a convergência das tecnologias dos mundos físico, digital e biológico, além da importância econômica de se investir no desenvolvimento dessas tecnologias. Com base nesta segunda parte do livro, concluiu-se que o avanço das tecnologias emergentes associadas à Quarta Revolução Industrial está ocorrendo de forma acelerada e que não acompanhar este avanço dessas tecnologias pode comprometer de forma significativa a capacidade de desenvolvimento de qualquer nação.

A terceira parte deste livro apresentou a relação hierárquica entre a Quarta Revolução Industrial, a Indústria 4.0, a Cadeia de Suprimentos 4.0, a Saúde 4.0 e a Cidade 4.0. Nesta parte do livro foram mostrados, ainda, os potenciais impactos transformadores da Quarta Revolução Industrial nesses sistemas, bem como a vastidão de oportunidades de empreender que se apresentam com essa mudança de paradigma tecnológico. Foi apresentada, também, uma proposta de um projeto *moonshot* com o objetivo de criação do Hospital 4.0, tendo o Brasil como protagonista. Concluiu-se, com base no que foi exposto na terceira parte deste livro, que estamos começando a experimentar uma época única em termos de oportunidades, na qual a tecnologia possibilita que barreiras históricas sejam superadas. O aproveitamento dessa nova fase do desenvolvimento da humanidade poderá levar o Brasil a um novo patamar de progresso socioeconômico.

Na quarta parte deste livro foram abordadas questões fundamentais ligadas ao indivíduo. Apresentaram-se as tendências em termos de mudanças na força de trabalho e, ainda, diversos aspectos relacionados ao desafio de transformar os sistemas de educação em um sistema de Educação 4.0. Tendo em vista que os desafios do emprego e da educação na Quarta Revolução Industrial não são monopólios do Brasil e que serão temas discutidos e encaminhados de forma global, torna-se necessário identificar nossas caraterísticas únicas, aquelas que nos diferenciam dos outros países. Nesse sentido, propostas como a de aproveitar as necessidades de inovação para criar uma mão de obra altamente especializada no campo da STEM, compatível com o perfil dos profissionais que serão mais requisitados na Quarta Revolução Industrial, são fundamentais para o desenvolvimento socioeconômico do país. Com base no que foi apresentado nesta parte do livro, concluiu-se que o país precisa de ações capazes de gerar e sustentar a inovação, com mão de obra nacional especializada, principalmente nas áreas de Ciência, Tecnologia, Engenharia e Matemática. Esses são temas que devem ter prioridade na agenda de todas as lideranças públicas e privadas do país.

Este livro foi elaborado de forma colaborativa, a partir de centenas de horas de dedicação de vários profissionais de diversas áreas do conhecimento, exatamente para ajudar na identificação e captura de oportunidades que esse momento de desenvolvimento tecnológico está nos trazendo, sob diferentes perspectivas. Os temas aqui apresentados certamente lançam luz sobre a responsabilidade de empresas, governos e cidadãos na construção de um mundo novo mais sólido e responsável e exigem um aprofundamento maior na discussão dos impactos que essas mudanças trarão para o nosso cotidiano, pois as regras do jogo mudaram. Barreiras históricas sumiram e, apesar dos movimentos políticos protecionistas, quando se observa este novo mundo pela lente da tecnologia, torna-se fundamental uma mudança de modelo mental de nossos líderes, devido ao fato de que nunca estivemos tão próximos e conectados. O Brasil precisa aproveitar esse momento privilegiado e ser mais ambicioso e veloz na análise e implantação de novas ferramentas que possam contribuir com o bem-estar geral da nossa população. Nosso país precisa de mais e pode mais.

Posfácio

Um Pensamento Sistêmico Para o Brasil

Octavio de Barros

Sinto falta no Brasil de um verdadeiro pensamento sistêmico sobre os grandes desafios do país. Como exemplo disso, a grande maioria das contribuições ao debate sobre as transformações decorrentes da revolução digital e cognitiva peca pelo escopo limitado de análise das tendências e dos processos. Fomos todos educados para pensar sempre dentro de nossas caixas. São raras as brilhantes reflexões bastante abrangentes realmente capazes de olhar muito além do nosso campo de estudo. Este livro "Automação & Sociedade: Quarta Revolução Industrial, um olhar para o Brasil" quebra essa lógica e nos oferece uma visão ampla da dinâmica das transformações em curso. Uma leitura obrigatória quem para estiver disposto a mergulhar nesse universo fascinante de um futuro que, ironicamente eu diria, já começou faz alguns anos.

Esta obra evita tanto utopias como distopias a respeito da brutal transformação em todos os modelos de negócios, privados ou públicos, que estão de pernas para o ar devido à revolução digital e cognitiva. Ela reconhece que a velocidade e a abrangência setorial das transformações não permitem subestimação dos seus impactos, sejam eles positivos ou negativos, sobre a sociedade. Trata com a mais absoluta franqueza dos dilemas que estão colocados para a sociedade e para o Brasil em particular.

Ao acabar de ler esta excelente obra coletiva, nos damos conta e compreendemos que, muito possivelmente, algumas empresas fracassaram justamente porque, durante décadas, fizeram tudo absolutamente certo diante de uma lógica tradicional, mas, distraidamente, subestimaram as transformações em torno delas. Faltou-lhes visão sistêmica porque consideraram que as transformações seriam lineares como sempre foram. Por outro lado, as empresas que avançam vitoriosas nesse novo mundo souberam captar os sinais fracos registrados em seus radares. Algumas empresas perceberam que, na verdade, esses sinais fracos no radar eram os mais relevantes indicadores de que algo disruptivo estava se aproximando velozmente. Não é demais lembrar que disruptivo é aquilo que muda as regras de um jogo por vezes jogado por décadas de uma mesma forma. Talvez o mundo já esteja polarizado entre aqueles que abraçam inteligentemente as mudanças e aqueles que simplesmente ignoram ou resistem a elas.

Entendo que as transformações atuais requerem que as empresas coloquem em dúvida suas certezas e avaliem os seus limites com discernimento, lucidez e humildade. O problema talvez esteja no fato de que os dirigentes de empresas, em geral, não foram formados para serem humildes e sim para serem super-heróis, sobretudo no Brasil.

Mas o mundo mudou muito com a evolução da revolução digital e cognitiva, com muita sofisticação no desenvolvimento exponencial das mais variadas áreas como Inteligência Artificial (IA), internet das coisas, computação na nuvem, ciências do cérebro, robótica, algoritmos cognitivos (*machine learning*), *big data*, *blockchain*, impressão 3D, biologia sintética, nanomateriais, novos materiais como o grafeno, neurociência avançada, medicina, agricultura de precisão, sensoriamento, virtualização, estocagem de energia etc.

Isso faz com que as empresas, cada vez mais, precisem se transformar em verdadeiras plataformas e os dirigentes tenham que transformar a si mesmos. As empresas mais eficientes estão o tempo todo à caça obcecada de problemas muito mais do que de soluções. Elas sabem que as maiores ameaças poderão vir de concorrentes ainda não identificados. Portanto, são capazes de identificar onde residem os desafios e as oportunidades.

Isso impõe uma verdadeira mudança cultural e uma nova governança. Estamos migrando de uma economia da posse para uma economia da experiência. Estão sendo radicalmente transformadas tanto a maneira de se produzir como a forma de consumir bens e serviços com a economia do compartilhamento. A fronteira é cada vez mais tênue entre manufatura e serviços, a ponto de ser cada vez mais difícil identificar o que é hoje em dia um emprego tipicamente manufatureiro. Estamos também assistindo à "destaylorização" das fábricas, e a agregação de valor hoje é bem diferente da do passado, visto que valor e riqueza estão na informação, matéria-prima mais importante.

Desaparecem também os limites entre o digital, o físico e o biológico, e se desmancham as barreiras à entrada em quase todos os setores de atividade. Não se trata apenas de uma questão de recursos financeiros. Estamos falando essencialmente de capital intelectual. A revolução digital é também um acelerador de interdependências e uma forma de liberar energias para outros desafios.

As inovações tecnológicas, imperativamente, impõem o surgimento de inovações institucionais subjacentes que sejam capazes de lidar com a nova realidade. O mundo do trabalho indica flexibilização crescente e perda de importância relativa do trabalho assalariado clássico. Entramos na era da economia da gratificação instantânea ou do trabalho sob demanda. Os empregos estão se tornando mais fragmentados e as carreiras mais voláteis, com ocupações temporárias vinculadas a projetos específicos por prazo determinado.

Paralelamente, a própria democracia se digitalizou, mas as instituições ainda vigentes são aquelas do século XX, portanto analógicas. Não haverá como escapar de um novo contrato social de negociação da partilha dos ganhos de produtividade e também de novos modelos educacionais que estimulem a inventividade e a criatividade para que o mundo do trabalho e, consequentemente, o mundo político não entrem em colapso.

Finalmente, em relação especificamente ao Brasil, precisamos acelerar, construir, desenvolver e diferenciar as nossas próprias plataformas digitais e não podemos correr o risco de perder relevância na dinâmica de globalização que adquiriu novos contornos com a revolução digital e cognitiva. Hoje a globalização depende essencialmente de plataformas tecnológicas, softwares, rotinas, protocolos de gestão da produção, computação na nuvem, IA, IoT, *big data* etc. O país não deveria ser um mero consumidor ou usuário de *commodities* digitais. Isso não o diferenciará no seu desafio da competitividade. Quanto mais o país demorar a lidar de forma ousada e ambiciosa com o tema em várias dimensões, mais difícil será o *catching up* lá na frente[25].

Em resumo, hoje podemos retomar e recontextualizar a famosa frase de 1926 do poeta e filósofo Paul Valéry: "o futuro não é mais o que costumava ser", ou, em uma linguagem mais popular, "não se fazem mais futuros como antigamente".

---

25 Importante registrar que esse tem sido um dos alertas do excelente economista Jorge Arbache sobre os riscos e dilemas para o futuro do Brasil.

Acompanhe a BRASPORT nas redes sociais e receba regularmente informações sobre atualizações, promoções e lançamentos.

 @Brasport

 /brasporteditora

 /editorabrasport

 editorabrasport.blogspot.com

 /editoraBrasport

Sua sugestão será bem-vinda!

Envie mensagem para **marketing@brasport.com.br** informando se deseja receber nossas newsletters através do seu e-mail.